普通话口语表达与教学实践

黄 静◎著

吉林出版集团股份有限公司

图书在版编目（CIP）数据

普通话口语表达与教学实践 / 黄静著. — 长春 ：
吉林出版集团股份有限公司， 2023.7
ISBN 978-7-5731-3998-6

Ⅰ．①普… Ⅱ．①黄… Ⅲ．①普通话—口语 Ⅳ．①H193.2

中国国家版本馆 CIP 数据核字（2023）第 152848 号

普通话口语表达与教学实践

PUTONGHUA KOYU BIAODA YU JIAOXUE SHIJIAN

著　　者	黄　静	
责任编辑	王　平	
封面设计	林　吉	
开　　本	787mm×1092mm	1/16
字　　数	221 千	
印　　张	12	
版　　次	2023 年 7 月第 1 版	
印　　次	2023 年 7 月第 1 次印刷	
出版发行	吉林出版集团股份有限公司	
电　　话	总编办：010-63109269	
	发行部：010-63109269	
印　　刷	廊坊市广阳区九洲印刷厂	

ISBN 978-7-5731-3998-6　　　　　　　　　　定价：78.00 元

前　言

　　口语表达能力是适应时代需求的必备能力之一，现代社会对每个从业者的口语表达能力提出了更高的要求，以此满足岗位的需求。对于学生而言，具备良好的口语表达能力能够对未来就业、建立畅通的人际关系起到关键的影响作用，因此，应该注重学生口语表达能力的提升。而普通话口语课堂作为学生口语表达能力提升的重要渠道，应该得到广泛认识。基于此，本书重点探索了普通话口语训练与教学实践，针对目前普通话口语表达的现状提出了相应的对策。首先，围绕声母、韵母、声调、语流音变等内容阐述了普通话知识与发音训练的方式和技巧，探索了普通话推广的历程，并进行了思考。其次，从发声技能、体态语、朗读朗诵、听话、说话、演讲等方面展现了普通话口语训练的相关知识与技能，以期为后者进行普通话口语训练提供参考依据。紧接着分析了普通话水平测试培训的历史进程，阐释了普通话水平测试培训课程的性质与目标、主体、内容、模式、环境与评估。最后，论述了教师教学口语技能与教育口语技能，体现了教师口语表达的重要性。

　　综上所述，本书在总结其他学者相关研究成果以及自己工作与学习经验的基础之上，针对普通话口语表达与教学实践提出了自己的一些看法与意见，希望能够为普通话口语表达的进一步发展提供支持。

黄　静

目　录

第一章 绪论

第一节 研究背景与意义

语言是人类最为重要的交际工具，语言规范对国家统一、民族团结、社会进步以及国际交往都产生了深刻的影响作用，因此，实现语言规范化、标准化已经成为当前重要的话题，不仅能够实现文化教育的普及，科学技术的发展以及工作效率的提高，还有助于加强社会主义物质文明与精神文明建设。[①] 语言作为人类思想和信息的主要载体，既能够反映社会生活，而且还影响着社会前进的步伐。规范的语言对社会起积极作用，不良的语言对社会起消极作用。

如今，随着国内教育事业的创新发展，国内人才大军开始不断步入各行各业，并通过个人行动与能力的发挥来展现个人的综合素质与能力，为各行各业的发展提供全新的动力。着眼于国内各行各业的发展我们可以发现，发展方向与发展方式有了明显的变化，发展水平明显有所提升，行业的发展成果不仅带给社会大众更为便利的生活条件，更为国内市场经济的发展建设奠定了坚实的基础。综合国内各行各业与市场经济的创新发展，现我国的综合国力开始有了极为明显的上升，不仅提升了群众生活水平，还为生活质量提高提供了条件。在生活环境越发优质的现在，社会大众开始更加注重国内教育事业的发展情况，为此，国内教育部门为了让国内教育事业的发展能够满足于社会大众，不断地推陈出新，使更加现代化的教育理念与教育方式在国内教育体系中得到实施。当前各阶段的教育工作，更为注重培养学生德、智、体、美、劳全面发展，现以普通话口语表达层面的教育为例，其越发受到师生与社会各界的重视。从 20 世纪 70 年代以来，推广和普及普通话对国家的统一和民族团结、社会进步以及提高全民族素质起到了不可替代的积极作用。党和政府十分重视这项工作，1982 年第五届全国人民代表大会通过修订的《中华人民共和国宪法》明文规定《国家推广全国通用的普通

---

① 王倩. 西藏自治区藏族学生普通话教学研究——以淮南职业技术学院学生为例 [J]. 淮南职业技术学院学报，2023，23（01）：122-124.

话》，从法律上确立了普通话的地位和作用；1992 年"国家语言文字工作十年规划"颁布，强调普通话要"大力推行、积极普及、逐步提高"，并制定了在全国范围内推广普通话的远景目标。[①] 从 1998 年起国务院规定：每年 9 月的第三周在全国开展"推广普通话宣传周"活动，使推广普通话作为国家的一项基本国策确定下来。全国人民代表大会常务委员会第七次会议修订通过，并于 2001 年 1 月 1 日实施的《国家通用语言文字法》对普通话进一步提出了具体要求。

当今社会是信息化社会，社会对人才的需要是更多地强调人的交际能力，具有接收信息和进行交际功能的普通话口语能力也就越来越显示出其在现实社会中的重要地位。就个人而言，具有较强的语言能力，尤其是口语交际能力，说一口标准流利的普通话，并能文明、机智、得体地进行普通话口语交际，是做一个现代人的基本要求。对学生来说，也是在将来的社会工作、学习、生活中实现自我价值的重要条件之一。

第二节　研究的整体思路与内容

本书研究整体思路与内容体现在以下几方面：

第一章，绪论。借助文献资料法收集与整理学者关于普通话口语表达与教学实践的相关研究成果，通过对文献资料的分析揭示出当前的研究现状，为本书撰写指明方向，并且简要论述了本书研究的背景与意义、研究思路与方法等，确保本书研究具有较强的理论基础。

第二章，普通话知识与发音训练。一方面对普通话语言系统、普通话与方言等内容展开了系统的理论阐述，另一方面围绕声母、韵母、声调、语流音变四方面介绍了普通话发音训练的基本方式。

第三章，普通话推广的历程与启示。对普通话推广宏观政策进行了解读，从工作机构沿革、策略发展进程、微观管理工作三个角度阐述了普通话推广的历程，简要概述了港澳台地区普通话普及的进程，最后进行总结。

第四章，普通话口语训练。针对发声技能、体态语、朗读朗诵、听话、说话、演讲六方面来介绍了普通话口语训练的技巧。

第五章，普通话水平测试培训。这一章节划分为六个部分，包括普通话水平测试培训的历史进程、性质与目标、主体、内容、模式、环境与评估等内容，彰显出了当

---

① 龚玲玲，赵梓汛，罗志鹏，等. 乡村文化振兴背景下农村少年儿童普通话教学问题研究——以韶关市花坪镇学校为例 [J]. 数据，2023（02）：179-181.

前我国普通话水平测试培训的具体情况。

第六章，教师口语。教师普通话口语质量关乎学生普通话口语的整体水平，因此，本章节专门探索了教师普通话口语训练，研究了教师口语要求与特征，重点分析了教师教学、教师教育口语技能，从而为普通话口语的发展提供有价值的参考依据。

第三节　研究方法

文献法。所谓"文献法"也被称为"历史文献法"，即采用目前现存的各种相关文献进行收集、归纳、阅读、分析，从文献之中进行相关信息选取，通过与相关研究相结合，达到最终的研究目标。本书在研究的过程中，收集了学者关于普通话口语训练与教学的研究成果，开展了系统的理论研究，构建了相应的理论研究框架，并在不断归纳与细化的过程中提出了一些看法与建议。

访谈法。通过电话、微信、QQ 等网络形式对相关的专家教授或学者进行咨询，了解普通话口语训练的相关问题，听取他们对普通话口语训练与教学的建议。

逻辑分析法。在研究过程中，对调查所得到的数据、资料等进行全面的分析、归纳、综合、比较等方法，梳理出所得数据、资料等表达的结果，从而得出结论。

第二章　普通话知识与发音训练

第一节　普通话语音系统简介

语言的语音系统是由语音单位组合而成的，每一个语音单位都有它的历史演变过程，同时它又和语言的语法功能有关。一般来说，一个语言的语音系统是由元音、辅音、声调三个要素构成，因此可以说普通话语音系统就是在这样一个基本框架内综合发展起来的。[①]

语音系统中每个元音和辅音之间都有相互联系，它们的功能也各不相同。首先，元音是指作为一个整体来讲最容易发音的部分，因此，为了区别不同音节中最重要的元音，就必须把元音的发音部位划分出来。辅音是指一些语音单位之间和元音相联系的部分。例如"b"和"p"、"t"和"f"、"d"和"g"、"k"和"l"等。其次，元音和辅音在发音时，它们本身所具有的声音特性也有区别。例如，元音音带鼻音声母时要弱一些，元音带边音声母时要强一些，元音音带舌尖音声母时要弱一些，元音带舌边音声母时要强一些等。我们把这些区别叫作语音系统的特征。从这个意义上说，可以说普通话语音系统是由这三个要素所组成的一个整体。

而普通话语音系统的研究对象是汉语普通话的语音系统，研究内容是汉语普通话的语音特征和声学特性，研究的是掌握汉语普通话的语音特征和声学特性，为汉语普通话的教学提供依据。而为了使语言教学符合现代信息社会的需要，相关部门对普通话语音系统做了如下一些修改：①取消了部分辅音发音方法，保留了元音。②对辅音发音部位做了突出强调。③对某些发音方法重新设计，使这些发音方式更好地适用于汉语普通话的语音教学。

另外，就语音的物理基础而言，首先，语言是声音的符号，发音时声音振动频率的变化与周围环境、人体和肌肉组织中能量分布有密切关系。其次，发音器官的能量分布决定了发声器官的振动频率，即决定了声音的强弱和音质。再次，人体通过呼吸

---

① 孔伟琳. 基于语言调查的高校普通话课程教学探索 [J]. 数据，2023（02）：182-185.

获得能量，调节身体内部温度，促进人体各部分肌肉发育，肌肉通过收缩、舒张提供能量，调节身体内部各个系统之间的平衡。再其次，发音器官将声波振动传递给空气中的介质，空气介质中的气体分子对声波产生吸收、反射和散射。最后，人们发出不同频率、不同能量的声波，人体内部会产生相应频率、相应能量的共振反应。而这连贯性的生理过程互相影响、互相制约，这就是语音形成和发展的基础，也是汉语普通话与其他语言相区别的重要依据之一。

第二节 普通话与方言

一、普通话的定义

普通话是"以北京语音为标准音，以北方话为基础方言，以典范的现代白话文著作为语法规范"的现代汉民族共同语，是在汉民族地区形成和发展起来的，是各少数民族共同语在汉民族地区的通称。[①] 因此，普通话不是某一种方言片的简称，而是汉民族共同语的名称，它是在汉语长期使用的基础上形成和发展起来的，是经过了漫长而艰巨的语言演变过程。

（一）以北京语音为标准音

1949 年 9 月 21 日，中华人民共和国中央人民政府政务院通过了《汉语拼音方案》，决定在全国范围内推广普通话。北京语音就是以北京语音为标准音，然后经过普通话测试委员会的测试认定而确定下来的。《汉语拼音方案》在中国文字改革工作中有重要的作用，由于它是为推广普通话而制定的，所以又称《汉语拼音方案》或《汉语拼音正词法基本规则》。它的颁布施行，是普通话语音发展的一个重要里程碑。

（二）以北方话为基础方言

在我国古代，北方方言是汉语的重要组成部分。我们从北方方言的名称可以知道，当时的北方方言分布地区比较广，有许多语言已经发展到了相当高的水平，而其中的一些语言还存在于中国人的口语中，没有进入书面语。人们日常所说的"普通话"就是以这些古代语言为基础发展起来的。这些古代语言在今天已经没有多少人使用了，但我们仍然可以根据古代语言中的一些词汇来判断当时人们说这个话时的一些语法习惯。

---

① 赵恒.新时代普通话教学路径研究——评《普通话教学新路》[J].语文建设，2022（23）：81.

（三）以典范的现代白话文著作作为语法规范

普通话语法规范的标准，是按照现代汉语的语法规则来确定。这一点和汉语拼音方案中所规定的语音、词汇、语法三者统一是一致的。普通话语法规范是由语音和词汇两方面组成的，其主要内容是语音规范，语法规范。语音和词汇两方面都有其各自独立的词汇体系，而语法又是由词的组合系统和句子的结构系统所构成。汉语各个不同的方言在这些方面各有其特点。为了便于人们学习和使用，就必须建立起一套共同认可的规则来，这个规则就是汉语语法规范。普通话语法规范与汉语拼音方案是不同而又相互联系的两个不同阶段。普通话语法规范形成于 1950 年至 1955 年。

二、对普通话定义的理解

普通话是我们国家的通用语言，它在我国的普及程度是极其高的。因为它是我们国家通用语言，所以每个人都要讲普通话，这也就是我们大家所说的推广普通话。但是对于普通话这个名词，其实并没有一个公认的定义。因为不同的人对普通话有不同的理解，这就使得很多人不能理解普通话的含义。所以作为一名中国人来说，我们应该对普通话有一个正确的理解，这样才能更好地传播我们中华民族的传统文化，那么究竟什么是普通话？

（一）什么是普通话

我们国家的通用语言是汉语，众所周知，在古代中国，我们都是用汉语来进行交流，直到近代之后才逐渐开始推广普通话。但事实上，我国最早推广普通话是在清朝时期。那个时候中国已经有了现代意义上的国家的概念，所以那个时候就有人开始进行推广普通话。所以作为中国人来说，我们应该学会讲普通话，这样才能更好地传播中国文化。同时，在清朝时期也有人提出了"国语"这一概念。到了新中国建立之后，国家开始大力推广普通话。因为当时我国也在大力发展经济，所以有很多人希望能够说一口流利的普通话。所以国家就决定开始推行普通话了。现在我们国家已经把普通话定为我们国家通用语言了，所以我们每一个中国人都应该学会讲普通话。只有学会讲普通话才能更好地传播我们中华文化，同时也可以让更多人了解中华民族的传统文化。

（二）普通话的产生背景

众所周知，语言的发展和社会发展是分不开的，因此，要想了解一个国家的语言文化，我们首先应该了解它的社会背景。对普通话来说，它在我国产生的时间比较早，所以也是随着时代发展而不断变化的。其实从古代开始，普通话就已经在我国流传了。

不过，虽然从唐朝开始，普通话就已经从文言文慢慢转变成了白话文，但是依然还是有很多人使用文言文进行交流。而到了明代，又出现了以北京语音为标准音的北京官话，在清代乾隆年间出现了以汉语普通话为标准音的"方言土语"。到了民国时期，我国社会发生了巨大的变化，因此，民国时期就出现了很多方言土语。而在这个时候，人们虽然已经意识到方言土语存在的问题，但是并没有进行很好的改革。而到了今天，随着社会发展和国家发展程度的提高，我们国家已经统一规定普通话为规范语言。

（三）普通话的特点

普通话是由北京语言共同组成的，也就是我们所说的国语。普通话主要有三个特点：第一，使用范围广。普通话在我国大部分地区都可以使用，在世界上也是通用的。第二，发音简单。普通话的发音比较简单，因为即便不会说普通话，别人说我们也能够完全听得懂。第三，语言丰富。在普通话中有很多词语是来自古代诗词歌赋的，有很多词语也是来自古代的文学著作，这些都可以证明我们中华文化的源远流长和博大精深。①

随着社会进步发展，国内各少数民族及国外很多国家地区都开始推广普通话。很多少数民族地区的学校和国外国家地区的学校也开始开设普通话课程，这不仅证明中国当今的社会地位明显提高，也让中华文化的创新与发展迎来更大的生机。

不过，值得一提的是，我们在学习普通话时，不能再用过去的母语思维方式来进行，而是要以新时代、新观念来学，这样才能让我们对我国的历史文化有更深层次的了解和应用。而在当今社会，我们要做好一名传播中华文化的合格使者，那么我们就一定要学会以普通话作为标准来达到目的。

（四）中国人为什么要讲普通话

说到这里，有的人可能会有疑问了，方言明明也是中华文化不可遗失的重要文化内容之一，我们为什么不讲自己的方言却非要讲普通话？其实这是因为我们中国人有一个传统，那就是不能忘本。我们虽然出生在不同的地方，但是我们中国人之间却有一种天然的联系，那就是语言上的联系。这也正是普通话最基本的功能，它能让我们能够快速地进行交流，也能更好地传承我们中国的传统文化。所以作为中国人来说，普通话就是必须要讲的。

除此之外，还有一点也是十分重要的，那就是为了让我们中国人在国际上更有地位。大家都知道在国际上有很多国家都有统一的语言和文字，这也就意味着他们会在国际

---

① 陈静媛.高职院校学生普通话水平提升策略研究 [J].西北成人教育学院学报，2022（06）：30-35.

上使用国家统一的语言和文字来进行交流，这样既能够凸显国家的团结发展，也能够避免方言交流带来的翻译工作等方面的诸多麻烦，所以为了让国际交流更加顺利，也为了充分展现我国团结一致、和谐共进的社会发展理念，我们也必须讲普通话。

（五）未来的发展趋势

随着时代的不断发展，我们国家的政治、经济、文化也都有了很大的进步，所以我们现在使用的语言也从古代的文言文变成了我们现在使用的现代白话文。但是在新时代，普通话对我们每个人都有着重要的意义和作用，因为它能够推动社会和经济的进步。我们大家在社会生活中都离不开普通话，它是我们与他人沟通交流的重要工具。在现代生活中，普通话已经成为中国人民生活中必不可少的语言。未来，普通话会得到更大程度上的发展，因为它是中国人民与其他国家交流沟通的重要工具。

普通话作为中国人民最普遍使用的语言，它具有其他语言无法比拟的作用和影响力。它是全国通用的语言，所以大家应该重视普通话。对于普通话这门学科来说，它属于一门独立的学科，在未来会更加地发展壮大。所以作为中国人来说，我们应该为中国未来人才培养做更大贡献。为了让更多人认识到普通话在我们国家的重要性和必要性，我们应该在日常生活中使用普通话并且努力学好普通话。

总而言之，对于普通话的定义和特点，其实大家都是有不同的理解的，但是我们应该以正确的方式去理解，而不是通过臆想的方式去理解。只有这样才能更好地推广普通话，让大家都能够认识到普通话的重要性，也只有这样才能更好地传承我们中华民族的传统文化。

三、普通话中的语音、词汇和语法

（一）普通话中的语音

普通话中的语音以北京语音为标准音。在 20 世纪 50 年代，为了使普通话能够在全国范围内推广和普及，全国语言文字工作委员会曾就此问题进行过讨论，并最后确定普通话语音以北京语音为标准音。新中国成立后，由于政治环境的变化和社会的发展，对语言文字工作提出了新的要求。2000 年 10 月 31 日第九届全国人民代表大会第十八次会议通过的《中华人民共和国国家通用语言文字法》中规定普通话作为国家通用语言文字。普通话是以北京语音为标准音，以北方话为基础方言，以典范的现代白话文著作为语法规范的现代汉民族共同语。[①] 普通话的规范程度已成为衡量一个地区、

---

① 徐丽颖．课程思政视域下普通话教学改革思考 [J]．国家通用语言文字教学与研究，2022（10）：65-67.

一个国家文化素质和对外交流水平的标志。"普通话"是汉语拼音方案规定的汉语拼音字母的拼写方法。

普通话的语音基础是中古音和现代音之间的对应关系。中古音是从上古遗留下来的，现代音是近代音变形而成的。[①]中古音与现代音的对应关系和演变过程是相一致的，所以，古代汉语中有些词语是中古音词，但是现代汉语中已不再使用。

此外，古代汉语中有些词语在语音上具有共性，是可以直接转化到现代汉语的。但是中古音中有一些词语经过了语音演变后则发生了变化，有的演变过程很长，在声调上存在着差异。有的演变过程较短，在声母上存在着差异，还有一些中古音词演变过程较短，在声母或韵母上都存在差异。

另外，普通话语音还以"北京语音"作为标准音，而要从本质上理解这一点，我们需要注意以下三点：其一，以"北京"这一特定地方语音为选择标准，因为"北京语音"一定程度上来说凸显出一定的民族共同语的标准音参照特征，而非是单纯指某一区域的区域性语音，能够从文化的视角凸显出民族的统一性与纯粹性特征。其二，将"北京语音"作为选择并不是说将任意一个北京人口头上的任意一句北京话作为标准，而是将整个北京语音的音系作为标准。在北京语音里，由于各种原因也存在着一些分歧，如异读以及土话成分等。其三，是"以北京语音为标准音"是历史发展的必然，是与北京这个城市自古至今的特殊历史地位相关的。北京作为我国的政治中心，前后历时八百多年，特别是金元以来，基本上一直是我国政治、经济、文化的中心。一方面北京话作为官府通用语言传播到全国各地，另一方面白话文作品更多地接受了北京话的影响。20世纪五四运动以后，高涨的"国语运动"又在口语方面增强了北京话的代表性，促使北京语音成为汉民族共同语的标准音。

（二）普通话中的词汇

语言是一种工具，这种工具是人类为了交流思想而创造出来的。人之所以能与其他动物区别开来，就在于人能够使用语言进行交流。但是，语言的使用是有规范的，而且每个人都有自己的规范。在我国的历史更迭与发展中，人们逐渐创造出了各种语言——方言。但是在日常生活中，方言的局限性极其明显，不能完全满足人们交流的需要。人们为了让不同民族、不同方言区的人能够自由地交流，又通过不断地学习、努力，创造出了一套适合全国不同地区、不同民族的语言——普通话。普通话是我国的通用语言，它不仅是人们工作、学习交流思想的工具，而且也是我国进行对外宣传、

① 王燕铭.新课标背景下小学生普通话教学策略研究[J].科学咨询（科技·管理），2022（09）：243-245.

交往所使用的共同语。因此，要想熟练地掌握和使用它，就必须掌握相关的词汇知识。

普通话中的词汇，从词汇的用法分类上可以划分为口语词、书面语、外来词等。

1. 口语词

口语词是由日常生活用语转化而来的，以口头语言为载体，通过语音的形式来传递信息，所以它具有口语性。如"说""演"等。口语词的特点是意义比较简单，表达意思比较直接。口语词与书面语相比，更注重实用。由于口语词是通过语音的形式来传递信息的，所以，它比书面语更准确、更生动。一般情况下，口语词中的一些字，不需要做进一步加工即可直接在口头上使用。但是，有时口语词中的某些字需要加一些修饰成分或附加成分来增加表达效果时，就需要对这些字进行加工。例如"打""演"等词中的"演"就需要加一些动作来使之产生某种效果。

2. 书面语

书面语就是以书面形式为主要交际手段的语言。它通常是指书面语言，包括现代汉语和古代汉语。现代汉语是指现代汉语语法体系的书面语。古代汉语是指古代汉语，它由古汉语和中古汉语两个阶段的混合语构成，包含着一些中古汉语成分。由于现代语言和古代语言在语音、词汇、语法等方面都有很多差异，因而不能互相代替。因此，我们在日常生活中，既要学习现代语文，也要学习古代语文。

书面语的特点主要表现在三方面：第一，书面语往往通过文字来表达意思。第二，书面语和口语常常是对应的。第三，书面语往往只有少数人使用或只有在少数情况下使用。

当然，书面语和口语有一个最大的不同点，就是书面语可以通过文字来表达意思，口语只能通过声音来表达情感。但二者之间又有明显的转化关系，即书面语可以转化为口语，口语也可以转化为书面语（经加工修饰）。

3. 外来词

外来词是指由外国语言引入的词汇。外来词由于它们的语言环境、文化背景等不同，所以它的结构形式和意义也会各不相同。它可以是音译，也可以是意译，但不管如何，都要遵守国家关于语言文字的法规，否则就会带来一些不良影响。

汉语词汇中从古代到现代吸收了大量外来词。据统计，现在汉语中有一半以上的词都是从国外引进来的，其中又有80%左右的外来词是音译词，也就是说它们是通过音译而进入汉语的。其中有不少汉语词都与外国语言有密切的关系。

4. 同义词

同义词是指在意义、用法上完全相同或者基本相同，可以互相替代的同义词。普通话中的同义词有两种情况：一是词语内部的同义，即各个词语在意义、用法上完全相同。二是词语之间的同义，即各个词语在意义、用法上完全相同。[①]因此，在口语中要根据语境和表达需要，灵活掌握词语的不同用法，尽量避免使用与原词意思完全相同或基本相同的同义词。

5.缩略词和成语

缩略词是指一种特别的词汇形式，它是以一个单词为基本单位，将其一部分或全部进行缩略而形成的词语。缩略词与普通词之间没有必然的联系，它可以是一个普通词也可以是一个新词，它们之间可以相互转化。成语是由两个以上的词语组成的，这就要求有一个明确的意思或者深刻的意义，但是它又不能拘泥于字面，需要灵活运用。

另外，如果要对普通话的词汇从"以北方话为基础方法"进行含义解读，又划分为两方面，一方面，北方话中的词汇是共同语词汇最不容忽视的组成内容。另一方面，北方话词汇不等同于普通话词汇，也不是共同语词汇的全部。

四、中国的方言

方言是不同地域、不同文化背景的人们在长期共同生活和交往中形成的语言，它反映了一个地方的人文地理、社会历史、人们的心理状态等，是一种十分独特的文化现象。我国有 26 个方言区，面积达 160 万平方公里，约占国土总面积的 1/6。全国方言种类多达 1000 余种，约占普通话总词汇量的 1/2。

方言是指人们在长期的共同生活和交往中形成的，各自独立的、稳定的语言。它有三个基本特点，一是同一种语言，由于历史条件不同，或社会结构不同，产生了不同的方言。二是同一种语言，由于使用地区不同，方言也千差万别。三是每一种方言都有一定数量的词和语法规律。

目前我国人口分布大致可以分为三个大区，即北方地区（含内蒙古）、西北地区、西南地区，而在这三大区内，方言差异很大，北方方言和南方方言差别更大。北方方言属于官话系统，由北京话、山东话等十多个方言区组成。其中北方方言包括北京话、天津话两种，西南方言包括四川话、重庆话两种，西北方言包括西安话、兰州话、宁夏话三种。

另外还有一种特殊的语言，它跟汉语关系密切但不属于汉语，如朝鲜语和朝鲜民族语言（朝鲜语是东北语和朝鲜民族语言的结合体）。这个特殊的语言就是"少数民族语言"。

---

① 卢珊.基于工学结合的高职普通话教学实施策略探析 [J].品位·经典，2022（11）：144-147.

而说到这里，不由联想到汉语的一个显著特点，就是它具有很强的稳定性和相对独立性。这跟中国辽阔的国土及中国历史上长期经历的民族大融合有直接关系。正是由于这一特点，使汉语具有了很强的稳定性和相对独立性，不仅保证了民族间交往的顺利进行，而且也保证了中国各地区之间、各民族之间以及各民族内部保持着较大程度上的联系和统一。

五、普通话语音和汉语方言的关系

（一）古汉语语音与现代汉语语音的关系

所谓"古汉语"是指上古、中古时期的汉语语音，"现代汉语"是指现代中国人的普通话，其语音之间是存在着继承和发展的关系。[①] 这里说的"现代汉语"包括了两方面，即现代汉民族共同语和普通话。而普通话就是我国在全国范围内广泛使用的、通行全国并为广大人民群众所普遍认可的、作为全国通用语言的语音。所以，普通话在语音上从根本上继承了古汉民族共同语中的精华，也就是"古汉语"语音，而古汉民族共同语正是现代汉语的母体。但是，随着时代的发展，现代汉语发生了较大变化。"在不同时期、不同社会里都存在着与普通话所代表的书面语——书面语言相对立而又不断变化着的语音形式，它们也可以说是普通话。"[②] 因此，我们在研究、学习和应用普通话时，不要忽视了它同古汉语语音之间存在着承前启后的关系。

首先，从音系层面来讲，二者都是由元音和辅音两部分构成。元音和辅音组成了古汉民族共同语中不同时期、不同语言之间所形成的音系。由于这些音系在形成上具有连续性，所以从上古到中古时期，乃至当前的现代时期，古汉语语音和现代汉语语音的音系都是相互贯通的。其次，从语音演变角度来看二者又具有承前启后的关系。从上古、中古时期至当前的现代时期，由于语音结构方面发生了较大变化，从而导致了二者之间所形成的音系也在连续性发展的基础上体现出一定的传承性、创新性和变化性。由此可见，即便在上古、中古时期，还是在现代时期，古汉语语音和现代汉语语音都属于同一个语音系统——汉语方言系统中一个独立使用的语音系统。因此，即便朝代更迭、时代变迁，即使时代和社会不断发展，两者之间也逐渐形成了承前启后、互相渗透和不可或缺的关系。最后，从语音发展演变模式来看二者又具有各自不同的特点。比如，古汉民族共同语经历了原始阶段、发展阶段和成熟阶段这三个时期；而现代汉语发展至今仍处于原始阶段。

---

① 李春苗.经典文化融入高职普通话教学的探索 [J].科教导刊，2022（12）：73-75.
② 吴春玲.普通话训练教程 [M].成都：西南交通大学出版社，2012.

通过以上三方面的分析可知，作为古汉语语音和现代汉语语音之间关系研究对象的普通话和现代汉语方言之间确实存在着继承关系。但是从另一方面来说，二者之间又存在着区别和差异，并且这种差异也是在不断发展演变中形成了自身特点的。这就表明了普通话和汉语方言两者在发展演变中是不断变化和相互渗透、融合和发展的关系。

（二）普通话语音与汉语方言之间的关系

普通话是我国的法定语言，在我国已经基本普及。方言是各地区人们的语言，分布在不同地区的各个角落，每个地方的人们都有自己独特的方言，这就形成了我国各个方言区。而我们将普通话语音和汉语方言之间的关系界定为相互影响又相互对立的关系。一方面，普通话语音和汉语方言之间是一种相互影响的关系。在《现代汉语词典》中关于普通话和汉语方言之间关系的解释为："普通话是我国通用的语言，而汉语方言则是各地区人们相互交流的语言。"① 从这个解释中我们也可以看出，普通话语音和各地区人们相互交流而使用的语言之间是一种相互影响的关系。因为在现实生活中我们不难发现，我们讲普通话大家都能听懂，而有些地方的方言也让当地的群众在讲普通话的过程中让普通话形成一种"区域化"或"本土化"的特征，因此，方言对普通话也有着极大的影响。另一方面，普通话语音和汉语方言之间的关系又存在一定的对立性，简单举例，如果我们以上海话为准，当人们用上海话同普通话进行交流时，那么我们听到上海话里所说的"今天天气真好啊"就会感到这句话里含有一种否定语气，而不是像普通话中所说的"今天天气真好啊"那样表示肯定。仔细解读上海话与普通话交流中关于语言表达结果的差异不难从中发现造成差异性的根源所在，那就是方言与普通话之间存在的大体上的对立关系，比如，舌根音与舌面音的变化及介音分合等。

方言是中华民族在长期历史发展过程中形成、积累和不断丰富起来的语言表达形式，它以独特的风格存在于各地区人们交流所使用语言之间，并形成了一些独具特色的方言词汇、语法和语音，一种自然方言或土话，具有鲜明的民族特色和地域特征。各民族和地区之间用方言进行交流是不可避免的。然而我们所要强调的是：这种交流是在共同文化基础上进行的正常交流，它受到国家政策和政治等多方面因素影响。

目前我国正处于建设社会主义和谐社会时期，国家为了更好地普及普通话，推广普通话已列入我国语言文字工作长期规划中。

---

① 李静.中职普通话教学存在的问题与措施[J].数据，2022（02）：122-124.

第三节　普通话声母及发音训练

　　普通话的发音是学习普通话的基础。然而，很多人在说普通话时，不能熟练地掌握声母、韵母，导致发音不准，甚至发生误读、乱读等问题，影响了学习普通话的兴趣和学习效果。声母是指在普通话发音中能够发出的汉语音节中元音之前的音。声母发音正确与否，直接影响到字音能否正确掌握和运用。准确掌握好声母表的发音规则，对于提高人们说话和朗读水平均有重要意义。通过对声母表的学习，掌握了各声母的发音规则和方法后，人们就能根据字音表的提示正确地读准每个字的发音了。我们都知道发音是在气息作用下进行，声母表可以说是为我们提供了气息运声能力和口腔共鸣能力方面的指导依据和参考。然而，由于声母发音不准会使学生在说话、朗读过程中造成声带不够松弛、漏气等现象。因此在实际运用中应该注意以下几点：第一，在平时的练习中，要注意模仿准确的发音，同时，在模仿时，注意自己的发音，及时发现并纠正错误的地方，力求做到"像"和"准"。第二，在平时练习中要多听录音。通过录音来熟练感知他人的发音，及时纠正自己的错误。第三，要注意在平时训练中对每个声母的发音部位进行细致的分析。例如，b 要从咽腔出来，不能直接从口腔出来。第四，注意声母发音与韵母发音方法和技巧的区别。韵母是以元音为基础加上辅音合成一个音节来读的词或句子中的音，声母则是以辅音为基础加上元音合成一个音节来读的词或句子中的音。

一、普通话声母的发音分类

（一）按发音部位划分

1. 双唇阻音的发音

　　所谓双唇阻音就是我们发音过程中由于上门齿和下唇之间形成阻碍而发出的声母音节，具体发音过程中上唇稍微抬起，上牙齿稍微外漏，上下唇之间会产生接触，双唇闭拢成组，具体包括 b、p、m 三个声母。

2. 唇齿阻音

　　所谓唇齿阻音要求我们在发音的过程中，上门齿和下唇之间成阻，上唇部位稍微抬起，上齿微露，下唇向上，唇缘线和上门齿之间相互靠拢，形成阻碍，完成发音。具体的唇齿阻音声母有 f。

3. 舌尖前阻

所谓舌尖前阻音是指我们在发音的过程中，舌尖和上门齿背之间成阻后完成发音的声母发音类型。在具体的发音过程中，我们的舌头会自然平伸，然后与我们的上门齿背产生接触或接近，后形成阻碍，完成发音，舌尖前阻声母分别为 z、c、s。

4. 舌尖中阻

所谓舌尖中阻发音指的是我们在发音的过程中，舌尖和上门齿龈之间成阻后完成发音的声母发音类型。在具体的成阻过程中，我们的舌尖要向上抬起和上门齿龈产生接触，然后舌尖向前抵住我们的上门齿龈，最终成阻达到发音的目的。舌尖中阻声母包括 d、t、n、l。

5. 舌尖后阻

所谓舌尖后阻音指的是我们在发音的过程中，舌尖和我们的前硬腭部位之间形成阻碍完成发音的声母发音类型。具体而言，发音中我们的舌体会稍微向后收缩，舌尖向上方翘起，舌尖与硬腭的前部之间相互接触，形成阻碍，最终达到发声目的。舌尖后阻声母包括 zh、ch、sh、r。

6. 舌面阻音

舌面阻音则指的是我们在发音的过程中，舌面的前部和我们的硬腭前部之间形成阻碍所完成的发音类型。在具体的发音过程中，我们的舌尖需要向下抵住我们的下齿背，再将舌面向上抬起接触或接近硬腭形成阻碍，以达到发音目的。具体的舌尖阻声母包括 j、q、x。

7. 舌根阻音

舌根阻音指的是发音过程中，我们的舌根和硬腭、软腭交接部位形成阻碍产生发音的形式。具体的发音中，我们的舌体要往后缩，让我们的舌根隆起，并让舌根的隆起部位和我们的软腭、硬腭交界部位产生接触，进而成阻，达到发音的目的。具体的舌根阻声母包括 g、k、h。

（二）按发音方法分类

1. 根据气流阻碍方式划分

普通话声母根据气流阻碍方式划分为塞音、擦音、塞擦音、鼻音、边音五种。

塞音又被称为爆发音或者破裂音，在具体的发音过程中，需要我们让阻碍气流的两个部分充分闭合，以此来挡住气流，然后让这两个部分快速放开，让气流冲过阻碍爆发或破裂，最终完成发音。具体的塞音声母包括 b、p、d、t、g、k。

擦音指的是我们在发音的过程中，阻碍气流的两个部位处于靠近状态，中间会留有缝隙，让气流通过缝隙时常生摩擦，进而完成发音的声母类型，具体包括 f、h、x、sh、r、s。

塞擦音指的是我们在发音的过程中，阻碍气流的两个部分相处于完全闭合的状态，后打开产生缝隙，让气流从缝隙中通过的时候产生摩擦，进而完成发音的声母类型，具体包括 z、zh、c、ch、j、q。塞擦音本质上而言，就是塞音和擦音的结合。

鼻音指的是我们在发音的过程中，口腔中发音部位处于完全闭合的状态，而且我们的软腭会下垂，让气流通向口腔的通道充分阻挡，进而让气流通过声门振动声带，后让气流从鼻腔流出产生发音的声母，具体包括 m、n。

边音指的是我们在发音的过程中，舌尖和上齿龈相抵成阻，而舌尖的两边则处于松弛下垂的状态，气流通过声带振动后，由舌尖两边松弛下垂部位流出，形成发音的声母类型，边音声母为 l。

2. 根据气流强弱划分

普通话的声母还可以根据气流的强弱划分，为送气音和不送气音，所谓送气音，气流呼出的过程中强度较大，反之，不送气音气流呼出的过程中，强度则相对较小。

3. 根据声带是否颤动划分

普通话的声母还可以根据声带是否颤动划分为清音和浊音。普通话中共有 17 个清声母，这些声母发声的过程中，声带并不会产生振动，余下的 4 个声母则为浊声母，浊声母发音时，我们能够明显地感觉到我们声带的振动。

二、普通话声母的发音练习

（一）辅音声母发音练习

1.b——双唇不送气清塞音

声母 b 发音时，为了保证发音的准确，我们应该让双唇处于闭合状态，同时提起软腭，让软腭上升，将鼻腔通路关闭，气流到达双唇部位后，我们完成蓄气，然后凭借积蓄在口腔中的气流突然冲开我们的双唇，形成发声，发出声母 b 的音。[①] 具体的训练内容见下：

汉字：波、比、本、部、吧、并、把、表、被、不。

词汇：并不、爸爸、不必、不变、必须、宝宝、背包、宝贝、蹦极、崩溃、奔丧、拔萝卜、版本、褒贬、表白、变式、臂膀、白布、奔波、把柄、百度、摆放。

① 李加伟，黄欢.普通话口语课程语音规范化教学探索——以高职院校为例 [J].产业与科技论坛，2021，20（15）：141-142.

成语:不择生冷、白龙鱼服、必躬必亲、抱怨雪耻、别有风趣、拔赵帜立、不干不净、波委云集、鞭长不及、变幻无穷、包办代替、悲痛欲绝、豹死留皮、表里相依。

2.p——双唇送气清塞音

声母 p 发音时,同样为了保证发音的准确,也需要让双唇处于闭合状态,同时提起软腭,让软腭上升,将鼻腔通路关闭,气流到达双唇部位后,在完成蓄气后,凭借积蓄在口腔中的气流突然冲开我们的双唇,形成发声,发出声母 p 的音。[①] 可以说,声母 p 的发音与声母 b 的发音有异曲同工之妙,但在具体发音过程中,我们需要注意区分的一点就是,声母 p 的发音,无论是达到双唇后所蓄之气,还是重开双唇成声的气较之于声母 b 发音时明显更强。具体的训练内容见下:

汉字:怕、帕、爬、趴、琶、啪、牌、排、派、拍、判、盘、潘、攀、旁、庞。

词汇:品牌、拼音、评判、评比、拼盘、平淡、平铺、平坡、靠谱、普通、葡萄、频谱、频繁、害怕、偏僻、琵琶、枇杷、皮袍、噼啪、批捕、破片、铺平、澎湃。

成语:爬罗剔抉、怕风怯雨、怕硬欺软、怕死贪生、怕三怕四、蒲元识水、璞金浑玉、普普通通、匍匐而行。

3.m——双唇浊鼻音

声母 m 发音时,为了保证发音的准确,我们应该让双唇处于闭合状态。此时我们要保证软腭下垂,鼻腔通路是打开的,再通过声带振动将气流同时送达我们的口腔和鼻腔,让气流在口腔通过,经至双唇时受到阻碍,最终让气流借助于鼻腔出来,形成声母 m 的发音。具体的训练内容见下:

汉字:明、敏、梅、美、民、铭、梦、茂、鸣、苗、萌、孟、妹、曼。

词汇:命脉、埋没、名模、明眸、命名、买卖、瞑目、命门、磨灭、满面、明灭、冥茫、密码、盲目、卖命、牧民。

成语:门户之争、名副其实、麻木不仁、面红耳赤、墨守成规、明德惟馨、冒名顶替、毛遂自荐、满面春风、民胞物与、目不忍视、满面红光、妙笔生花、面面相觑。

4.f——唇齿清擦音

声母 f 的发音,具体的发音过程中,为了保证发音准确,需要让我们的下唇向上部靠拢,但要形成一定的间隙,并非完全靠拢,此时我们的软腭处于上升状态,鼻腔通路关闭,使得我们的气流从我们的唇齿之间所形成的缝隙间发生摩擦,进而通过最终形成声母 f 的发音。具体的训练内容见下:

汉字:非、肺、飞、风、封、冯、方、放、防、房、法、发、罚、伐、阀、富、符、

---

① 李生慧.高职高专学生普通话口语交际能力培养探析 [J].江西电力职业技术学院学报,2021,34(07):129-130.

负、服、复、反、泛、犯、范。

词汇:腐败、腐烂、翻新、妇道、分别、粉嫩、废旧、腐化、腐臭、分解、分诉、浮岚、扶栏、芳华、妇女、芬芳。

成语:风花雪月、富可敌国、风行草偃、付之一笑、风和日丽、奉公守法、负隅顽抗、富丽堂皇、风雨飘摇、放荡不羁、辅车唇齿、反躬自问。

5.d——舌尖中不送气清塞音

声母 d 的发音,具体的发音过程中,为了保证发音准确,需要我们用舌尖抵住上齿龈形成阻碍,在这个过程中,我们需要让软腭上升,并确保鼻腔通路关闭,在气流到达我们的口腔后,进行蓄气,然后破除阻碍形成发音。

汉字:东、丹、德、冬、大、栋、达、迪、道、定、登、代、丁。

词汇:搭车、回答、打球、大人、到达、好的、多少、争夺、花朵、跺脚、低头、笛子、品德、敌人、大地、弟弟、海底、首都、赌钱、独立、读书、肚子。

成语:顶门壮户、导德齐礼、东猜西疑、东差西误、掇臀捧屁、顶名冒姓、谠言嘉论、冬寒抱冰、登坛拜将。

6.t——舌尖中送气清塞音

而声母 t 的发音与声母 d 的发音整体上是一样的,唯一细致的区别就是声母 t 的发音气流要求更强。

汉字:涛、天、廷、田、庭、铁、腾、同、亭、彤、甜、堂、通、太、桃、挺、泰、添、桐、棠、滔、童、陶、土、恬、团、统、特、体、拓。

词汇:体操、特长、掏出、通常、弹出、太仓、透彻、塔城、天池、挑刺、团宠、糖醋、坦诚、跳槽、套餐。

成语:唾手可取、妥首帖耳、脱颖囊锥、脱颖而出、脱袍退位、脱壳金蝉、偷工减料、头头是道、听而不闻、体贴入微、吞声饮泣、颓垣断堑、推三推四。

7.n——舌尖中浊鼻音

声母 n 发音的过程中,为了保证发音准确,我们要将舌尖抵住上齿龈形成发音阻塞。这个过程中,我们要保证软腭处于下垂状态,并确保鼻腔通路打开,在声带振动的同时,气流上升到达我们的口腔和鼻腔,而气流行之口腔时受阻,最终通过鼻腔出去完成发音。

汉字:乃、女、内、牛、鸟、宁、尼、奶、奴、年、农、那、弄、扭、男、你、尿、努、纳、纽、呢、念、闹、泥、挠、挪。

词汇:男女、南昌、难得、楠木、赧然、牛腩、蝗蝻、难民、吃馕、孬种、挠痒、蛲虫、恼怒。

成语：拿腔作势、年已蹉跎、牛骥共牢、牛饩退敌、南北合套、逆入平出、年来岁去、南南合作、年华垂暮、扭转乾坤、能掐会算、囊萤照读、拿三撇四、你恩我爱、拈周试晬。

8.l——舌尖中浊边音

声母 l 发音的过程中，为了保证发音的准确，我们要用舌尖抵住上齿龈后部，让气流从我们口腔的中路通过过程中受阻，软腭上升，并保证我们的鼻腔通路关闭，让声带发生振动的过程中，我们的气流会先到达口腔，然后从舌头和脸颊内测所形成的空隙中通过，最终达到发音的目的。[1]

汉字：林、霖、乐、龙、玲、露、灵、兰、雷、莉、亮、良、洛。

词汇：浪潮、劳工、劳累、劳资、牢笼、老化、老生、老鹰、来宾、来历、拉力、拉拢、腊月、来访、来年、来意、栏杆、篮子。

成语：拉捭摧藏、拉家带口、拉三扯四、拉闲散闷、腊尽春回、来之不易、来踪去迹、赖有此耳、兰艾难分、兰质蕙心、蓝田生玉、揽辔澄清、郎才女貌、狼狈不堪、狼狈为奸、阆苑琼楼。

9.g——舌根不送气清塞音

声母 g 的发音中，为了保证发音准确，要让我们的舌面后部隆起，让舌面的后部和软腭、硬腭交界位置相抵，形成发音阻塞，软腭抬升，然后将鼻腔通路关闭，气流在上升的过程中会到达成阻部位后有所积蓄，最终突破阻碍形成发音。

汉字：国、刚、光、桂、贵、根、高、冠、钢、功。

词汇：歌颂、格局、隔壁、隔阂、隔膜、公道、工夫、功夫、恭敬、贡品、共识。

成语：改过自新、刚愎自用、高山流水、高枕无忧、割席分坐、各自为政、耕前锄后、功亏一篑、孤注一掷、过河拆桥、旮旮旯旯、孤傲不群、隔岸观火、高岸深谷、各安生业、苟安一隅。

10.k——舌根送气清塞音

声母 k 的发音，整体而言和声母 g 的发音情况相同，但是较之于声母 g 的发音，声母 k 的发音气流更强。

汉字：凯、坤、康、科、克、开、可、昆、宽、魁、葵、孔、阔、库、卡、考、扣、抗、快、夼、旷、矿、堪、慷、扩、空、课、肯、坷、款。

词汇：开创、开端、开辟、慨叹、凯旋、刊载、考查、考察、坎坷、咳嗽、可惜、渴望、克隆、恳切、空灵、恐怖、恐吓、跨越、宽敞、宽广、宽阔、宽恕、宽慰、亏空、魁梧、扩散、阔别、阔绰、苦味、枯萎、枯燥。

① 张翠玲.基于移动学习的班内分组教学模式探索与实践——以普通话口语课程为例 [J]. 大学教育，2021（03）：152-154.

成语：苦中作乐、枯燥无味、可心如意、慷慨赴义、夸父逐日、苦思冥想、揆情度理、苦心经营、邻下无讥、可想而知、扣人心弦、刻肌刻骨、困兽犹斗、匡救弥缝、刻舟求剑、哭笑不得、苦不堪言、苦海无边、苦尽甘来、苦口婆心、夸夸其谈、夸大其词、快马加鞭。

11.h——舌根清擦音

在声母 h 的发音过程中，为了保证准确，要求我们的舌面后部隆起，让舌面后部和硬软腭的交界处相接近，这样会形成间隙，然后上升软腭，将鼻腔通路关闭，就会让气流从前面所形成的间隙中，通过摩擦流出，进而形成发音。

汉字：华、海、辉、慧、宏、洪、浩、惠、花、鸿、会、欢、恒、虹、豪、虎、汉、和、焕、航、怀、涵、皓、鹤、环、河、桦、卉、翰、厚。

词汇：花灯、洪荒、黑豆、滑翔、黑哨、昊天、横生、活络、后尘、海星、晃着、缓刑、豪侠、汉武、胡言、虎皮、惶惶、好战、汇出、海狮、红包、汇报、河北、寒冰、湖北、何必、环保、伙伴、黑白、合并、海报、回报。

成语：和风细雨、海市蜃楼、红装素裹、和光同尘、邯郸学步、毫无二致、骇人听闻、狐假虎威、汗牛充栋、花枝招展、画蛇添足、画龙点睛、黄钟大吕、恨之入骨。

12.j——舌面不送气清塞擦音

声母 j 的发音，具体的发音过程中，要用我们的舌尖抵住上门齿背，让前舌面尽可能与前硬腭紧贴，形成阻塞部位，在上升软腭后，将鼻腔通路关闭，然后在气流上升的过程中，于阻塞部位进行积蓄，然后突然破除阻碍，让原有的阻塞部位之间保证留有合适的间隙，确保气流能够从间隙通过进而形成发音。

汉字：建、军、杰、娟、俊、金、静、佳、君、健、洁、晶、江、剑、嘉、锦、继、进、景、菊、吉、娇、敬、坚、靖、加、京、均、捷、钧。

词汇：尽兴、家产、教务、精工、经久、降水、寄生、禁制、脚踝、祭坛、交割、警钟、贱人、胶卷、酒鬼、节拍、迥异、绝代、尽责、聚居、晶莹、晋封、僬眇、角槎、角齿、金兰、角壮、侥取、教习、教正。

成语：津津有味、筋疲力尽、锦囊佳句、锦上添花、锦绣河山、尽多尽少、经济之才、经纶满腹、静水流深、进退维谷、居无求安、即物起兴、薄技在身、及笄年华、骄兵必败、见微知著、焦熬投石、忌前之癖、借故敲诈、教学相长。

13.q——舌面送气清塞擦音

声母 q 的发音和声母 g 的发音基本操作是一样的，但是声母 q 的发音气流方面要求更强。

汉字:青、清、琴、秋、群、琼、全、启、泉、巧、权、勤、芹、钦、卿、晴、乾、谦、前、桥、千、乔、起。

词汇:墙纸、强者、前程、牵扯、钱财、虔诚、浅唱、潜藏、起床、汽车、器材、气场、启程、其中、气质、旗帜、砌筑、奇正、期限、气息。

成语:奇装异服、奇花异草、齐心协力、棋逢对手、其貌不扬、气急败坏、气势磅礴、泣不成声、杞人忧天、千山万水、千丝万缕、欺人太甚、七上八下、强人所难、秋高气爽、恰逢其时、弃恶扬善、起承转合、巧夺天工、曲线救国、青出于蓝、晴空万里、牵肠挂肚、请君入瓮、情有独钟、轻车熟路。

14.x——舌面清擦音

声母 x 的发音,具体发音过程中,需要我们用舌尖抵住下齿背,让前舌面和我们的硬腭前部相接近,让二者之间形成适度的缝隙,然后上升软腭,将鼻腔通路关闭,让气流在从缝隙通过的过程中形成发音。

汉字:喜、洗、西、息、系、习、细、吸、囍、媳、希、戏、溪、惜、席、稀、熙、嘻、曦、锡、夕。

词汇:心型、学习、谢谢、学校、消息、休息、相信、形象。

成语:相得益彰、羞羞答答、欣欣向荣、相提并论、熙来攘往、形格势禁、虚怀若谷、胸有成竹、相忍为国、鲜为人知、休戚与共、香消玉殒、宵衣旰食、相敬如宾、信手拈来、瑕不掩瑜、旭日东升、相生相克、栩栩如生、信马由缰、行成于思、小惩大诫、循规蹈矩、欣喜若狂、鲜衣怒马、信口雌黄、新婚宴尔、心焦如焚、修身养性、心旷神怡、喜不自胜、星罗棋布、心细如发。

15.zh——舌尖后不送气清塞擦音

声母 zh 的发音过程中,要求我们上举舌尖前部,然后让舌尖顶住硬腭的前端部位成阻,上升软腭,将鼻腔通路关闭,在成阻部位蓄气,快速解除成阻,在原形成闭塞的部分之间保留适度缝隙,让气流通过缝隙流出形成发音。

汉字:中、这、至、值、炸。

词汇:渣滓、山楂、压榨、诈骗、扎心、眨眼、着急、知道、直接、停止、智慧、注意、煮饭、主动、猪头。

成语:一针见血、指鹿为马、无中生有、万丈深渊、正身明法。

16.ch——舌尖后送气清塞擦音

声母 ch 的发音和声母 zh 的发音相比极为相似,唯一的区别在于声母 ch 的发音要求气流更强。

汉字:叉、出、池、产、场、成、抄、辰、呈、昌、垂、春、喘、厨、筹、查、搀、尝、撤。

词汇:常常、惩处、惆怅、穿插、驰骋、长城、车床。

成语:推陈出新、乏善可陈、新陈代谢、慷慨陈词、破釜沉舟、沉鱼落雁、沉默寡言、初出茅庐、初生牛犊、出生入死、除旧布新、除暴安良、除恶务尽、迟疑不定、车水马龙、车来人往、初见成效、出入平安、出神入化。

17.sh——舌尖后清擦音

声母 sh 发音的过程中,需要我们上举舌头前部,让舌头前部和硬腭前部相接近,并让二者之间形成适度的缝隙,同时上升软腭,然后将鼻腔通路关闭,迫使气流从缝隙中通过的过程中,经过摩擦完成发音。

汉字:身、说、数、杀、生、上、双、收。

词汇:巴菽、赤菽、深受、神兽、伸手、输水、熟睡、上市、赏识、上市、实施、实时、事实、生生、神圣。

成语:生不如死、生机勃勃、视死如归、上善若水、上行下效、善男信女、善始善终。

18.r——舌尖后浊擦音

声母 r 的发音和声母 sh 的发音比较接近,但是在摩擦方面比声母 sh 的发音相对较弱一些,同时声母 r 的发音对声带和气流方面的要求更强一些。

汉字:瑞、蓉、仁、如、锐、然、容、润、蕊、日、若、儒、汝、冉、人、任、榕、柔、融、让、韧、绒、戎、燃。

词汇:扰习、瑞麦、儒释、儒厚、柔丽、热酒、桡意、瑞牒、瑞命、乳巇、柔缓、儒帅。

成语:然荻读书、燃糠自照、燃眉之急、染苍染黄、染神乱志、日中将昃。

19.z——舌尖前不送气清塞擦音

声母 z 的发音,要求我们用舌尖抵住上门齿背来成阻,然后在成阻部位积蓄气流,同时上升软腭,将鼻腔通路关闭,突然破阻时,在原形成阻塞部位之间保持合适的间隙,确保气流能够从间隙中经过并形成发音。

汉字:在、仔、载、赞、咱、簪、藏、脏、赃、杂、砸、则、泽、责、怎、曾、增。

词汇:自己、自家、责求、责令、组成、组合、杂志、杂技。

成语:咂嘴咂舌、杂七杂八、砸锅卖铁、灾梨祸枣、载沉载浮、载舟覆舟、再不其然、再衰三竭、再生父母。

20.c——舌尖前送气清塞擦音

声母 c 的发音和声母 z 的发音比较相似，但在气流方面要求更强。

汉字:擦、蔡、察、侧、测、差、搓、磋、蹉、词、祠、伺、兹、慈、磁、鹚、糍、此、疵、雌。

词汇:组词、咔嚓、侧面、粗心、刺刀、操心、猜错、炊烟、参加、参差、村长、仓库、噌噌、从来。

成语:赤胆忠心、刺股读书、草头天子、才疏学浅、存心养性、才高八斗、参差不齐、层出不穷。

21.s——舌尖前清擦音

字母 s 的发音要求我们在发音过程中，让舌尖和上门齿背相接近，并让二者形成缝隙，同时上升软腭，将鼻腔通路关闭，让气流从二者形成的缝隙中通过进而形成发音。

汉字：四、撒、三、苏、仨、岁、虽、随。

词汇：缫丝、僧俗、诉讼、岁月、死锁、思考、洒扫。

成语:思前想后、四分五裂、死有余辜、丝丝入扣、撕心裂肺、扫地出门、色厉内荏。

（二）零声母音节发音训练

有些音节开头部分没有声母，只有韵母独立成为音节，如 ài、yí、wǔ 等，但是它们在发音时音节开头部分往往带有一点轻微的摩擦成分。谚文中开头中的"o"为零声母，即不发音的声母，这种摩擦音一般可以用半元音来表示，表示这个音节也有一个类似声母的成分。[①]但是摩擦的明显与否往往因人而异，而且也没有区别词义的作用，因此，这种音节的声母语音学里称之为"零声母"。零声母音节是声母发音训练比较特殊的一类，零声母不代表没有声母。零声母音节的训练内容见下：

1. 开口呼零声母——喉擦音，开口幅度相对较大

恩爱、昂扬、而已、安稳、恩怨、熬夜。

2. 齐齿呼零声母——发音带有轻微摩擦

议案、银耳、有爱、演艺、养鱼、医药。

3. 合口呼零声母——发音带有轻微摩擦，口型小

巍峨、问安、衣物、威望、物业、晚安。

4. 撮口呼零声母——发音带有轻微摩擦，口型微撮

余额、寓言、运维、孕育、踊跃、远扬。

---

① 胥迅.普通话教学与农村大学生人文素养培育——评《普通话口语表达》[J].热带作物学报，2020，41（10）：2158.

（三）声母辨读发音训练

1. 区分 z、c、s 和 zh、ch、sh

①发音辨正

比如，粤方言和吴方言中，并没有翘舌音 zh、ch、sh、r 的说法，所以他们在日常说话过程中经常会将"中"读成"宗"，或者把"说"读成"缩"。日常生活中，我们进行平舌音 z、c、s 发音时，我们的舌头应该是处于伸平的状态，需要抵住上齿背。而在发翘舌音 zh、ch、sh 的过程中，我们的舌头处于放松状态，舌尖很轻巧地翘起来接近硬腭的前部，但是如果舌尖太过靠前，翘舌音就会发出模棱两可的感觉，而如果舌尖太过靠后的话，发音准确度又会下降，就会出现一种发音缺陷。

②发音辨正练习

汉字对比练习：咋——炸、曾——整、字——指、次——吃、存——唇、才——拆、撒——啥、苏——书、搜——收。

词组对比练习：栽花——摘花、暂住——粘住、自主——蜘蛛、擦嘴——插嘴、乱草——卵巢、木材——木柴、塞子——色子、三个——山歌、散光——赏光。

组词对比练习：栽种、职责、草池、筹措、碎石、胜似。

2. 区分 j、q、x 和 z、c、s、zh、ch、sh

①发音辨正

在普通话中，声母 j、q、x 可以和行韵母 i、ü 进行相拼，而 z、c、s、zh、ch、sh 则不能进行这种相拼。而普通话中的 j、q、x 跟 i、ü 行韵母相拼，我们将之称为团音。z、c、s、zh、ch、sh 和 i、ü 行韵母相拼则被称之为尖音，而普通话中是没有尖音这种说法的，只有团音。当时在许多地方方言中都存在明显的尖音现象。比如，将"自此四"等发成尖音，为了避免这种现象发生，我们在 z、c、s 发音的过程中，需要将舌尖和上齿背对准，确保舌头伸平。而在 j、q、x 发音的过程中，则需要我们让舌尖和下齿背下方对准，然后让舌面前不和硬腭前部相抵，保证舌头处于前高后低状态。最典型的团音发成尖音的，例如，"吃饭"读作"司饭"。

②辨正训练

偷鸡——投资、胶带——招待、极难——指南、激化——字画、军长——尊长、卷款——转款、开卷——开钻、剪头——砖头、气死——赐死、闭气——彼此、全身——传神、神曲——深处、琼山——重山、群书——村塾、全球——传球、无穷——无从、稀饭——示范、通讯——同顺、鞋头——蛇头、溪望——尸王、心腹——顺服、胸花——送花、寒暄——寒酸、痛心——通顺。

3. 区分 r 和 y、l

①发音辨正

粤语中是不存在翘舌音 r 的，因此，人们在用粤语交流时，往往会将"肉眼"讲作"右眼"。另外，还有部分地方会将"肉"读成"漏"。发音中，我们应该尽可能让舌尖翘起且朝着硬腭前部靠近，然后上升软腭，关闭鼻腔通路，让气流在舌尖与硬腭形成的较窄缝隙中摩擦而过，声带颤动中发出 r 的音。

②辨正练习

绕到——要到、柔软——有缘、叫嚷——骄阳、染病——验兵、软质——原址、日语——抑郁、如家——瑜伽、韧性——隐形、燃放——拦放、腐乳——大陆、肉包——漏报。

4. 区分 n 和 l

①发音辨正

对于 n 和 l 而言，湖南、四川等地存在不同程度的混淆现象。发音中，我们应该尽可能让舌尖翘起与上齿龈相抵，但舌尖位置 l 的音较之于 n 的稍微靠后。

②辨正练习

诬赖——无奈、旅客——女客、难不——蓝布、水牛——水流、脓肿——笼中、允诺——陨落、链接——年结。

5. 区分 f 和 h

①发音辨正

闽方言中并不存在唇齿音 f 的说法，用闽方言交流时，人们常常会将"发挥"说成"花挥"，区分二者一定要注意，f 在发音过程中是上齿与下唇相触成阻，h 发音则是舌面后部和软腭相抵成阻。

②辨正练习

词汇对比训练：开阀——开花、开放——开荒、匪浅——会签、仿佛——恍惚、福晋——护颈、飞花——回话、教范——交换、房贷——还贷、工费——工会、大户——代付、欢跃——翻越、纷乱——混乱。

词汇连读训练：法会、房户、凤凰、花粉、发黄、妨害、飞鸿、愤恨、风华。

6. 区分 h 和 k

①发音辨正

h 和 k 的区分主要出现在广东话中。通常普通话中的 h 为舌面后擦音，但是广东话中发作舌根音喉音，这导致广东话中的 h 音与普通话 k 音极其相似，极易将"喝水"

读作"克水"。

②辨正练习

烤鸭——好呀、宽心——换心、大坑——大亨、孔子——鸿志、孔洞——轰动、内控——内讧。

第四节　普通话韵母及发音训练

一、单韵母发音及训练

（一）a——

1. 发音

韵母 a 发音中，我们的口腔处于打开状态，舌位央低且呈自然放平状态，舌尖与下齿龈相触，双唇自然展开的同时，将舌面中部偏后位置稍微隆起。具体发音中，声带产生颤动，后声腔打开，软腭上升抬起，鼻腔通路为关闭状态。

2. 训练

汉字:杂、扒、傻、帕、卡、娃、哈、啥、噶、嘎、咖、啦、蜡、怕、爬、妈、马、那、她、哇、咋、尬、啊、吧、爸。

词汇:搭茬、发麻、哈达、腊八、杀伐、爸妈、发达、打吧、奔拉、大码、拉萨、邋遢。

（二）o——

1. 发音

韵母 o 发音中，我们的口腔处于半闭合状态，舌位后半部分抬高，舌后缩，舌面后部位置呈隆起状态，舌面两边则轻微卷起，舌面中部有所凹陷（稍微），具体发音中，声带产生颤动，上下唇极其自然地由展到圆，呈拢圆，软腭上升抬起，鼻腔通路为关闭状态。

2. 训练

汉字:波、播、铂、卜、剥、啵、博、薄、伯、破、魄、婆、泼、坡、迫、颇、泊、佛、埲、仸、摸、墨、魔、莫、陌。

词汇:波动、剥削、波涛、博览、停泊、喷薄、波形、博物、拨款、博得、金箔、玻璃、博大、蓬勃、婆婆、破损、厚朴、泼辣、破碎、糟粕、泼墨、破坏、紧迫、摩擦、模仿、莫若、脉脉、磨床、模拟、漠视、没落。

（三）e——

1.发音

韵母 e 发音中，我们的口腔处于半闭合状态，舌位后半部分抬高，舌后缩，舌面后部位置呈隆起状态，舌面两边则轻微卷起，舌面中部有所凹陷（稍微），具体发音中，声带产生颤动。

2.训练

汉字:的、特、呢、了、个、可、和、这、车、设、热、则、测、色、歌、课、得、乐。

词汇:特色、可扯、隔阂、鸽舍、隔开、哥哥、各个、铬色、合格、合着、社科、这盒、这是、课例、色泽、涩涩、特色。

（四）i——

1.发音

韵母 i 发音中，我们的口腔开合度极小，舌位前部抬高，双唇呈扁平形状，嘴角朝两边大幅度展开，舌尖和下齿背轻微相触，舌后缩，舌面前部位置呈隆起状态，具体发音中，声带产生颤动，软腭上升抬起，鼻腔通路为关闭状态。

2.训练

汉字：比、批、米、第、题、你、及、其、习、一、比、幂、系、里、即。

词汇:笔迹、臂力、弟媳、利益、里脊、离异、秘密、啤梨、题意、体力、气息、洗衣、洗涤、一一、议题、一起、遗迹、汽笛、希冀、洗礼、立即、几级、力气、底气、极其、地契、离席、激起、比拟、契机。

（五）u——

1.发音

韵母 u 发音中，我们的口腔开合度小，舌位后部抬高，双唇由扁平收缩为圆形，双唇稍微向前突出，双唇之间留有圆形小孔，舌位整体后缩，舌面后部位置呈高度隆起状态，具体发音中，声带产生颤动，软腭上升抬起，鼻腔通路为关闭状态。[1]

2.训练

汉字:不、铺、慕、富、度、图、路、怒、故、苦、户、主、出、数、如、组、出、诉。

词汇:不住、不熟、步入、扑簌、瀑布、母鹿、复古、俯伏、复读、服务、腐竹、负数、督促、独处、毒物、吐出、图谱、垆土、卤煮、姑父、古都、古武、故土、枯树、户主、逐步、主诉、束缚、祝福、煮熟、著录、出炉、初入、储户、倏忽、瞩目、入伍、祖父。

① 李黄萍（LEE WONG PING）.基于学习差异的大学普通话教学研究 [D]. 华中师范大学，2019.

（六）ü——

1. 发音

韵母 ü 发音中，我们的口腔开合度小，舌位前部抬高，双唇由扁平状态撮圆，双唇稍微向前突出，双唇之间留有圆形小孔，舌尖与下齿背相抵，舌面前部位置呈隆起状态，具体发音中，声带产生颤动，软腭上升抬起，鼻腔通路为关闭状态。

2. 训练

汉字：女、率、具、去、需、具、律、绿、句、取。

词汇：女婿、旅居、聚居、趋于、曲剧、曲率、絮语、序曲、语句、语序、寓言、渔具、雨具。

（七）-i（前）——

1. 发音

韵母 -i 发音中，我们的口腔微微打开，嘴角朝两边伸展，舌尖与下齿背相触，舌位前部与上齿背保有距离，具体发音中，声带产生颤动，软腭上升抬起，鼻腔通路为关闭状态。

2. 训练

汉字：字、自、资、渍、姊、此、词、瓷、兹、四、思、似、死、司。

词汇：字词、自此、自私、子嗣、孜孜、此次、次次、刺死、四次、丝子。

（八）er——

1. 发音

韵母 er 发音中，我们的口腔呈自然打开状态，舌位保持始终位置（高低左右），舌尖向后卷向硬腭位置，但二者不产生接触，具体发音中，声带产生颤动，软腭上升抬起，鼻腔通路为关闭状态。

2. 训练

汉字：而、二、儿、尔、耳。

词汇：二斤、而且、二女、儿媳、二话、耳朵、二环、耳目、洱海、二胡。

二、复韵母发音及训练

（一）前响复韵母

1. ai——

①发音

韵母 ai 的发音，是前元音音素 a 和 i 的复合发音，发音中我们的舌位动程较宽。具体而言，韵母 ai 的发音以比央位单元音 a 的偏前音 a 为起点元音，发音中，我们的舌位向 i 的方向滑动，至接近高元音 i 的区域时，停止发音，以舌位略低于高元音 i 的元音 i 为终止元音。

②训练

爱戴、百财、掰开、脉脉、排麦、开采、海岱、彩袋、彩排、灾害、带来、采摘、拆台、晒台、开赛、开来。

2.ei——

①发音

韵母 ei 的发音，以前半高不圆唇元音 e 为起点元音，发音中舌位较之 e 稍微偏后偏低一些，更接近央元音 e。[①] 具体发音中，我们的舌位会向前高滑动，以比高元音 i 略低的元音 i 为终止元音。但需注意，终止元音受 e 的影响，舌位放置上较之于比高元音 i 略低的元音 i 要更偏厚一些。ei 在普通话中属于动程相对较短的复合元音。

②训练

北非、蓓蕾、贝类、备煤、裴蓓、配备、肥美、美美、梅梅、非得、飞贼、黑莓、匪匪。

3.ao——

①发音

韵母 ao 的发音，以比单元音 a 偏后的元音 a 为起点元音，为后 a，发音中舌位由 a 朝 o 逐渐滑动并升高，唇形极其自然地呈拢圆状态，以比高元音 o 偏高，又与单元音 u 的央位音接近的 u 为终止元音。ao 为后元音音素组成的复合元音。

②训练

爆炒、报到、报高、爆烤、跑到、毛糙、老道、气道、稻草、套好、牢靠、老鸹、高烧、高超、犒劳、好猫、早操、枣糕、曹茂。

4.ou——

①发音

韵母 ou 的发音，以接近央元音 e，较之于单元音 o 舌位略显偏前偏高的 o 为起点元音，我们的舌位会向 u 的方向滑动，唇形由展到圆，以比 u 略低的元音 u 为终止元音。[②] 但需注意，终止元音受 o 的影响，收尾时，舌位放置上较之于复合元音 ao 稍高。ou 在

① 万光明.课程思政背景下"普通话口语与训练"课程教学改革探究 [J]. 视听，2020（09）：244-245.

② 陈静.基于人文素质培养视角下高职普通话口语教学建构 [J]. 太原城市职业技术学院学报，2020（08）：67-69.

普通话中属于动程相对较短的复合元音

②训练

都收、抖擞、斗口、露头、岣嵝、叩头、扣手、猴头、后头、筹谋、丑陋、受够、凑手、收手。

（二）后响复韵母

1.ia——

①发音

韵母 ia 的发音，以前高元音 i 为起点元音，具体发音中，我们的舌位会向央低元音 a 滑动，受 i 的影响，终止元音较之于 a 更偏前一些。

②训练

佳佳、加价、加压、假牙、恰恰、洽洽、掐掐、下架、下家、夏家、下嫁、压价、鸭架、下压、下牙。

2.ie——

①发音

韵母 ie 的发音，以前高元音 i 为起点元音，具体发音中，我们的舌位会向下向前半低元音 e 滑动，终止元音是较之于 e 略高一些的 e。韵母 ie 的发音中，舌位动程是比较窄的。

②训练

喋喋、爹爹、贴切、趔趄、结节、结界、杰杰、解列、怯怯、窃窃、谢谢、协解、歇歇、融解。

3.ua——

①发音

韵母 ua 的发音，以后高圆唇元音 u 为起点元音，具体发音中，我们的舌位会向中央低音 a 滑动，唇形变化为由拢圆到伸展。由于受 u 的影响，终止元音是较之于 a 略显偏后一些的 a。

②训练

挖挖、娃娃、画画、哗哗、刮花、刮画、刷花、耍滑、花娃、瓜娃。

4.uo——

①发音

韵母 uo 的发音，以后高元音 u 为起点元音，具体发音中，我们的舌位会向半高元音 o 滑动，唇形始终保持圆形，发音之初，圆唇有所收紧，发音结束时唇形开度增加。

②训练

错过、蹉跎、错落、落锁、多所、堕落、过火、过活、祸国、阔绰、绰绰、落果、落座、落拓、懦弱、说过、陀螺、卓荦、佐罗。

5.üe——

①发音

韵母 üe 的发音，以圆唇前高元音 ü 为起点元音，具体发音中，我们的舌位会下滑到与前半低元音 e 接近的位置，唇形由开始的圆形逐渐伸展，实际发音为比前半低元音 e 略高的 e。

②训练

缺月、约略、绝学、月缺、月月、玥玥、略略。

6.iao——

①发音

韵母 iao 的发音，以前高元音 i 为起点元音，具体发音中，我们的舌位会向下向后滑动，去向后 a 位置，再从低到高的去向后半高元音 o，终止元音是较之于 o 更高更接近于后高元音 u 的 u。唇形由折点元音 a 开始，逐渐从不圆唇变为圆唇。该韵母为普通话中舌位动程最大的复合元音之一。

②训练

巧妙、胶条、角条、叫嚣、较小、小妖、秒跳、胶料、娇娇、吊桥、缴销、疗效、吊孝、庙小、飘摇、小料、缥缈、调校、消条。

7.iou——

①发音

韵母 iou 的发音，以前高元音 i 为起点元音，具体发音中，我们的舌位会下降到较之于央元音 e，更偏后的位置，然后，舌位会向上向后滑动，终止元音是较之于后高元音 u 稍低的 u。唇形由折点元音 a 开始，逐渐从展开变为圆唇。

②训练

九流、救救、求救、右袖、优秀、有救、有酒、牛油、就有、流油。

8.uai——

①发音

韵母 uai 的发音，以后高元音 u 为起点元音，具体发音中，我们的舌位会向前向下滑动至前 a 位置，再朝着前高元音 i 的方向进行滑动上升，终止元音是较之于前高元音

i 稍低的 i。① 唇形由圆唇走向折点元音 a 后，又逐渐伸展开，舌位经历由后至前、由高到低再到高的曲折幅度较大的变化过程。该韵母也为普通话中舌位动程最大的复合元音之一。

②训练

乖乖、怪怪、块块、快快、坏坏、外快、怀揣、外踝、摔坏。

9.uei——

①发音

韵母 uei 的发音，以后高元音 u 为起点元音，具体发音中，我们的舌位会向前向下滑动至前半高元音 e 的位置，唇形经历从拢圆到伸展的过程，实际的发音中，折点元音是比 e 更后更低的、于央元音 e 偏前的发音位置差不多的位置，然后再让舌位向前高元音 i 的位置滑动上升，终止元音是较之于 i 稍低的 i。

②训练

垂尾、翠微、归堆、回归、回位、回嘴、回怼、水位、退位、未遂、畏罪、围嘴、追回、坠毁、碎嘴、卫队、追位。

三、鼻韵母发音及训练

（一）前鼻韵母

1.an——

①发音

韵母 an 的发音，以 a 为起点元音，发音中，我们的舌面会渐渐上升，舌面前部与硬腭前部逐渐相贴，但是二者即将产生接触时，我们的软腭开始下降，打开鼻腔通路，此后舌面前部与硬腭前部完成相贴，气流经由口腔流出时受阻从鼻腔通过。韵母 an 发音中口腔经历由开到闭的过程，舌位动程极大。

②训练

黯然、岸然、案板、氨氮、黯淡、暗涵、板蓝、参赞、参展、餐单、单产、禅语、单寒、犯案、帆板、烂漫、蛮干、难看、干翻、坦然、赞叹。

2.en——

①发音

韵母 en 的发音，以央元音 e 为起点元音，发音中，我们的舌面会渐渐上升，舌面

---

① 张汉仙，董娇.浅谈东南亚留学生普通话口语实训课程改革——以滇西科技师范学院为例 [J].汉字文化，2020（14）：48-49.

前部与硬腭前部逐渐相贴，但是二者即将产生接触时，我们的软腭开始下降，打开鼻腔通路，此后舌面前部与硬腭前部完成相贴，气流经由口腔流出时受阻从鼻腔通过。韵母 en 发音中口腔经历由开到闭的过程，舌位动程较小。

②训练

珍珠、森林、仇恨、花盆、文化、大人、书本、认识、吻合、感恩、脚跟、忍心、笨蛋、布阵、粉笔、闷热、怎么、认真、奋斗、任务、问题、肯定、枕头、陈皮、奔跑、灰尘。

3.in——

①发音

韵母 in 的发音，以前高不圆唇元音 i 为起点元音，发音中舌面上升，舌面前部与硬腭前部逐渐相贴，但是二者即将产生接触时，我们的软腭开始下降，打开鼻腔通路，此后舌面前部与硬腭前部完成相贴，气流经由口腔流出时受阻从鼻腔通过。韵母 in 发音中口腔开度无明显变化，舌位动程极小。

②训练

树林、濒临、鱼鳞、麒麟、雨林、接近、竭尽、用尽、佣金、涌进、用劲、
相邻、出勤、弹琴、爱心、信心、欢心、温馨、原因。

4.ün——

①发音

韵母 ün 的发音，以前高圆唇元音 ü 为起点元音，发音过程与韵母 in 的发音过程基本相似，但唇形变化上有所区别。发音中，唇形展开幅度较之于韵母 in 更小，而且展唇是在接续鼻尾音 n 时开始。

②训练

遵循、昆仑、逡巡、均匀、军训、馄饨、顿悟、顿时、熏蒸、熏香、困难、捆绑、昆曲、昆明、尊严。

5.ian——

①发音

韵母 ian 的发音，以前高元音 i 为起点元音，发音中舌位下降并朝着前 a 的方向滑动，但这一过程中舌位并未完全降至 a 的发音位置处，而是降至前元音 a 时，舌位便开始上升，一直上升至我们的舌面前部与硬腭前部相贴，形成鼻音 n。具体发音中，实际上就是于 an 前面加上由前高元音 i 开始的发音动程。

②训练

编研、变脸、便签、点线、点检、电建、剑仙、简便、绵延、棉签、前言、片碱、天年、

天堑。

6.uan——

①发音

韵母 uan 的发音，以后高元音 u 作为起点元音，发音中，我们的舌位向前向下朝着前 a 的方向滑动，在这一过程中，我们的口腔处于由合到开的状态，唇形也会由圆形逐渐展开，直至我们的舌位到达前 a 位置之后，紧接着，升高舌位，此时就会接续鼻音 n 的发音。实际的发音过程中，韵母 uan 的发音就是在 an 的基础上加上由后高元音 u 开始的发音动程。

②训练

传唤、贯穿、官宦、弯管、专断、乱窜。

7.uen——

①发音

韵母 uen 的发音，以后高圆唇元音 u 作为起点元音，发音中，我们的舌位向央元音 e 的方向滑动，在这一过程中，我们的唇形会由圆形逐渐展开，舌位升高，此时就会接续鼻音 n 的发音。实际的发音过程中，韵母 uen 的发音就是在 en 的基础上加上由后高圆唇元音 u 开始的发音动程。

②训练

滚滚、棍棍、昆仑、混沌、馄饨、论文、顿顿、春笋、轮蹲、敦伦。

8.üan——

①发音

韵母 üan 的发音，以前高圆唇元音 ü 作为起点元音，发音中，我们的舌位向前 a 的方向滑动，在这一过程中，我们唇形会由圆形逐渐展开，舌位则降至前元音 a 的位置后即刻升高，后接续鼻音 n 的发音。[1]实际的发音过程中，韵母 üan 的发音就是在 an 的基础上加上由前高圆唇元音 ü 开始的发音动程。

②训练

卷卷、劝劝、圆圆、源泉、渊渊、玄元、全院。

（二）后鼻韵母

1.ang——

①发音

韵母 ang 的发音，以后 a 作为起点元音，发音中，我们的舌根需要抬起，舌根与

---

① 杨萍，陈南苏，冷福庆，李霞.《普通话口语表达》课程思政教学设计探索 [J]. 产业与科技论坛，2020，19（14）：141-142.

软腭相贴近，软腭下降，打开鼻腔通路，然后舌根与软腭相触，紧接着鼻腔通路打开，气流经由鼻腔溢出形成发声。

②训练

帮忙、仓皇、沧桑、厂方、场贩、苍莽、常常、尝尝、当场、放荡、刚刚、行当、银铛、盲肠、上场、上当。

2.eng——

①发音

韵母 eng 的发音，以后半高不圆唇元音 e 作为起点元音，发音中，我们的舌位抬起，与软腭部位相贴近，当舌根与软腭即将接触时，让软腭下降，打开鼻腔通路，后舌根与舌尖相触，口腔通路关闭，气流受阻后由鼻腔溢出。

②训练

乘风、程萌、逞能、风灯、风筝、更胜、冷锋。

3.ing——

①发音

韵母 ing 的发音，以前高不圆唇元音 i 作为起点元音，发音中，由 i 开始，我们的舌位在不降低的情况下持续后移，同时，舌尖与下齿背分离，舌根微抬朝着软腭部位贴近，当舌根与软腭即将接触时，让软腭下降，打开鼻腔通路，后舌根与舌尖相触，口腔通路关闭，气流受阻后由鼻腔溢出。

②训练

冰灵、冰莹、秉性、丙型、丁宁、灵清、情景、蜻蜓、清醒。

4.ong——

①发音

韵母 ong 的发音，以舌位略低于后高圆唇元音 o 的 o 起点元音，发音中，舌尖与下齿背分离，舌部后缩，舌根轻微隆起，与软腭部位相贴近，当舌根与软腭即将接触时，让软腭下降，打开鼻腔通路，后舌根与舌尖相触，口腔通路关闭，气流受阻后由鼻腔溢出。唇形则始终保持拢圆，无明显变化。

②训练

动容、冻融、公众、工种、公共、共通、红肿、孔洞、恐龙、中东。

5.iang——

①发音

韵母 iang 的发音，以前高元音 i 作为起点元音，发音中，我们的舌位需要向下与向后 a 滑动，紧接着舌位需要抬起，完成鼻尾音 ng 的接续发音。实际的发音过程中，韵母 iang 的发音就是在 ang 的基础上加上由前高元音 i 开始的发音动程。

②训练

两项、两厢、两样、亮相、踉跄、想象。

6.uang——

①发音

韵母 uang 的发音，以后高圆唇元音 u 作为起点元音，发音中，我们的舌位需要下降到 a，其间唇形由拢圆转向伸展，后舌位上升抬高，接续鼻尾音 ng。实际的发音过程中，韵母 uang 的发音就是在 ang 的基础上加上由后高元音 u 开始的发音动程。

②训练

狂妄、狂荒、哐哐、双簧、双黄、装潢、旺旺、汪汪、状况。

7.ueng——

①发音

韵母 ueng 的发音，以后高圆唇元音 u 作为起点元音，发音中，我们的舌位需要下降到较之于后半高音 e 稍微靠前的、略低的位置，其间唇形由拢圆转向伸展，后舌位上升抬高，接续鼻尾音 ng。实际的发音过程中，韵母 ueng 的发音就是在 eng 的基础上加上由后高元音 u 开始的发音动程。

②训练

水翁、主人翁、白头翁、老翁。

8.iong——

①发音

韵母 iong 的发音，以前高元音 i 作为起点元音，发音中，我们的舌位需要下降到较之于后半高音 o 稍微靠前的、略低的位置，其间唇形由拢圆转向伸展，后舌位上升抬高，接续鼻尾音 ng。实际的发音过程中，韵母 iong 的发音就是在 ong 的基础上加上由后高元音 i 开始的发音动程。

②训练

英雄、熊猫、汹涌、兄长、凶险、胸膛、踊跃、应用。

四、韵母辨正及训练

（一）分清 n 和 ng

部分地方存在前后鼻音不分的问题，容易将"吃饭"读作"吃方"，"有钱"读作"有墙"，而要区分前后鼻音，练好 n 和 ng，可以从以下两方面入手：

1. 念好前后鼻韵尾

发 n 时，读完前元音，我们要用舌尖快速与我们的上齿龈相抵。发 ng 时，读完前元音，我们要用舌根快速隆起与我们的软腭相抵。

傍晚——半碗 扳手——帮手 三爷——桑叶 担心——当心 心烦——心房

2. 熟记一些规律

近（-n）：亲、庆、勤

情（-ng）：庆、氢、青

（二）分清 e、er 和 o、e、a

有些地方会将 e、er 念作 o、e、a 等，发音纠正练习中，我们要保证舌位准确和唇形的正确，如 e 的舌位分别是舌面、后部及半高位置，唇形则为不圆唇，o 的舌位为舌面、后部及半高位置，唇形是圆唇。[①]e 舌位分别是舌面、前部及半低位置，唇形则为不圆唇。a 的舌位分别是舌面、央低位、唇形为不圆唇。er 的舌位分别是卷舌、央中位、唇形为不圆唇。

1. 念 o 不念 e

波、泼、末、佛

2. 念 e 不念 o、a

各、可、和

3. 念 er 不念 o、e

而、二、儿

（三）分清 ü 和 i、u

如客家方言等是没有单独进行单韵母 ü 和以 ü 开口的韵母的区分的，而要准确区分 ü 和 i、u，我们需要先完成 i 的发音，再将唇形由展开拢圆，此时就会发出 ü 的音。不过唇形拢圆过程中，要保证舌位不后缩，以免发作 u 音。

于、鱼、渔、具

气味——趣味、清理——情侣、拳头——前头、全系——传习

旋律、学院、陨落、迎娶

（四）咬准韵头 i、u

我们学习普通话过程中极可能出现丢失韵头 i、u 的现象，因此，可以基于声界合拼法达到练习目的，如 xia——xi+a。

---

① 余宣蓉 . 高校普通话口语教学现状及对策研究 [J]. 教育现代化，2020，7（54）：94-97.

虾——啥、抓——炸、小——巧

掐住——插住、熊猫——红毛

（五） 辨清 ao、ou

ao 和 ou 这两个韵母在广东方言都有，因此，并不存在念不准或念错的问题，但广东方言和普通话中都有一些字念 ao、ou 韵母，这使得广东人会把韵母 ao 的字和韵母 ou 的字混淆了，比如，普通话中念谋（mou），广东方言中可能会念成谋（mao）。学习时只要用心记住容易错位的例词就能克服混读的毛病。

都——刀、楼——老、牢房——楼房、头子——桃子

手套、小巧 、瘦肉

第五节　普通话声调及发音训练

一、调值和调类

声调是声音高低变化实际的形式，与音高联系紧密，但是相对的。另外，声调变化处于连续滑动的过程，与音乐音阶的跳跃式移动有所区别。声调能用以区分词义，也可以强化语音节奏感与感染力。[①]

调值则指的是声调的具体读法，由音高构成，不过同样为相对音高，受人们不同音域的直接影响，声调高低通常用五度标记法表示。

调类是声调的调值分类，普通话的调类有四，分别是阴平、阳平、上声、去声，即对应我们常说的一声、二声、三声与四声。

二、声调发音

表 2-1　声调发音及练习 [②]

声调	发音	练习
阴平（一声）	最高音，声带绷紧至最大，变化不明显。	春、天、花、通、知
阳平（二声）	起音稍低，后升，声带从不松不紧至绷紧，后到最紧，音由中到最高。	人、民、银、行、和、平

① 周文伟.高校普通话口语课堂上的文化传承与创新 [J].文化创新比较研究，2020，4（12）：102-103.

② 周华银.普通话训练教程 [M].成都：西南交通大学出版社，2011.

上声（三声）	先下降再上声，起音为半低，声带初时稍有紧绷，后逐渐松弛延长，突然紧绷，没有达到最紧的程度。	理、想、美、满、友、好、管、理
去声（四声）	起音时为音高最高，后趋于下滑，声带也由最紧至最松，声音历经高低变化，音长最短。	下、次、注、意、世、界、教、育

三、声调辨正

尽管北方方言里声调和普通话的几乎一致，都是 4 个声调，但是声调对应调值上有所区别，如沈阳地区阴平调调值是 44，这样的不同在很多发言中区别特别明显，这让很多地方的人学习普通话难度增加。[1] 因此，要准确把握调值，需要先掌握个人所说方言声调和普通话声调的区别，以此为前提展开训练，确保二者相一致，下表为几个不同地方方言的声调对照表。

表 2-2 汉语方言调类调值对比分析表 [2]

方言区域	古调类例子	平声		上声			去声		入声				声调数
		天	平	古	老	近	放	大	急	各	六	杂	
北方方言	北京（普）	阴平55	阳平35	上声214			去声51		入声分别归于阴阳上去				4
	兰州	阴平31	阳平53	上声442			去声13		归去声			归阳平	4
吴方言	上海	阴平53	阳平23	阴上34	归阳去23	阴去34		阳去23	阴入55			阳入12	5
湘方言	长沙	阴平33	阳平13	上声41		阴去45		阳去21	入声24				6
赣方言	南昌	阴平42	阳平24	上声213		阴去55		阳去31	入声5				6
客家方言	梅州	阴平44	阴平11	上声31		去声52			阴入21			阳入5	6
闽方言	福州	阴平44	阳平52	上声31		阳去242	阴去213	阳去242	阴入23			阳入4	7
粤方言	广州	阴平53	阳平21	阴上35	阳上13		阴去33	阳去22	上阴55	下阴33		阳入22	9

表 2-3 声调辨正练习对照表 [3]

类型	练习内容
单音节四声	发、达、马、爸

① 刘璐辰．港式中文及其对香港大学生普通话口语交际的影响 [D]．陕西师范大学，2017.

② 周华银．普通话训练教程 [M]．成都：西南交通大学出版社，2011.

③ 周华银．普通话训练教程 [M]．成都：西南交通大学出版社，2011.

双音节同调	双阴平	垃圾、分居
	双阳平	沉吟、离别
	双上声	管理、坎坷
	双去声	爱护、社会
双音节异调	阴＋阳	新闻、丝绸
	阴＋上	山水、根本
	阴＋去	公布、沙漠
	阳＋阴	难听、投机
	阳＋上	传统、良好
	上＋阴	楷书、处方
	上＋去	草案、诡秘
	去＋阴	电灯、内科
	去＋阳	论文、质疑
	去＋上	破产、困苦
阴阳上去顺序		千锤百炼
去上阳阴顺序		调虎离山

第六节　普通话语音流变训练

一、普通话语音流变的概念和含义

普通话语音流变是指由于社会发展和语言发展的需要，使原来的语音系统所产生的变化。普通话的音位构成包括声母、韵母和声调。声母是组成普通话音节的最小单位，韵母是构成普通话音节的最小单位，而声调是组成普通话音节的最小单位。[①] 因此，要想掌握好普通话，就要先学习好语音流变知识。我们可以通过看、听、说来了解语音流变，再进行巩固练习。关于普通话语音流变可以用"普通话语音系统""方言音系""普通话语音变化"这三个概念来说明。

（一）普通话语音系统

普通话语音系统是由声、韵、调三大部分组成的，三大部分都是单音节。声母方面，包括23个，它们是 b、p、m、f、d、t、n、l、g、k、h、j、q、x、zh、ch、sh、r、z、c、s、y、w；韵母方面，包括35个，分别是 a、o、e、i、u、ü、ai、ei、ao、ou、ia、ie、ua、uo、üe、iao、iou、uai、uei、an、ian、uan、üan、en、in、uen、ün、ang、iang、uang、eng 、ing、ueng、ong、iong，而这39个韵母又具体划分为韵母、单韵母、复韵母、鼻韵母、特殊韵母；声调方面，包括5个，分别是一声、二声、上声、去声、轻声。就普通话语音系统具有的特点来讲，有以下几点：第一，音节结构是由四种不同的语素构成的。第二，声母和韵母都具有两个基本要素——音位和音节。第三，声

[①] 李加伟.普通话口语教学现状与课堂教学策略 [J].产业与科技论坛，2020，19（08）：138-139.

调与韵母结合组成一个音节。第四，语音系统有四个基本要素。

（二）方言音系

方言音系是指在某一地区内，由于社会发展、民族迁徙和历史变迁等原因，由于受当地居民发音特点所制约而形成的一套语音系统。它是由声母、声调、韵母、音节结构、语流规律等组成，主要由语音所反映出来的社会属性（如语言性质）来体现。方言音系是具有共同语音特点的一组语音系统。①方言音系在语流音变中是最基本的，是我们进行语言交际和掌握语言规律的基础，所以我们必须要重视它。②方言音系受地域、民族、历史等因素的影响，存在着地区差异，这就需要我们在掌握方言音系时，要把握它的共性和个性。③方言音系还受地理环境、自然条件、方言接触等因素影响，存在着历史差异。

二、变调

所谓变调就是说话时调值由原来的高低有所改变。两个音节的调值相同，即 55 调，音节组合有意义，读起来比较顺口的称之为阴平。两个音节的调值不同，区分 3 度与 5 度，音节组合有意义，读起来比较顺口的称之为阳平。另外，两个音节的调值不同，呈现出先降后升的 214 度，音节组合有意义，读起来比较顺口的称之为上声。而两个音节的调值不同，呈现出全降的 51 度，音节组合有意义，读起来比较顺口的则称之为去声。

（一）上声变调

表 2-4　上声变调及训练 ①

类型	变化	训练
上声音节字单念或置于词语末尾	调值不变	管、理、下雪
阴平、阳平、去声的前面	调值由 214 变为 21	海豚、海象
双上声连接	第一个上声的调值变为阳平 35	领导、海里
三上声相连	第一、二音节分别变为 21、35	小老虎
	第一、二音都变为 35	展览馆
多上声连接	据词义分组变调，快读时除尾音节，其他音节都可变为 35	种马场、五百
轻声前	变阳平	等等、想想
	变半上	奶奶、嫂子

（二）去声变调

两个去声相连时，前一个若不重读则音节变为 53 调值，例如，变化、大汇。

---

① 周华银.普通话训练教程 [M].成都：西南交通大学出版社，2011.

（三）"一"和"不"的变调

表 2-5　"一"和"不"的变调练习 [1]

变调	训练
单念或用于词句末尾，读原调	十一、偏不
在去声前，一律变 35	一样、不够
在阴平、阳平、上声前，都念去声	一边、一年
相同动词中间读轻声	管一管、谈一谈
"不"出现在可能补语中读轻声	做不好

（四）"七"和"八"的变调

"七"和"八"在去声前可读调值 35，或者保持调值 55。

（五）形容词叠词变调

表 2-6　形容词叠词变调训练 [2]

特点	变调	训练
单音节的形容词重叠儿化	第二音节为阴平 55	好好儿的
单音节的形容词叠音后缀	无论之前什么声调，多半读 55 调值	黑洞洞
双音节的形容词重叠	第二音节读轻声，第三、四音节也多读 55 调值	清清楚楚

三、轻声

（一）轻声的特点及作用

轻声指的是有些特殊情况下读的又短又轻的句子，发音中，人们的音长会变短，音强会变弱，可以用来区分意义或词性。[3]

（二）轻声的训练

表 2-7　轻声的训练 [4]

声母	练习	声母	练习	声母	练习
a	爱人	b	巴掌	c	裁缝
d	答应	e	儿郎	f	房子
g	格子	h	厚道	j	吉林
k	咳嗽	l	篮子	m	妈妈
n	奶奶	p	牌子	q	牵头
r	热闹	s	嗓子	t	他们
w	娃娃	x	兄弟	y	鸭子
z	丈人				

---

① 周华银.普通话训练教程 [M].成都：西南交通大学出版社，2011.

② 周华银.普通话训练教程 [M].成都：西南交通大学出版社，2011.

③ 徐晶凝.普通话口语中语气助词"呀"与"啊"的功能分离 [J].华文教学与研究，2020（01）：14-23.

④ 周华银.普通话训练教程 [M].成都：西南交通大学出版社，2011.

四、儿化

儿化是指某一音节中韵母带有上卷舌色彩的特殊音变现象，

（一）儿化发音

表2-8 儿化发音训练[①]

特点	发音	训练
音节末尾 aoeu	韵母发音直接卷舌	瓜儿
韵尾为 in（in、un 除外）	先去韵尾后卷舌	盖儿
韵母为 in、un	去韵尾的基础上加 e	群儿
韵母是 i、n	直接加 e	鱼儿
韵母 -i（前）、-i（后）	韵母直接换成 e	事儿
韵尾为 ng	去韵尾后韵腹鼻化并卷舌	登儿
韵母为 ing	去韵尾后加鼻化 e	灵儿

（二）儿化作用

1. 区分词义

比如，头和头儿，前者指躯体的一部分，也可以叫作脑袋，后者则指领导、上司等。

2. 区别词性

比如，画和画儿，前者可以是名词画作，也可以是动词作画，但后者专指名词画作。

3. 表亲近、喜爱之情

如小孩儿、脸蛋儿等。

（三）儿化训练

表2-9 儿化专门针对性训练[②]

变法	训练内容	变法	训练内容	变法	训练内容
a → ar	刀把儿	ai → ar	名牌儿	an → ar	老伴儿
ang → ar	香肠儿	ia → iar	豆芽儿	ian → ier	牙签儿
iang → iar	花样儿	ua → uar	笑话儿	uai → uar	一块儿
uan → uar	落款儿	uang → uar	天窗儿	uan → uer	手绢儿
ei → er	摸黑儿	en → er	老本儿	eng → er	夹缝儿
ie → ier	小鞋儿	ue → uer	旦角儿	uen → uer	一会儿
ueng → uer	小瓮儿	-i（前）→ er	挑刺儿	-i（后）→ er	墨汁儿
i → ier	针鼻儿	in → ier	有劲儿	ing → ier	门铃儿
u → uer	毛驴儿	un → uer	合群儿	e → er	唱歌儿
u → ur	没谱儿	ong → or	果冻儿	iong → ior	小熊儿
ao → aor	半道儿	iao → iaor	跑调儿	ou → our	小偷儿
iou → iaor	抓阄儿	ou → ur	大伙儿	(o) → or	粉末儿

五、"啊"的音变

语气词"啊"，在口语表达中是极其常用的，但是我们在发音的过程中往往会受到

---

① 周华银 . 普通话训练教程 [M]. 成都：西南交通大学出版社，2011.

② 周华银 . 普通话训练教程 [M]. 成都：西南交通大学出版社，2011.

前面一个字音节尾音的影响而产生音变。一般情况下，当我们所说的一句话最后一个字的音节尾音为"u"的时候，语气词"啊"要读作"哇"，比如，你为什么要哭啊？正确的读法是你为什么要哭哇？另外，当我们说完一句话的最后一个字音节尾音为"n"时，要将语气词"啊"读作"呐"。比如，快来看啊，正确的读法是快来看呐。还有一种情况，当我们说完一句话后，最后一个字的音节尾音为 ng 是，要读作 nga，写作过程中仍旧为"啊"，例如，他好穷啊！

第三章　普通话推广的历程与启示

第一节　普通话推广宏观政策调整

近些年来，我国语言文字工作步入了新的历史阶段。根据中共中央、国务院《关于深化教育改革全面推进素质教育的决定》（2001年）和《中华人民共和国国家通用语言文字法》（以下简称《国家通用语言文字法》），结合社会发展的实际需要，国家语言文字工作委员会、教育部于2004年3月24日联合发布了《关于调整普通话推广政策的通知》，对普通话推广宏观政策做出了新的调整。调整后的宏观政策共有七方面：一是明确提出"以普通话作为工作语言"。二是明确提出"学校及其他教育机构以普通话作为工作语言"。三是明确规定要"大力推广和规范使用国家通用语言文字，提高全民族的语言素质"。四是强调"加强学校及其他教育机构的管理工作和教师队伍建设"。五是提出要"重视培养学生良好的语言习惯和双语能力，使他们成为有理想、有纪律的社会主义建设者和接班人"。六是提出了要"建立健全国家通用语言文字推广工作责任制"等。

自2003年起，教育部、国家语言文字工作委员会（以下简称"语委会"）将《国家中长期语言文字事业改革和发展规划纲要（2012—2020年）》（以下简称《规划纲要》）确定为我国十年语言文字工作的行动纲领。[①] 根据《规划纲要》，全国语言文字工作将以提高全民族语言素质和增进各民族交流合作为目标，以宣传贯彻《国家通用语言文字法》和国家颁布的《普通话异读词审音表》为主线，以大力推广和规范使用国家通用语言文字、提高全民素质为主题，全面推进国家语委工作职能的落实，努力构建符合中国国情的推广普通话工作机制。这一机制以2011年启动的"全国推普专项行动"为主体框架，由三个子机制构成："推普宣传工程""推普员队伍建设工程""推普科学研究工程"。认真履行《国家通用语言文字法》规定的推广普通话的职责，并在实际工

---

① 王启，靳迪.普通话水平测试反拨效应对高校普通话教学的影响[J].开封文化艺术职业学院学报，2020，40（03）：103-104.

作中充分发挥其作用。

我国幅员辽阔，人口众多，汉语与少数民族语言、方言并存，普通话是各民族共同语。推广普通话必须以正确运用普通话为前提。在学校教育、新闻出版、广播影视、公共服务行业以及国家机关、事业单位等要积极推广和规范使用国家通用语言文字，努力提高全社会的语言文字应用水平。[①] 同时要加强对公务员和教师的培训，使他们熟练掌握普通话的运用能力和教学水平，不断提高全民使用语言文字的能力。中小学是国家通用语言文字教育教学的主渠道之一。广大教师不仅要成为合格的人民教师，还要努力提高自己讲好普通话、用好规范字的能力。国家将通过举办培训班等多种形式，加强对全国范围内中小学教师和各级各类学校管理者进行推广普通话工作培训。各级各类学校和其他教育机构都要使用标准的普通话进行教学。根据《国家通用语言文字法》规定，学校及其他教育机构以普通话作为工作语言。这是对《国家通用语言文字法》的进一步补充和完善，也是普通话教学和使用的实际需要。各级各类学校的教师、学生及其他工作人员都必须严格遵守这项规定。各地要在当地党委、政府的领导下，制定具体的实施办法，明确职责，落实责任。教育行政部门负责本行政区域内的学校普通话教学和使用工作；其他有关部门按照各自职责做好推广工作。高等学校要带头推行普通话，并对本地区中、小学校教师和学生进行普通话培训；其他教育机构要认真执行教育部、语委 2002 年发布的《关于高等学校教师及教学人员语言文字水平测试有关问题的通知》中关于"学校教师及教学人员参加国家、省组织或地方举办的普通话水平测试应达到相应标准"的要求，并取得有关证书。[②]

党政机关公务活动和公共服务行业领域工作人员要率先使用普通话进行交流。各级党政机关、人民团体、企事业单位的工作人员都要带头说普通话，在公务活动和公共服务中使用普通话。要充分发挥新闻出版、广播影视等行业的示范作用，特别是要加大广播影视语言的规范力度，在电视节目和电影、话剧等文艺作品中要有普通话水平测试合格要求。加强对公共服务行业领域从业人员的管理和培训，使他们提高语言规范意识和服务意识，特别是要加强对导游、客服人员的语言培训。各级各类学校应当以普通话作为教学语言，为社会提供合格产品。学生毕业后到机关、团体、企业事业单位工作时应当讲普通话。进一步加大力度，全面推广普通话。"要继续深入开展全国推广普通话宣传教育活动，充分发挥广播电视和信息技术等大众传媒的作用，营造良好的语言环境，进一步加强对推普工作的领导"。教育部和国家语委将继续把推广普

---

① 曾晓英.滇西边境口岸地区普通话普及度抽样调查 [D].云南师范大学，2016.

② 张明娟.高职汉语口语教学理论与实践方法研究——评《普通话口语训练教程》[J].语文建设，2019（13）：2.

通话作为重要的战略任务，提出要"坚持面向全体教师、全体社会成员，把大力推广和规范使用国家通用语言文字作为教师队伍建设和学校教育教学工作的重要内容，使他们成为懂普通话、用普通话的教师"；"要积极采取措施推动党政机关工作人员、公共服务行业从业人员和校园教师以普通话为工作语言，并使此项工作不断深入"；"要充分发挥高等学校推广国家通用语言文字的骨干作用"。[①] 教育部还将组织专家研究制定相关标准及操作办法，作为推广普通话工作的指导性文件。加强国家通用语言文字宣传普及活动，发挥其在学习、生活、工作中的重要作用。

　　语言文字规范化是衡量社会文明进步的重要标志，是构建和谐社会的重要条件。随着社会主义现代化建设步伐的加快，社会对语言文字工作提出了新的要求，这就需要我们以《国家通用语言文字法》为依据，依法管理规范用字行为。2004年是《国家通用语言文字法》实施后的第一年，各级各类学校必须把推广使用普通话和推行规范字工作作为一项基本任务抓紧抓好。各级语言文字工作委员会及有关部门要按照国家语委2004年发布的《关于在全国中小学中开展"普通话养成教育"活动的意见》要求，把学校作为开展"普通话养成教育"活动的重点和主渠道，在中小学积极组织开展国家通用语言文字教育教学、语文学习、课外活动和校园文化建设等活动，培养学生良好的语言习惯和双语能力。大力开展"推普脱贫"等语言文字类社会公益活动，增强全社会语言文字规范意识和推广普及国家通用语言文字意识。按照新的语言文字推广政策，在今后的一段时间里，要把推普脱贫作为重要内容之一，要开展多层面、多形式的"推普脱贫"活动。同时，在农村尤其是在民族地区大力推广和规范使用国家通用语言文字；在城市要广泛开展"推普周"和"普通话宣传周"活动。要充分发挥广播电视、报刊网络等媒体的作用，向社会宣传国家通用语言文字的规范标准；要发挥各大高校和科研院所的作用，组织力量研究国家通用语言文字。在有关部门支持下，结合实际需要设立一批"推普脱贫"示范点，帮助贫困地区特别是少数民族地区群众提高语言文字水平，改善贫困地区语环境；积极鼓励有关企业、社会团体参与推普脱贫活动；要充分发挥工会、共青团、妇联等人民团体和社会组织的作用。[②] 各级党政机关要带头使用规范汉语进行公务活动；广大党员干部特别是领导干部带头说普通话、写规范字。要动员广大教师和学生积极参与"推普脱贫"活动。通过这些工作使国家通用语言文字更加深入人心，更加广泛地发挥其作用。

① 李馨.民族地区高师普通话口语习得之探究 [J].黔南民族师范学院学报，2019，39（S1）：26-29.

② 万光明，刘燕.师范类专业口语能力、素质相结合的教学模式探索——以普通话口语与训练课程为例 [J].遵义师范学院学报，2019，21（02）：126-128.

第二节 普通话推广工作机构沿革

普通话是"以北京语音为标准音，以北方话为基础方言，以典范的现代白话文著作为语法规范"的现代汉民族共同语。普通话水平测试是根据《中华人民共和国宪法》和《中华人民共和国民族区域自治法》规定的国家考试制度。普通话水平测试分为三级：一级测试由省级语言文字工作部门组织实施，二级测试由地市级语言文字工作部门组织实施，三级测试由县级语言文字工作部门组织实施。三级测试的等级划分和考试大纲由国务院教育行政部门制定。

1958—1973 年：普通话推广隶属于部委级机构；1958 年 2 月，教育部成立普通话水平测试中心，归教育部管理，任命汪永铨为主任。其任务是：拟订普通话教学大纲，编制普通话培训教材和测试大纲；开展普通话水平测试工作和教师培训工作。1958 年 9 月，国务院发布《关于推广普通话的指示》，要求各地进一步加强推广普通话工作。1960 年 4 月 1 日，中国科学院成立中国语言学会，成为新中国第一个语言研究机构。1961 年至 1963 年期间，教育部先后召开了两次全国推广普通话会议及三次全国教师会议。1963 年 5 月 25 日举行的第一次会议提出了《关于各地推广普通话的决议》（以下简称《决议》）和《关于在农村进一步推广标准普通话的指示》（以下简称《指示》）。在此期间召开的第二次会议讨论了有关问题。同年 12 月 14 日召开的第三次会议制定并通过了《中国语言文字工作规则》和《中国语言文字工作委员会关于地方推广普通话的规定》。1974—1977 年，在"语言文字工作委员会"下设全国推广普通话领导小组。1972 年 10 月，经国务院批准，教育部在原"中国文字改革委员会"下成立"全国推广普通话领导小组"。为贯彻落实党的十一届三中全会精神，推动语言文字工作改革，"语言文字工作委员会"在 1978 年 2 月召开的第一次全体会议上成立了普通话培训测试机构：北京语音室，主要任务是对社会各界及部队的普通话进行培训测试。1978 年 12 月 16 日，经国务院批准，教育部发布《关于进一步贯彻执行〈中华人民共和国国家通用语言文字法〉的指示》。这个《指示》规定：①各省、自治区、直辖市人民政府，可根据当地使用普通话情况及工作需要制定本地区普通话推广规划。②要重视方言区的普通话学习和使用。1978 年，国务院决定成立语言文字工作委员会。1978 年 3 月，国务院决定成立语言文字工作委员会，并下设国家语言文字工作委员会，负责组织全国的普通话和规范汉字的推广工作。同年 5 月 1 日颁布了《中华人民共和国国家通用语言文字法》，为普通话在全国范围内的推广应用提供了法律依据。《中华人民共和国国家通用语言文字法》规定："各级人民政府应当将推广普通话和推行规范汉字作为普及义务教育和提高公民思想文化水平的基本要求。"经国务院批准，1985 年 9 月国务院教育行政部门与中国文字改革委员会联合颁布了《汉字简化方案》（1985 年 10 月 1 日起施行），并于 1990 年 11 月对该方案进行了修改。1982 年中国语文学会成立。1982 年 2 月 5 日，中国语文学会成立大会暨第一届会员代表大会在北京人民大会堂隆重举行。王力、吕叔湘、徐中舒等老一辈语言学家出席会议。根据中国语文学会的章程，学术研究工作由该会的学术部负责，其主要任务是组织全国语言文字研究人员进行科学研究。中国语文学会还成立了《汉语大词典》编委会，专门负责汉语大词典的编纂工作，这是新中国成立后第一部以国家力量组织编纂的大型工具书。

　　由于对现代汉语语音系统的理论问题未能解决，有关当代汉语语法体系方面的学术问题也未能得到解决，从而影响了语言文字学发展。近些年来这一问题曾引起语音学和语言学研究工作者的关注。但由于种种原因，相关工作未能全面展开。1986—1989 年，国务院语言文字工作委员会及教育部组织管理全国推广普通话和推行规范字工作。1986 年 11 月，国务院设立了由当时国家科委、国家经委等部门的负责人组成的国务院语言文字工作委员会，并决定在北京召开全国推广普通话工作会议。会议研究了推广普通话的重大问题，通过了《关于推广普通话的决议》。1987 年，国务院发布《关于改革教育、文化管理体制和改革教育内部机构的决定》，规定从 1987 年起将语言文字工作从文字改革领导小组办公室改为国家语言文字工作委员会。1988 年，《中华人民共和国汉语拼音方案》公布施行。国家制定发布了《汉语拼音正词法基本规则》等规定和规则。1990 年 7 月 1 日，新中国第一部《通用规范汉字表》正式公布，作为推行规范字的主要依据。1990 年至今，国务院语言文字工作委员会统筹协调，教育部牵头抓总，国家语委具体组织实施推广普通话和推行规范字工作。1991 年 7 月，国务院发布《中华人民共和国国家通用语言文字法》（以下简称《国语法》），确立了推广普通话和推行规范字工作的法律地位。1994 年 1 月，国务院发布《关于推广普通话的若干规定》，对国家推广普通话的政策目标、工作任务、管理体制与机制等做出明确规定。1997 年 6 月，国家语委召开全国语言文字工作会议暨全国推行普通话工作会。会议提出，"九五"期间要在大力推广普通话的同时，全面推进规范字的标准化和信息化建设。1998 年 12 月，国务院召开第一次全国语言文字工作会议，进一步提出了"进一步加强语文规范化和汉字标准化工作""深化语文教学改革""培养高素质语言文字应用管理人才"的要求。[①]2005 年 7 月 14 日，国务院办公厅转发教育部等部门《关于进一步加

---

① 　陈柯言.文化传承与创新视域下高校普通话口语课堂建构 [J].安阳工学院学报，2018，17（05）：113-115.

强学校语言文字工作的意见》。

1996 年 9 月 1 日起,《中华人民共和国国家通用语言文字法》施行。第一条为了推广普通话,规范汉字,提高全民族的思想文化素质,促进经济建设和社会发展,根据宪法,制定本法。第二条国家推广普通话,推行规范汉字。第七条下列人员必须具备普通话水平:①各级各类学校的教师。②公共服务行业的导游、乘务员等。③广播电台、电视台的播音员、节目主持人。④国家机关工作人员。⑤教学、科研机构工作人员。推广普通话是国家的一项基本国策。"全国推广普通话宣传周"由国务院批准于 1998 年 5 月 17 日至 22 日举行。第九条国家通用语言文字规范化标准。省、自治区、直辖市人民政府应当组织有关部门制定本行政区域内国家通用语言文字的实施方案,并对本行政区域内各行业用字进行监督管理。国家机关及其工作人员在履行职责时应当使用国家通用语言文字。广播电台、电视台应当使用符合规定的普通话和规范字。公共场所的设施如交通信号、标牌等应当使用国家通用语言文字;商品的包装和广告也必须使用国家通用语言文字。

我国是一个多民族、多方言的国家,在全国范围内推广普通话是促进各民族人民相互沟通交流的有效手段。中国共产党第十八次全国代表大会以来,在推进民族团结进步、实现中华民族伟大复兴的历史进程中,提出了"推广普通话"和"普及十二年义务教育"等新理念。[①]语言是沟通人与人之间联系的桥梁,语言作为一种文化载体,可以实现文明传承、信息传递、科技创新等功能。

1999 年 10 月 31 日,第九届全国人民代表大会常务委员会第十一次会议审议通过了《中华人民共和国国家通用语言文字法》,并于 2000 年 1 月 1 日起施行。国家通用语言文字是指普通话和规范汉字。《中华人民共和国国家通用语言文字法》是为了加强国家通用语言文字的管理,推广普及普通话,促进各民族、各地区经济文化交流,维护公民的合法权益,根据宪法制定的法规。根据《中华人民共和国宪法》规定,国务院于 1984 年 4 月 12 日发布了《中华人民共和国国家通用语言文字法》。其目的是推动我国社会主义现代化建设以及同世界各国和地区开展交流与合作,发展同各国的国际关系,促进世界和平与进步。为贯彻落实《中华人民共和国国家通用语言文字法》,教育部、国家语委于 2011 年 10 月 15 日公布了《关于做好 2012 年全国推普脱贫工作的通知》,要求各地区要高度重视推普脱贫工作,确保按照新时期推普脱贫要求如期实现年度目标。要把大力推进推普脱贫工作作为贯彻落实《中华人民共和国国家通用语言文字法》的重要任务来抓。

① 熊婕.浅谈湖北方言区普通话口语课程中的词汇规范教学 [J].湖北第二师范学院学报,2018,35(07):1-4.

　　国家通用语言是指在一定地域内被广泛使用并稳定下来的语言，这就要求在全国范围内推广普通话。自新中国成立以来，党和国家对推广普通话高度重视，对新中国成立前的普通话推广工作十分重视。1949 年 10 月 1 日，在天安门广场举行了开国大典，在此之后成立的新中国政府对于普通话推广工作十分重视。1956 年 2 月 2 日发布的《关于我国统一民族语言的决定》中提出"少数民族聚居地区使用民族语言，汉族聚居地区使用普通话"。1988 年 3 月中共中央、国务院做出《关于进一步加强和改进新时期语言文字工作的意见》，明确提出"要进一步加强普通话推广工作，确立普通话'国家通用语言'地位"。2000 年 10 月 12 日通过的《中华人民共和国宪法》第十三条规定："国家推广全国通用的规范汉字"。同时规定："国家推广全国通用的外语，实行以汉语为基础的双语教育政策。各民族间必须使用国家通用语言进行交流。少数民族学生在升学和就业中享受国家规定的优惠政策；民族自治地方在执行当地国民经济和社会发展计划中需要使用国家通用语言文字、少数民族使用本民族语言进行教学而不受限制。"[①]

　　2004 年 1 月 7 日经国务院批准公布实施《中华人民共和国国家通用语言文字法》(简称《国家通用语文字法》)，自 2004 年 5 月 1 日起施行。自此，"以普通话为基础、以北方话为基准的新汉语成为中国社会书面语和公共交际工具"的局面结束，普通话"成为我国法定认定正式工作用语和全国范围内通行唯一规范口语"[②]。

　　《国家通用语文字法》是一部适用于全国的法律，也是一部重要的语言政策。《国家通用语文字法》由五个部分组成：第一部分为总则，包括第一条、第三条；第二部分为适用范围，包括第四至九条；第三部分为正文，包括第十至十五条；第四部分为附则，包括第十六条和第十七条。这五个部分内容的共同特点是将"国家通用语言文字"作为立法的前提条件和实施主体，明确了推广普通话工作要以"国家通用语言文字"为基础。此外，还规定了各级国家机关、学校、新闻出版、广播影视等单位在语言文字工作中应遵循的原则和应当承担的责任。《国家通用语文字法》赋予了各部门、各单位推广普通话工作的法律地位。《国家通用语文字法》实施后，进一步完善了中国的法律体系，推动了社会立法和民主立法进程。2004 年全国人大常委会颁布《中华人民共和国民族区域自治法》(简称《民族区域自治法》)修正案，这是我国第一次以法律形式确定民族自治地方应推广使用普通话、规范汉字；2005 年国务院颁布《语言文字法》；2008 年全国人大常委会通过《中华人民共和国教育法》修正案将"推广普通话"列入

①　董军.高校普通话口语教学的创新策略探讨[J].宿州教育学院学报，2018，21（03）：107-108+142.

②　徐晶凝.普通话口语中"啊、呀、哪、哇"的分布[J].语言文字应用，2018（02）：62-71.

教育立法内容；2012 年通过的《中华人民共和国义务教育法》修正案将"推广普通话"列入义务教育内容。同时这几部法律还对有关学校教育教学内容和范围都做了具体规定。此外，国务院在 1993 年 1 月 23 日颁布的《外国文教专家管理办法》中规定：外国文教专家在中国境内提供翻译服务时使用国家通用语言文字。因此，外国文教专家在中国提供翻译服务时必须使用国家通用语言文字。

普通话是国家通用语言，能够促进各民族的交流沟通，提高中华民族的凝聚力，同时也是维护国家统一、民族团结、社会稳定的纽带。民族区域自治制度是我国的一项基本政治制度，各民族自治地方都要贯彻执行党和国家的民族政策，依法行使自治权，把大力推广和积极普及全国通用的语言文字作为重要措施之一。[①]我国有 56 个民族，使用 56 种语言。对于在少数民族聚居地方工作和生活的人来说，大力推广普通话对他们提高普通话水平、学习现代化科学文化知识以及促进本民族团结、繁荣和发展都具有重要意义。

我国《宪法》明确规定了我国通用语言为普通话；在国家层面通过法律形式明确规定推广全国通用语言文字，各民族都有使用和发展自己语言文字的自由。这一规定是在宪法框架下对公民权利加以确认和保障、体现了国家尊重并保障人权的基本理念；同时也是对国家统一做出的积极回应和重要举措。这一制度安排有助于实现全国范围内各民族群众自由平等地进行交流沟通，有力促进了中华民族大家庭和谐共处、繁荣发展。中华人民共和国的通用语言是普通话，在此基础上又形成了汉语方言。方言是地域的产物，但并不影响它作为一种语言。普通话作为一个国家通用语言，同时又是一种有足够代表性的标准汉语，可以成为与世界上其他国家、民族进行沟通交流的共同语。在我国 56 个民族中使用 56 种语言的人不仅能够自由地交流和学习，而且还可以在统一的国家范围内进行自由的交往和信息传递。国家通用语言文字是我国在法律上作为一个独立国家存在的最重要标志之一。这一原则决定了普通话具有其他任何语言无法比拟、不可替代的地位与价值，是确保我国主权独立、领土完整和民族统一的基础；也体现了我国尊重并保障人权、促进社会进步与发展的理念。从长远看，这一原则有利于推动统一多民族国家建立健全教育文化事业管理体系，推动少数民族地区发展经济文化等各项事业。

"普通话和规范汉字是全国各族人民团结一致、共同创建社会主义现代化强国的重要桥梁和纽带。"[②] 在新时代下，"推动中华优秀传统文化创造性转化、创新性发展"是

---

① 曾宪林.普通话口语的美学标准 [J].赣南师范大学学报，2018，39（02）：65-69.

② 蔡培.高专普通话口语教学现状及策略 [J].汉字文化，2018（02）：48-49.

国家语言文字工作的重要目标和任务。[①]

国家大力弘扬中华优秀传统文化，坚持以人民为中心的发展思想，努力构建现代公共文化服务体系。为了提高国民语言能力、提升公民人文素养，普通话是民族共同语的基础。在新时代下大力推广和规范使用国家通用语言文字将为经济社会发展提供基础保障、推动区域协同发展。同时也有利于完善教育体系，构建人类命运共同体，加强人文交流，促进文明互鉴。在未来新时代下将会有更多地区使用普通话和规范汉字。

2014 年 9 月 29 日，国务院办公厅公布了《中国语言文字规划纲要（2014—2020 年）》（以下简称《纲要》)。《纲要》提出，到 2020 年，普通话在全国范围内得到广泛应用，中华优秀语言文化得到更好传承发展。要通过 5 年的努力，使普通话基本普及到城乡各区域、各行业，纳入国民教育体系的学校中以普通话为基本教学用语的课程和教师队伍基本实现全覆盖，城市主要公共服务行业人员达到国家标准；中文信息处理能力和应用水平大幅提高；推广普及国家通用语言文字取得重大进展。

2020 年以前，国家通用语言文字在全国范围内得到广泛应用。根据《纲要》内容，要制定相关政策措施：一是加强普通话培训测试工作。二是做好各级各类学校普通话培训、测试与检查工作。三是规范汉字使用。四是继续实施"中华经典诵读工程"和"中华经典古诗文背诵工程"。五是开展语言文字规范标准的宣传活动。《纲要》指出，我国语言文字工作要坚持党的领导、坚持正确方向、坚持科学发展；要始终把服务人民放在首位、把促进发展作为根本出发点和落脚点；要进一步明确国家语委、教育部和地方政府以及各有关部门在语言文字工作中的职责任务；要加大国家通用语推广普及力度，提高少数民族地区语言文字水平。教育部于 2018 年 6 月 7 日发布了《推普脱贫攻坚行动计划》（以下简称《计划》）。

《计划》提出了普通话在农村普及、推广与巩固提升相结合、学习方式多样化等要求。第一阶段（2018—2020）内为提高农村地区国家通用语言文字能力打基础；第二阶段（2021—2022）内巩固提升全国推普脱贫攻坚成效；第三阶段（2022—2023）巩固提升普通话水平与文化素质。《计划》特别强调要用好国家通用语言文字教材和普通话学习资源，因地制宜开展语言文字培训、研讨和交流活动。要求"要进一步加大对农村地区特别是民族地区推普力度""加强乡村教师队伍建设"。《计划》明确指出要"坚持推广普通话与规范汉字并重"，将会大大提高国家通用语言文字推广普及的有效性和针对性。

---

① 胡晓丽. 中职学校学生普通话口语表达中存在的问题分析及对策探讨 [J]. 当代教育实践与教学研究，2017（11）：217.

在我国，有相当一部分人因受过专业或职业培训，或者接受过义务教育，或者受过一定教育程度的训练，可以通过自己的努力和付出改变命运。但由于历史和现实原因，这些人普遍存在语言障碍、普通话水平不高的问题。解决这一问题是实施精准扶贫、精准脱贫方略的一个重要途径。同时，农村地区具有庞大的劳动力资源，开展语言扶贫工作具有广阔的空间和潜力。我国人口多、底子薄，少数民族人口占到了全国人口一半以上。提高农村地区特别是民族地区普通话水平，有利于促进民族团结和社会和谐稳定；有利于促进就业、增加收入、脱贫致富；也有助于阻断贫困代际传递。推普脱贫攻坚行动计划强调"要以更大力度实施好国家通用语言文字推广普及工程""开展面向农村特别是少数民族地区学生的语言能力测评""推进教师教育和中小学教育教学资源库建设"等内容。[①] 这一系列举措将有助于实现国家通用语言文字在教育扶贫工作中的优先地位，从而为实现中国梦奠定坚实基础。脱贫攻坚，重在扶志，难在扶智。要扶"智"，重在提高教育质量和水平，要把教育作为阻断贫困代际传递的根本途径，让每个孩子都有人生出彩的机会。习近平总书记多次强调"教育扶贫是最直接、最有效的脱贫方式""阻断贫困代际传递"。《计划》明确了"加强贫困地区农村教师队伍建设""进一步加大对农村地区特别是民族地区推普力度"等举措。这些举措必将为帮助贫困地区学生提高学业质量和实现就业创业提供强有力的支撑。《计划》明确提出，要统筹做好民族地区国家通用语言文字教育教学工作，加大对少数民族学生就业创业指导支持力度。推普工作的重点对象是农村地区，是语言服务的主要对象。普通话的推广与普及，需要投入大量资源、人力、物力。在城乡之间进行统筹安排，符合我国国情和实际情况，是对现有语言服务资源的有效利用与优化配置。"推普脱贫攻坚行动计划"在国家通用语言文字推广普及工作取得显著成效的基础上提出了进一步巩固提升推普脱贫攻坚成效的要求，有助于推动普通话在乡村地区进一步向下延伸。《计划》强调要"对脱贫地区乡村教师加大国家通用语言文字培训力度""组织开展推普周等宣传教育活动，强化社会各界支持推普脱贫攻坚工作意识""要完善脱贫地区普通话水平测试站建设"等内容，强调了用好普通话学习资源、提高乡村教师和学生普通话水平、加强农村地区国家通用语言文字培训、加强社会各界支持推广普通话与推广规范汉字工作。

为贯彻落实《国家中长期教育改革和发展规划纲要（2010—2020 年）》，教育部、国家语委 2014 年印发《关于全面加强和改进新形势下学校语言文字工作的意见》以下简称《意见》。《意见》提出了 10 方面的任务，包括提高对学校语言文字工作重要性认

---

① 　高顺洁.普通话口语课程教学改革探索 [J].纳税，2017（26）：180.

识、落实工作责任、完善推进机制、建立督导检查机制、加大投入力度等，其中明确提出要在中小学推广使用国家通用语言文字。《意见》还明确了"三个体系"建设的任务，即建立学校语言文字规范管理体系；建立教师、学生普通话培训测试体系；建立完善全国推普参与考核监督机制。

2013 年 12 月教育部、国家语委印发了《关于推广普及国家通用语言文字与少数民族语言文字工作的意见》。这是党和国家为做好新形势下民族地区和农村地区教育工作做出的重要决策部署，对于进一步提高民族地区教育质量，推动民族团结进步事业，巩固发展平等、团结、互助和共同进步的社会主义民族关系，具有十分重要的意义。为做好少数民族地区推普参与工作，《意见》对"三个体系"建设做了进一步明确。《意见》明确要求各级教育行政部门、语言文字工作部门要把推广普及国家通用语言文字作为重要任务，纳入本地区教育工作总体规划和年度计划，并作为督导评估的重要内容；各学校要把推广普及国家通用语言文字作为素质教育的重要内容，纳入学校教学管理制度、日常事务管理制度和评估认证体系。《意见》还提出要建立健全学校语言文字工作组织管理体系，落实校长是学校语言文字工作第一责任人的职责。鼓励地方各级教育行政部门设立语言文字工作委员会，乡镇中心小学以上设立语委，村小教学点、幼儿园设立语委或负责人。中小学校长是学校语言文字工作第一责任人，对学校推广普及国家通用语言文字质量负总责；教师是教育教学第一责任人，是国家通用语言文字"教"与"学"的直接组织者和实施者；学生在校内使用普通话和规范字。为加强推普参与工作，《意见》明确提出，各地要按照《国家通用语言文字法》和《国家中长期语言文字事业改革和发展规划纲要（2010—2020 年）》的要求，结合教育改革和发展实际，坚持"以本为本"的原则，重视提高中小学教师普通话水平；加强对中小学生语言文字规范意识和应用能力的培养；鼓励教师、学生积极参加普通话水平测试，不断提高使用普通话授课教学、交流的能力。[①]教育部还将把民族地区推普参与工作纳入教师培训计划。各地要根据实际情况，制订出台教师普通话培训方案。

2011 年 12 月印发的《国家中长期语言文字事业改革和发展规划纲要（2011—2020 年）》中明确指出"中小学教师普通话水平达标"是"加强语言文字规范化建设、全面提高教师队伍素质、构建和谐师生关系"的重要环节。2010 年 6 月印发的《全国教育工作会议精神贯彻落实意见》中也明确提出要"将普通话水平作为教师培训和达标测试、考核评估的基本条件"。根据《教育部、国家语委关于进一步加强全国普通话培训测试工作的意见》，对各省（区、市）推进工作提出了明确要求。

---

① 磨月华.边境民族地区高校普通话口语教学模式的构建 [J].当代教育实践与教学研究,2017(08):66+133.

2015 年 1 月，教育部、国家语委印发了《关于进一步加强新形势下推广普及普通话工作的通知》，部署推进全国普通话培训测试工作。2016 年 6 月，国家语委印发了《国家通用语言文字法》，明确提出要"根据国家经济社会文化发展需要和人的全面发展要求，逐步提高全体公民学习应用国家通用语言文字的能力"。为落实这些要求，《意见》提出要"加强对语言文字应用规范标准和应用水平评估、监督工作的管理"，并从加强组织领导、建立协调机制等方面对做好这一工作提出了具体要求。

中华优秀传统文化是中华民族的根和魂，是中华民族最深厚的精神力量。中国共产党第十八次全国代表大会以来，我们党高度重视中华优秀传统文化，在继承优秀传统文化方面进行了许多探索，积累了宝贵经验。为进一步坚定"四个自信"，继承和发扬中华优秀传统文化、革命文化和社会主义先进文化，推动中华优秀传统文化创造性转化、创新性发展，2012 年 12 月 28 日至 29 日举行了全国精神文明建设工作表彰大会。会议要求把社会主义核心价值观融入社会发展的方方面面。[1]2014 年 4 月 24 日召开的全国语言文字会议指出："要坚持古为今用、洋为中用，去粗取精、去伪存真，见人之所未见，发人之所未发。"2014 年 10 月 19 日召开的党的十八届四中全会决定指出："推进中国特色社会主义法治体系建设的根本目的是保障中国特色社会主义制度行稳致远；推进中国特色社会主义法治体系建设，必须坚持依法治国、依法行政共同推进；法治国家、法治社会一体建设。"2015 年 3 月 11 日召开的全国语言文字工作会议提出："要全面推动中华经典诵读工程等重大语言文字活动。"2015 年 7 月《中共中央国务院关于实施中华优秀传统文化传承发展工程的意见》提出："要积极开展中华经典诵写讲活动。"2017 年 11 月 4 日召开的中央全面深化改革委员会第三十二次会议上审议通过《关于实施中华经典诵读工程的意见》，进一步明确了"中华经典诵读工程"的重要意义和开展思路。2018 年 3 月 22 日召开的全国教育大会上再次强调："要把诵读优秀诗文作为弘扬爱国主义精神、培育和践行社会主义核心价值观的重要举措；把中华经典诵读融入大中小学教育教学各环节；加强教材建设和管理；加大中华优秀传统文化经典作品走进课堂力度；发挥好课堂教学主渠道作用和学校教育主阵地作用。""中华经典诵读工程"是根据中共中央办公厅、国务院办公厅《关于实施中华优秀传统文化传承发展工程的意见》（2016 年）文件精神，由教育部等部门组织实施。这是新世纪以来我国加强精神文明建设特别是思想道德建设和培育民族精神，开展主题教育活动所采取的重要措施。

"中华经典诵读工程"分为"诵读传诵"与"经典进校园"两个阶段实施。第一阶

---

① 李婷. 台湾国语与大陆普通话口语中程度副词使用情况对比分析 [D]. 暨南大学，2015.

段（2014—2015）：以中小学为主阵地，面向全体学生广泛开展以传统节日为重点的节日诵读、以历史人物为重点的诗文诵读、以学校为阵地组织开展诵读活动等。第二阶段（2016—2018）：深入推进中小学中华优秀传统文化教育。第二阶段即从2016年开始至2018年结束，历时五年。第三阶段（2019—2020）：深入实施"中华经典传承计划"并不断丰富和完善活动形式和内容，使其成为贯穿国民教育始终和培育民族精神载体，进一步加强校园文化建设、发挥其育人功能。

第三节　普通话推广策略发展进程

推广普通话是我国的一项基本国策。从1949年到2004年，普通话始终在我国发挥着重要的语言文字规范、宣传、教育和交流作用，成为国家统一的重要象征和民族凝聚力的体现。在不同历史时期，它经历了从"统一语言"到"多语言"，再到"汉语方言化"的曲折历程。直到2003年国务院颁布了《中华人民共和国国家通用语言文字法》，才正式确立了普通话在我国语委工作中的指导地位。我国普通话推广进程大致可分为三个阶段。

第一次全国语言文字工作会议是在世纪之交召开的。会上，各方面代表一致认为，语言文字是进行社会主义现代化建设的重要工具，推广普通话是语言文字工作的中心任务之一。这次会议还通过了《关于新世纪初推广普通话的几个问题》的决议，明确了今后推广普通话的基本方针：①进一步提高全体人民语言文字规范意识和应用能力，加强中国特色社会主义精神文明建设。②国家鼓励各民族、各地区之间的经济文化交流。③进一步减少方言隔阂。④缩小城乡语言生活差距。这次会议标志着新世纪初我国推广普通话工作进入了一个崭新阶段，并为今后各项工作的开展指明了方向、提供了理论依据、奠定了政策基础。此后，我国推行普通话的实践在各地如火如荼地进行着：北京方言与普通话规范程度调查持续开展；制定和颁布了一系列普通话水平测试标准；形成了由教育部、国家语委组织实施，各级各类学校积极参与，社会各界广泛参与、共同推进的良好格局；"推普周"活动在全国范围内展开；通过各种形式向广大群众宣传普及推广普通话，这些举措有力地推动了我国推普工作步入新时期。2004年12月29日，国家语言文字工作委员会发布《国家通用语言文字法》，其中第二条明确规定："推广使用全国通用的语言文字"。语言文字工作部门按照国务院《推广普通话工作条例》和《语言文字工作"十五"计划》，将"大力推广使用全国通用的语言文字"作为中国语言文字工作的一项重要任务，进行了规范和管理。2001年6月，教育部、国家语委联合下发《关于进一步加强高等学校推广普通话和规范汉字工作的通知》，要求高校做好推普工作；2002年1月，教育部、国家语委联合发布《关于进一步加强中小学普通话教学的通知》，强调中小学要将推广普通话作为重要任务之一。此后，教育部、国家语委制定了一系列文件对推普工作进行规范：例如，2002年4月颁发了《关于进一步加强中小学普通话教学的通知》，2003年1月颁发了《学校规范汉字书写教育基本要求》等文件；2005年6月由国家语言文字工作委员会和教育部、中央组织部等八部门联合下发的《关于进一步加强教师队伍建设促进教育事业科学发展的意见》中明确指出："教师是传播知识、传播真理的主力军，应当带头使用和推广国家通用语言文字。"①

2002年4月，全国语言文字工作会议提出了"加强汉字规范管理和推广应用的总体部署"。教育部等六部门联合下发的《关于加强汉字规范管理工作的意见》，对汉字使用的基本原则、普通话与地方方言、"简化字"和"异体字"等问题进行了阐述。针对社会用字出现的新情况和新问题，国务院于2003年12月又发布了《通用规范汉字表》，对国家语委提出的规范标准、繁简字确定以及社会用字基本原则等都予以明确规定。以上这些文件为我国语言文字的发展与规范提出了基本纲领和基本依据，表明我国语言文字事业将进入新阶段。此外，2002年12月26日通过《中华人民共和国国家通用语言文字法》时，明确提出要"维护国家主权和民族尊严""反对一切形式的民族分裂活动和非法宗教活动"等。这些规定对维护国家统一和民族团结起到了积极作用。2004年9月29日，国务院颁布了《普通话水平测试暂行规定》，这是第一次以国家的法律形式明确提出要对社会人员进行普通话水平测试，并且强调要"提高社会用字的规范化水平"。这个规定在后来的实践中不断得到完善。2006年6月，国务院颁布了《国家中长期教育改革和发展规划纲要（2010—2020年）》，提出要"加大国家通用语言文字推广力度"。②2007年4月20日，教育部、国家语委印发《关于进一步加强普通话培训测试工作的意见》，要求把推广普通话作为各级各类学校素质教育的重要内容之一。2006年12月3日，国务院颁发了《国务院关于进一步加强和改进新形势下语言文字工作的意见》，要求"各级各类学校尤其是师范院校应当把语言文字规范化作为教学和教师培训重要内容"。

根据《国务院关于加强语言文字工作的决定》，我国将普通话教学与学校教育相结

---

① 王跃平.试析普通话口语能力的构成[J].山东师范大学学报（人文社会科学版），2016，61（06）：132-140.

② 宋振梅.普通话口语教学的语感培养分析[J].中小企业管理与科技（上旬刊），2016（07）：117-118.

合，推动各级各类学校普遍使用普通话；加强普通话培训测试机构建设和管理，加大普通话培训测试工作的投入力度；以国家和地方普通话培训、测试工作为中心，加快开发现代化、规范化的辅助教学软件；以贯彻执行《国家通用语言文字法》为契机，建立健全适应新时期国家语言文字事业发展需要的管理体制和运行机制。1999年12月，教育部、国家语委、原国家教委联合召开全国语言文字工作会议后，教育部、原国家语委分别在北京和上海召开了第一次全国语言文字工作会议。"十五"期间我国将普通话教学与学校教育相结合的思路已逐渐成形并在实践中不断完善。2001年11月25日教育部颁布了《中华人民共和国教育法》第13条规定："国家推广全国通用的普通话"。[①] 这一规定说明：自2001年起，我国已将全面实施国家通用语言文字法作为政府行为；并在《教育法》中明确提出了这一要求。

将普通话教学与学校教育相结合，促进学校全面普及普通话。学校是普及普通话的重要阵地，在推行普通话的过程中起着举足轻重的作用。因此，必须坚持以学校为中心，充分发挥学校在普及普通话中的重要作用，使全体国民都能学习和使用普通话，在全社会形成良好的语言环境。为促进学校全面推广普通话，教育部、国家语委下发了《关于推广普及全国通用的普通话推进方案》（2001年）及《关于进一步加强学校语言文字工作的意见》（2003年），要求：①国家中小学、中等职业技术学校、高等院校要把普通话教学作为必修课或公共课并做出安排。②在小学一年级开设普通话课。③将《标准》规定的测试内容列为国家考试项目。其中《标准》要求：小学三年级及以上必须达到二级水平，并继续安排国家测试；中等职业技术学校和高等学校要分别在三年级和四年级开设有关普通话课程；普通高中也要将国家规定的语言文字科目作为必修课。[②] 同时要求各地建立健全相应工作机制，保证将普通话教学与学校教育相结合。将普通话教学与语言文字工作纳入社会语言文字工作规划。2005年2月，国家语委发布《关于制订国民经济和社会发展第十个五年计划的建议》，建议国家制订国民经济和社会发展第十个五年计划。为了贯彻这一建议，国家语委根据《中华人民共和国国民经济和社会发展第十个五年计划纲要》以及《国家中长期教育改革和发展规划纲要（2010-2020年）》的要求，制定了"十五"期间社会语言文字工作的目标和任务，并将普通话教学与语言文字工作纳入这一规划。2004年3月发布的《语言文字工作"十五"计划及2010年远景目标》指出："建立健全相应的法律法规和政策措施，制订社会语言

---

① 刘传清，戴子卉.基于普通话测试的大学生普通话口语表达流畅度研究[J].三峡论坛（三峡文学·理论版），2015（06）：64-67.

② 吴用.藏族地区普通话口语教学改革思路探索[J].青海师范大学学报（哲学社会科学版），2015，37（04）：152-156.

文字工作规划。明确我国普通话推广、普及的任务目标及重点工程。以教育教学改革为突破口，提高国民语言能力和文化素质。"在规划中明确提出："到 2010 年全国普通话普及率达到 70% 以上（包括农村地区）。"①

据统计，2001 年至 2005 年间全国有 28 个省、自治区、直辖市把语言文字工作纳入国民经济与社会发展十年规划纲要之中。除北京、天津、河北外，其余都制定了《经济社会发展规划纲要》或《国民经济和社会发展第十个五年规划纲要》，确定了普通话教学与语言文字工作的目标和任务并明确了重点工程项目。"十一五"期间，将推广普通话与农村教育、职业教育相结合，以提高农民素质为目标。"十一五"期间，为进一步贯彻落实科学发展观，全面提高农民素质，推进社会主义新农村建设，我国在《全国语言文字工作"十一五"规划》中提出："把推广普通话作为改善农村语言生活、提高农民素质的一项重要措施，坚持在农村教育、职业教育和成人教育中普及推广普通话。在中小学设立规范汉字教学示范窗口，积极推进并不断完善农村学校布局调整、优化师资结构等方面的工作。扩大培训规模，加强培训质量管理。要坚持以服务农民为目标，积极适应新形势发展的需要。"我国全面提升语言文字工作水平的总体目标是：到 2010 年全国普通话普及率达到 75% 以上，农村达到 65% 以上；到 2020 年普通话普及率达到 85% 以上，农村地区普通话水平达到 80% 以上。在"十一五"期间，我国将推广普通话工作作为国家基本国策的地位不变，在社会生活中广泛开展宣传普及、以普通话为交际工具的教育和培训工作；继续对少数民族地区进行重点扶持；通过"推普脱贫工程""中国语言扶贫工程""乡村教师素质提高计划"等项目加大对贫困地区语言文字工作支持力度；加强国际汉语教育和国外汉语教学工作；将推广普通话纳入中小学教育教学常规管理之中；加强对相关机构和人员的业务培训。②

我国在农村及少数民族地区进行了一系列推广普通话的活动。2008 年，国家语言文字工作委员会与教育部共同下发《关于开展 2008 年推普脱贫工作的意见》，对少数民族地区进行推普脱贫工作。该意见明确了国家语言文字工作委员会继续在少数民族地区开展推普脱贫的具体工作：①支持和指导重点地区制订实施推普脱贫规划，加大对民族地区的支持力度，重点扶持集中连片特困地区及少数民族聚居区。②指导民族自治地方做好普通话培训测试工作；对具备条件的民族自治地方采取"集中培训＋职业技能培训＋就业服务"等形式，开展多种形式的普通话教育和培训。③加强对农村学校教师及其他人员进行普通话基本知识和技能的培训。④组织专家研究制定《民族

① 刘丽静 . 以普通话水平测试促进中小学普通话口语教学 [J]. 经济与社会发展，2015，13（03）：186-189.
② 杨博 . 浅析大学生普通话口语教学形式的创新 [J]. 河南教育（高教），2015（06）：64-65.

聚居区普通话水平测试大纲》和《民族聚居区语言文字水平测试标准》。⑤支持鼓励在民族自治地方开展"推普脱贫示范户"评选表彰活动。随着国家推普宣传活动的深入开展，社会上对推广普通话的关注度也越来越高。各地开展的推普宣传活动，如"三个一"活动、中小学汉字规范达标工程、城市语言文字规范化检查等，不仅促进了国家语言文字工作的开展，而且赢得了社会各界特别是广大人民群众对推广普通话的理解和支持。在这一过程中，各级教育行政部门通过组织各类培训、会议、调研考察等形式对学校和社会进行监督。例如，教育部将全国推广普通话宣传活动纳入教育部组织实施的"全国推普周"活动之中，并组织专家对各地推普宣传工作进行评价和指导；2006年年初，教育部语言文字应用管理司提出《关于将推普宣传纳入高校教学体系的建议》；2006年10月27日下午，国家语委在北京召开了全国语言文字规范化工作会议。国家语委主任刘淇主持会议并做重要讲话。他强调指出："在各级各类学校推广普及普通话是提高全民素质的基础工程和战略举措。推普宣传工作要深入到每一个人，让他们都有机会接受普通话教育和培训。"①2011年6月1日起，国家《汉语拼音方案》正式实施。新《汉语拼音方案》确定了汉语拼音的字母书写规则，同时采用了新的笔顺规范，并在以前笔顺规范的基础上增加了相应的笔画名称。这次修订后的汉语拼音方案充分考虑到中国普通话和汉语方言使用方面存在着一些差别。这次修订不仅保留了常用汉字和词语，还增加了一些常用词汇。2013年1月，教育部等六部门联合发布《国家通用语言文字法》（以下简称《语言文字法》），规定普通话作为国家通用语言文字的地位从法律上得到确立，这是语言文字规范化工作发展史上具有里程碑意义的大事。从法律层面确立了普通话在我国语文领域的主体地位，从而使推广普通话工作上升到更高层面。

从2008年开始，教育部与国家语委一起成立语言文字应用研究基地。在这期间，国家语委先后组织实施了"普通话培训测试工作""中国语言资源保护工程""国家语言资源监测与研究中心"等多个重要的国家级语言文字应用研究项目，这些研究项目涉及了语文教学、文学创作、新闻出版、影视戏剧和社会服务等方面。这些研究不仅有助于推动语言文字规范标准的实施，还有助于我国语言资源保护和传承工作。而从2011年开始，教育部和国家语委在全国启动实施"普通话水平测试和等级考试工程"。从2012年开始，该工程启动了汉语水平等级测试工作。这一工程为青少年提供了一个良好的语言学习平台，也为民族文化传承提供了一个新的载体。2013年，教育部等八部门印发了《关于推广使用规范汉字的通知》，明确提出要加大对汉字书写的规范管理

---

① 金璇，赵卫华．边疆少数民族普通话口语发音学习的系统构建研究 [J]．鸡西大学学报，2014，14（10）：144-146.

和监督检查力度，完善汉字书写水平测试体系，建立和完善社会用字监督机制。2015年11月30日教育部等六部门联合印发《关于在中小学生中开展"学规范字、写规范字"活动的意见》（以下简称《意见》），以全面提高中小学生的汉字书写能力为目标，推动广大青少年传承中华优秀传统文化。活动要求各地教育部门和学校通过各种途径组织学生开展"学规范字、写规范字"活动；通过培训教师等相关人员提高自身对"学规范字、写规范字"活动重要性的认识；要充分发挥学校、家庭等有关方面在推广使用规范汉字中的重要作用。语言是社会交往的工具，是人们进行交流、表达思想感情的基本手段。在信息技术不断发展的今天，推广普通话对于提升国民素质具有重要作用。2009年，国务院《国家中长期教育改革和发展规划纲要（2010—2020年）》指出："把大力推广普通话作为当前及今后一个时期提高国民素质、促进教育改革发展的重要任务，充分认识推广普通话对增进民族团结、维护社会稳定、促进经济发展等方面的重要作用。"我国大部分地区不规范使用汉语方言，影响了国家的形象和国际地位。推行规范使用国家通用语言文字能增强中国文化软实力，提升国际影响力。因此，要大力推广和规范使用国家通用语言文字。

教育部与国家语委合作开展推普宣传活动和普通话培训工作。这一阶段是普通话推广的第二个发展阶段。1994年，经国务院批准，国家语委开始开展全国推广普通话工作。根据国家语委工作部署，在教育部的支持下，各省语委结合本省实际情况，制订推普实施方案并组织实施。1994年9月，国家教育部、民政部、文化部、国家新闻出版总署联合发布《关于进一步开展普通话宣传活动的通知》（以下简称《通知》）。《通知》提出了六方面的要求：第一，继续巩固和加强普通话作为全国通用语言的地位。第二，扩大普通话在广播影视、公共服务行业及机关团体等单位中的应用。第三，普及提高并举，重点与一般结合。第四，面向全体国民实施。第五，发挥学校教育在推广普通话和国家通用语言文字教育中的主渠道作用。第六，加强对社会用字的规范管理。各地按照《通知》精神及要求认真落实各项工作。

进入新世纪后第三个阶段以来有以下特点：一是在推普周期间进行集中宣传活动成为重点工作之一。每年举办不同主题的全国性推普周活动成为提升社会各界对普通话推广重要性认识和提高其使用积极性的有效途径。二是在推广普通话培训方面进行了广泛尝试。2000年印发了《关于进一步加强学校普及普通话和用字规范化工作的通知》，并于2004年启动"语言文字规范化示范校"创建工作。2000年，国家通用语言文字法颁布，确立了普通话和规范汉字作为国家通用语言文字的法定地位，是语言文字事业发展的里程碑。此后，贯彻落实这部法律的地方性法规和政府规章纷纷出台，语言文字法律法规体系初步形成。各地积极探索建立执法管理、执法监督的体制机制，加强对语言文字社会应用的监管。

为了巩固和加强普通话作为全国通用语言的地位，国家语委和教育部决定在1997年举办第一届全国推普骨干师资培训班。2001年国家语委又确定第二届培训班由中央民族大学承办，至2003年结束。共培训各级各类骨干教师3000多人，其中有来自新疆、内蒙古、宁夏等西部省区的教师以及北京、天津、上海、浙江等地的学生。其规模之大，培训效果之好，在我国推普事业发展史上具有里程碑的意义。通过多年举办全国推普骨干师资培训班，使更多教师在实践中领会了国家通用语言文字地位和作用以及普通话作为全国通用语言的特点和要求，掌握了有关政策方针以及教学方法。特别是对如何提高学校教育教学质量，增强教师的责任意识起到了积极促进作用。自第一届全国推普骨干师资培训班以来至2003年6月结束，培训共计22期，共培训各级各类骨干教师5500多人。其中高校教师3800人、农村中小学（幼儿园）教师（含幼儿园园长和保育员）1900多人、国家机关工作人员420多人（其中包括行政人员600人）；其他人员3200多人。通过培训使广大教师提高了推广普通话的能力和水平，并将先进的理论方法应用于实际教学工作中，为国家通用语言文字在学校的普及推广以及《国家中长期教育改革和发展规划纲要》确定的工作目标服务。

普通话水平测试员继续教育项目是教育部与国家语委于1996年联合启动的普通话培训工程项目之一。该工程面向全国培养测试员，已先后在四川、云南、陕西、宁夏、山东等省（自治区）举办了四届省级普通话水平测试员继续教育培训班，共培训普通话水平测试员1.2万余人。据不完全统计，上述四届全国普通话培训工作共为国家培养了约5万名测试员，在一定程度上提高了普通话推广普及和测试质量。2006年3月，为贯彻落实国务院《关于大力推进职业教育改革与发展的决定》精神，在教育部的指导下，中国语言文字培训推广中心继续开展"普通话水平测试员继续教育项目"试点工作。目前，该项目已成功举办两期。2015年以来，国家语委成立普通话培训测试中心、推广普及工作办公室和语言文字水平测试中心。2016年6月，经国务院同意，教育部、国家语委印发《关于加强语言文字规范化工作的意见》，明确提出要"加强推广普及普通话工作力度。各省区市要从实际出发确定推广普通话的范围、对象和层次，科学制订推普工作规划和年度计划，结合当地实际制订本地区普通话培训测试规划。在学校、广播电台、电视台、公共服务行业及相关的公共服务部门等场所开展推普宣传"。[1]2017年1月，国务院办公厅印发《国家语言文字事业"十三五"发展规划》（以下简称《规划》）。

---

① 赵敏. 少数民族地区高校非师范类普通话口语教学模式的构建 [J]. 教育教学论坛，2014（21）：122-123.

《规划》明确提出要"到 2020 年，普通话基本普及并广泛应用于公共服务领域；方言分布和使用状况基本接近全国平均水平；国民素质明显提高"。① 大力加强普通话培训和测试工作，努力提升国民语言能力。2015 年以来，教育部、国家语委在全国范围内深入开展普通话培训和测试工作，全面实施"十二五"国家语言文字事业规划。各级各类学校普遍开设普通话课程，并且逐步将普通话纳入教学内容和要求。我国已有 16 个省市陆续建立了省级普通话测试机构，共 9 个省级中心、34 个市级中心、28 个县级测试站和 1 个高校测试站。2017 年 9 月 3 日，国家语委在京举行普通话水平测试工作会议。

在普通话培训方面，各省、自治区和直辖市都成立了省级普通话培训测试中心，大力开展推普宣传活动，并将推广普及工作纳入省、市两级教育发展规划以及教师和公务员培训计划中去。自 2006 年开始，在全国范围内陆续开展了"教师口语水平测试""公务员面试口语水平测试"等活动。各地还通过广播电视等媒体广泛宣传推普政策法规，普及推普知识。为适应社会发展需求，普通话水平测试向社会开放。2015 年 1 月，国家语言文字工作委员会办公室下发《关于普通话水平测试向社会开放有关事宜的通知》，提出了普通话水平测试是"为了满足社会对普通话人才的需求"。通知要求"面向全社会开放，增强测试的针对性和适应性，进一步提高普通话推广水平，更好地适应社会需求"。同时明确提出："县级以上人民政府或者它的教育行政部门应当组织有关部门、教师、学生、家长、其他社会成员等开展普通话培训，提高全社会普通话应用水平。"

近年来，各地积极开展多种形式的普通话培训测试工作。2015 年 4 月，教育部与国家语委发布《关于公布 2016 年全国普通话培训测试机构名单和报名时间的通知》，公布了第一批全国普通话培训测试机构名单及报名时间。截至 2017 年 5 月底，全国共有 1038 家机构获得全国普通话培训测试机构资格认定。我国将进一步加强语言文字标准化建设，《中华人民共和国国家通用语言文字法》第三条明确规定，"国家通用语言文字是普通话和规范汉字。国家通用语言文字的使用应当符合全国人民代表大会常务委员会制定的法律或者决定的要求，并符合国家的礼仪、文化传统和风俗习惯。"② 我国还先后颁布了《汉语拼音方案》《汉字简化方案》《中国汉字笔画规范》等标准，促进了汉语言文字规范化工作。在 2009 年教育部、国家语委开展的"规范汉字表"试点工作中，共涉及 8 个省、自治区、直辖市的 84 所学校，累计 4 万余名师生参加了试点工作。

① 黄翠鸾 . 普通话口语技能提升的策略与方法研究——以高职旅游管理专业学生为研究对象 [J]. 中小企业管理与科技（上旬刊），2014（03）：289-291.

② 白源源 . 构建合理的普通话口语教学模式新方案 [J]. 文学教育（中），2013（09）：142.

第四节　普通话推广微观管理工作演进

语言文字工作的核心是管理。普通话水平测试、普通话教学和方言调查等活动，都是为了达到控制和管理语言文字的目的。从微观管理的角度看，可以将国家推广普通话和推行规范汉字的活动分为两个阶段，即计划经济时期的"大一统"管理模式和市场经济时期的"分类指导"模式。前者是国家行为，后者是社会行为。计划经济时期，普通话推广工作微观管理在全国范围内实行统一规划、统一证书发放；在县以下农村实行"大一统"管理模式；在农村中小学推行普通话教学，并对教师进行培训；在机关和企事业单位推行普通话工作，以行政命令或政策规定实施规范汉字。但这一时期的普通话推广工作已有了很大变化。社会主义市场经济时期的国家推广普通话工作（以下简称市场经济时期普通话工作），其管理机构不再是国家行政部门，而是各级语委（以下简称语委）及其机构。这一时期的管理对象发生了很大变化。从微观管理上看，主要表现为：一是工作职能由"行政"向"教育"转变。二是工作内容由"政治宣传教育"向"社会语言文字规范化服务"转变。三是管理方式由"自上而下"向"上下结合"转变。下面将从不同侧面回顾市场经济时期普通话推广微观管理的演进过程。

1985 年，《中华人民共和国国家通用语言文字法》（以下简称《国家通用语言文字法》）颁布实施。这是我国语言文字工作历史上第一部系统的、可操作性强的法律，为国家推广普通话和推行规范汉字提供了法律依据。同年，语委在全国范围内启动了推广普通话活动，明确提出要"努力提高全民族的语言文化素质，为把我国建设成为社会主义现代化强国而奋斗"。1985 年 5 月 15 日，国务院发布《关于在全国范围内推行普通话的指示》。随后，中央组织部、国务院侨办等 15 个部委和北京、天津等 13 个省市也发布了有关文件和通知，从政治层面、社会层面进一步明确了推广普通话的要求。1985 年 6 月，国家语委发出《关于加强推广普通话工作的通知》，提出了"五年规划"，提出在五年内"逐步实现全国范围的普通话推广，各地党政机关工作人员、教师和所有公共服务行业工作人员必须使用国家通用语言文字"。"五年规划"完成后，语委又在 1988 年 6 月发出《关于进一步加强普通话工作的通知》，要求在各行业、各单位、各级学校推广普通话和推行规范字。1990 年，国务院下发《关于在全国范围内推行普通话的指示》，进一步强调"要大力推广和规范使用国家通用语言文字，积极发挥以普通话为基本用语的社会规范作用"。[①] 此后，各地都相继制定了语言文字规范化相关政

---

① 　孙云帆，齐美玲. 边境少数民族普通话口语发音学习的系统构建研究 [J]. 哈尔滨师范大学社会科

策文件。1989 年 2 月，国务院下发《关于全面提高国民素质问题的决定》，明确提出要"积极推广全国通用的普通话"。同年，全国人大常委会颁布《中华人民共和国国家通用语言文字法》。1996 年 3 月，中央文明委、国家语言文字工作委员会和中国文联联合发布《关于加强社会用字规范化建设的通知》，将推广普通话与社会文明程度提升紧密结合。在这一阶段，相关部门和地方政府对推广普通话的要求更具体、更明确：中国人民大学附属中学等 8 所学校开展全国推广普通话示范学校活动；北京、天津等城市的公共服务行业禁用方言；国家机关、新闻媒体及广播电台等单位应使用普通话。

市场经济时期，为了配合普通话工作，适应社会需求，语委于 1986 年 6 月在北京设立了普通话水平测试中心。测试中心成立后不久就进行了普通话水平测试的试点工作，随后在北京、天津、河北等地陆续举办了多次普通话水平考试。此后，各地普遍组织开展了普通话水平测试工作。"文革"后恢复高考制度后的首次考试是在 1980 年。1982 年 2 月 6 日国务院批转国家教育委员会《关于开展普通话培训和推行工作请示》，提出在高等学校增设语言文字课，加强对学生进行普通话培训的建议。同年 10 月 26 日教育部和国家语委联合发布了《关于推广使用普通话的意见》（以下简称《意见》）。由于 1984 年至 1987 年间又进行过一次考试，因此 1988 年 4 月 21 日发布的《国家语言文字工作委员会关于"全国推广应用普通话及国家通用语言文字"的报告》将其称为"第一个普通话水平测试工作"（以下简称"第一次测试"）。①1990 年 3 月 20 日教育部和中国人民解放军总参谋部联合发布《关于军队部队人员学习使用祖国语言的规定》，其中明确了军队人员学习使用祖国语言的规定。

第一次测试由国家语言文字工作委员会语用司组织，北京语言学院承办，1987 年 1 月在北京举行。参加测试的对象为高校及中等职业技术学校在校师生，以及承担对外汉语教学任务的人员。考试分为笔试和口试两个部分。笔试考试内容为读一段短文和填写一道选择题。口试考试时间为 25 分钟，考生根据现场抽选的试题进行交谈和朗读两个环节的测试。由于当时普通话水平测试主要是为教学服务，所以参加测试的主要是高校教师及科研人员，这与国家推广普通话的要求一致；而从事对外汉语教学的教师及其他人员则未参加测试。因此，从整个测试情况来看，第一次测试成绩并不理想，普通话水平未达到国家规定标准。1986 年 12 月 26 日，根据《意见》和《关于军队部队人员学习使用祖国语言的规定》，经国务院批准，教育部、国家语委决定在全国开展普通话培训工作。此后不久，成立了"普通话水平测试领导小组"。语言文字工作委员

学学报，2013，4（05）：100-102.

① 马亮，程陈，任海军，王文青，周辉. 基于 HMM 和 ANN 汉语普通话口语测评系统的实现 [J]. 科技视界，2013（20）：48-49.

会和国家语委按照中央指示精神，结合经济建设和语言文字工作实际，进行了一系列探索。1988 年 4 月 1 日至 5 月 30 日举办了第二次普通话水平测试，当年 6 月 10 日至 9 月 5 日又举办了一次全国普通话培训测试。截至 1990 年年底，全国共有 1305.5 万人参加了第二次普通话水平测试（以下简称"第二次测试"）。据统计：第一次测试约有 3000 万人参加（占考生总数的 4%）；第二次测试约有 2000 万人（占考生总数的 4%）。第二次测试成绩不计入职称评定和工资基数。

计划经济时期普通话推广的第二阶段，是以政府推广、行政行为为主的"大一统"模式。其特点是：一是政策规定，二是政府行为，三是自上而下的推广方式。社会主义市场经济时期普通话工作的第一个转变，就是由"自上而下"向"自下而上"转变，即在总结普通话水平测试活动经验的基础上，以社会需求为导向，开展社会语言生活调查研究，颁布实施《普通话水平测试等级标准》，规范方言区普通话测试，加强对方言的引导。这一转变表现在：其一，《普通话水平测试等级标准》与《普通话水平测试大纲》同步颁布实施。这就从制度上保证了普通话等级制度与普通话教学、科研和培训等活动之间有明确的分界点。其二，全国各地组织开展方言调查和语言文字应用能力测试试点工作。1984 年 4—5 月在北京举办"全国第二次方言调查工作会议"，会上颁布了《全国第二次方言调查工作纪要》和《关于进一步加强方言调查工作的几点意见》。1986 年 4 月国务院语言文字工作委员会在北京召开了第三次全国语言文字会议（"94 全国推普经验交流会"），会议总结了经验并布置了任务。会上颁布了《国家推广普通话实施纲要》（1987 年）、《中国语言文字事业改革纲要（1996—2000 年）》（1991 年）、《〈中华人民共和国语言文字法〉释义和〈国民族区域自治法〉释义》《〈国家通用语言文字法〉释义》等。其三，根据"三级培训"原则研制培训教材和考试大纲。1986 年 5 月国务院语言文字工作委员会办公厅发布的"关于做好部分非学历教育学校推广普及国家通用语言文字工作有关问题的通知"提出"三级培训"原则：在所有中等职业学校开展普通话培训；对农村中小学和城市职业中学的学生进行"前等级"培训；对参加通用技术职业技能鉴定或就业前等级考核的人员进行"后等级"培训。这是根据推广国家通用语言文字和加强非学历教育需要研制出版的，也是市场经济时期普通话推广工作的创新举措。其四，根据不同需要分阶段制定测试内容与测试方法。从 1988 年起到 1991 年，教育部、国家语委颁布实施《全国普通话水平测试大纲（试用稿）》和《全国推普经费管理办法》（1990 年）、《关于进一步加强方言调查工作的几点意见》和《〈中国语言文字法〉释义》。1990 年起，国家语委颁布实施了《全国普通话水平测试等级标准（试行稿）》和有关大纲、教材、试卷等参考材料。2001 年 11

月 22 日，经国务院批准成为国家教学大纲。2002 年 12 月 10 日发布了由教育部、国家语委组织专家制定的标准——《高等学校语文水平测试等级标准（试行）》。这两个标准是针对非师范专业学生进行普通话水平测试制定的大纲和考试指南；是基于高等教育改革目标而制定的普通教学大纲；是对学生学习内容与教学方法等方面提出具体要求。

1998 年 4 月，教育部和国家语委联合印发了《关于开展第 19 届国家推广普通话宣传周活动的通知》，决定从 1998 年到 2000 年的 9 月中旬，在全国范围内组织开展第 19 届国家推广普通话宣传周活动。全国各省、自治区、直辖市和新疆生产建设兵团语委（教委）结合本地实际情况，制订了本届推普周的实施方案，明确了工作目标和具体任务，组织开展了丰富多彩的推普宣传活动。通过组织开展国家推广普通话宣传周活动，各省、自治区、直辖市及新疆生产建设兵团语委（教委）组织协调各级各类学校广泛深入地开展了形式多样的推普宣传教育活动：组织广大师生学说普通话，提高语言文字应用能力；在有关行业和社会语言文字应用中广泛地开展了形式多样的语言文字规范化宣传教育活动。[①] 这一时期"大一统"的管理模式转变为"分类指导"；推普周各项工作内容和任务明确，重点突出。广大师生和社会人士参与进来，其作用明显加强。1999 年 4 月 13 日至 21 日为第 5 届国家推广普通话宣传周，6 月 17 日为第 9 届全国推广普通话宣传周。1999 年 4 月，教育部、国家语委在京召开了全国推普周活动总结和表彰大会。会议由教育部副部长陈小娅同志主持，会上，张中朝副部长对本届推普周活动给予充分肯定并做了重要讲话。会议总结了国家推广普通话宣传周活动以来取得的成绩，交流了各省区市和新疆生产建设兵团语委（教委）工作开展情况和经验，明确提出：全国推广普通话宣传周活动要以科学发展观为指导，坚持为经济建设服务、为人民服务的方向，围绕中心，服务大局；要在大力推广和规范使用国家通用语言文字的基础上，切实提高全民族语言文字应用能力。会议要求各地各部门要高度重视语言文字工作，充分认识推普周活动的重要性；要把语言文字规范化工作同精神文明建设紧密结合起来；要按照《中华人民共和国国家通用语言文字法》的要求，依法加强对普通话和规范汉字推广使用的管理。这是我国成立以来第一次以教育部和国家语委名义召开的全国性推普周会议。这次会议之后各省区市也都加强了对本地区推普周活动的组织领导。各地也结合实际情况制订了各自的实施方案。推普周期间各地纷纷召开总结表彰大会或电视电话会议，通报活动情况及工作进展情况。许多地方还组织开展了丰富多彩、形式多样、富有成效的各类宣传教育活动。教育部领导对本届推普宣

① 肖路，张文萍 . 上海市中职生普通话口语运用现状的调查分析与对策研究 [J]. 语言文字应用，2012（S1）：24-31.

传活动给予高度评价并对今后开展推普工作提出了新要求。

1998 年以后，针对不同行业和部门的特点，语委从不同角度出发，采取了相应措施。各省、自治区、直辖市及新疆生产建设兵团语委（教委）先后下发了《关于进一步加强学校语言文字工作的通知》《关于进一步做好面向农村推广普通话工作的通知》和《关于进一步加强面向社会推广普通话工作的通知》等文件，明确了推普工作目标任务。一些地方还实行了由一位语言文字工作者负责一个行业或部门的语言文字规范化培训，把推普工作与日常工作结合起来。有的地方还将推普宣传活动与青年教师普通话达标考核挂钩，提高了广大师生推广普通话、规范用字的自觉性。在城市，语委积极开展城市语言文字规范化建设试点，为城市语言文字规范化建设提供示范经验。1996 年起开始进行广州、南京等 14 个省、市的城市语言文字规范化试点。2000 年年初教育部制定下发《关于开展中国特色社会主义新农村建设学习宣传活动的通知》和《关于进一步做好面向农村推广普通话工作的通知》，在全国范围内组织开展新农村建设学习宣传活动。在学校方面，教育部、国家语委、公安部、民政部联合印发《关于加强学校普通话培训测试工作的意见》（1995 年），并就各级各类学校加强管理和发挥作用提出了要求。一些地方还对小学一年级进行普通话教学提出了具体要求。全国大多数学校都加强了对教师培训和普通话培训的组织管理工作和经费投入。由于管理措施有力，全国推普周活动开展得有声有色。在农村地区，各地语委（教委）积极通过组织集中学习、召开现场会、建立语言文字规范化示范村等形式把推普宣传教育活动向广大农民群众延伸。中央电视台举办了全国农村推广普通话先进地区经验交流会并做了专题报道。

国家推广普通话宣传周期间，全国各地积极开展了形式多样的宣传教育活动。如北京举办了以"推普"为主题的宣传活动，重点围绕普及普通话、提高语言文字应用能力这个主题，向社会各界广泛宣传普及国家语言政策和《中华人民共和国国家通用语言文字法》，要求各级各类学校、广播电视媒体、公共服务行业等单位把普及普通话作为提高工作水平、提高服务质量的重要内容；上海举办了推普周大型活动；海南举办了推普周新闻发布会，组织专家对有关问题进行了解读；湖南举办了推普宣传周大型主题宣传教育活动，启动了"普通话万里行"活动；浙江举办了浙江省普通话水平测试活动；河南、广东、重庆等省（市）及新疆生产建设兵团语委（教委）也都分别组织开展了相应的推普宣传教育活动。各地结合自身特点，因地制宜地开展"一村一幼"和"一校一队"等多种形式的专题宣传教育活动。[①]如四川成都在全市中小学中广泛开

---

① 侯黛玉 . 高职院校普通话口语教学的理论与实践探析 [J]. 才智，2012（12）：195.

展"养成规范语言文字习惯"为主题的征文比赛；广西柳州将每年9月17日定为"广西规范用字日"，并连续5年开展"规范用字三个一"活动，即读好一份报纸、写好一个标语、做好一件公益事业；浙江杭州举行了第三届学生硬笔书法大赛，引导广大青少年学生讲普通话。这些宣传教育活动的广泛开展，对提高群众普通话水平和应用能力产生了积极影响。以其形式多样、内容丰富深受群众欢迎。

1999年，《语言文字工作条例》（以下简称《条例》）颁布。该《条例》将普通话作为国家通用语言，并将语言文字的应用纳入了法律规范。这标志着普通话的法律地位正式确立，也表明国家推广普通话的宏观管理正式走上正轨。《条例》施行后，各省市语委和各级语委都开展了相应的工作，特别是省级语委组织开展了一系列具体工作。如2000年12月，广东省语委制定出台了《广东省推普工作实施意见》，规定了广东省推普工作的指导思想和工作目标；2001年3月，江苏省语委制定出台了《江苏省推普条例》；2003年7月，重庆市语委制定出台了《重庆市推普条例》；2003年10月，新疆维吾尔自治区语委办颁布了《新疆维吾尔自治区推广普通话的若干规定》；2005年7月22日至23日，国务院研究室召开全国推普周新闻发布会（第五场）和新闻发言人制度首次会议。据统计，2005年全国开展普通话培训推广活动的地区有1361个。在参加培训学习的人员中取得普通话证书的有3145万人，其中9600多人通过普通话水平测试。与2005年相比，2002年以后每年参加培训人数均保持在150万人以上。这些做法都是市场经济时期国家推广普通话宏观管理体系中较为重要的工作内容。但遗憾的是1992年教育部等6部门印发《关于推广普及国家通用语言文字工作方针、政策及措施的意见》时有一项重要内容没有体现出来，即"各单位要组织广大职工学习国家颁布和实施的有关语言文字法规、政策、措施和标准、规范"。[①]1995年教育部在制定新课程标准时也没有涉及这个内容。这使我们无法为今后要做哪些具体工作提供明确的依据。《条例》发布后不久，教育部和国家语委于1996年联合下发了《关于进一步加强推广普通话工作的通知》和《关于进一步加强推广普通话工作有关问题的通知》，分别对高校、中等职业学校和中小学提出要求：一是继续在这些单位推行普通话，二是扩大普通话培训测试机构规模，三是要求各省市语委做好推动工作，四是制定相应措施进行监督检查等。后来教育部和国家语委又联合下发了《关于进一步加强推广普通话工作有关问题的意见》（1996年），进一步强调了这些内容。[②]

我国是一个多民族、多方言的国家，普通话是全国通用语言。改革开放以来，广大群众学习普通话的积极性很高，推普活动成效显著，但也存在一些问题。特别是在

---

① 黄翠鸾.高职旅游管理专业普通话口语技能教学改革[J].科技视界，2012（10）：11-13.
② 丁亭.浅谈职校普通话口语教学中的三个"结合"[J].大众文艺，2011（17）：213.

党政机关和学校系统，推广普通话工作不够深入，机关普通话普及率与社会普及程度还不相称。为进一步提高国家机关和社会各行业人员使用国家通用语言文字的能力，国家语委将进一步加强对全国推普工作的组织领导，广泛动员和依靠各方面力量，继续在党政机关、学校、新闻媒体、公共设施等领域加强推普宣传教育工作。同时，要进一步加强对方言语音调查与研究工作的领导和管理。《国家通用语言文字法》（以下简称《语言文字法》）实施十年来的情况表明：加强推普宣传教育工作是保障推广普通话工作顺利进行的有效途径，是提高群众普通话水平的必要手段。今后要继续加强宣传教育工作，使《语言文字法》家喻户晓。要把方言调查和研究纳入全国语言文字规划之中，纳入各级各类学校的教学之中；要充分发挥有关团体、机构的作用；要充分发挥广大群众尤其是青少年儿童在推广普通话中的重要作用。

规范语言文字是社会主义精神文明建设的重要组成部分。开展语言文字规范化宣传活动，使之深入人心，既是贯彻《语言文字法》的具体要求，也是落实科学发展观的重要内容。[①]要在继续利用好"推普周""全国普通话培训测试周""中华颂"等传统宣传载体的同时，积极运用新媒体和网络手段开展宣传教育工作。要重视发挥广播电视等传统媒体在面向社会宣传中的作用，做好语言文字规范化示范活动的组织和管理工作；要重视发挥新媒体作用，扩大普通话学习范围，普及普通话水平测试制度；要重视发挥网络作用，充分利用现代信息技术开展宣传教育工作。要面向农村、城市和社区等薄弱环节组织开展多种形式、多样内容的语言文字规范化宣传活动。要把大力推广普通话与促进文明行为、提升公民素质结合起来，增强全社会对国家通用语言文字使用重要性和必要性的认识。

普通话水平测试是对普通话水平的等级性考查，是推广普通话工作的一个重要组成部分。1995年以来，国家语委根据《中华人民共和国国家通用语言文字法》的规定和全国推普工作会议的要求，在各级各类学校中深入开展了以推广普通话为主要内容的群众性语言文字规范化教育活动。由于我国地域辽阔，人口众多，各地方言差别很大，因此必须加强对母语和使用范围最广的规范语言——普通话水平测试的研究和管理，不断提高测试质量和水平。2000年7月1日《国家普通话水平测试管理规定》正式实施。国家语委根据这一规定制定了《全国普通话培训测试工作规划（2001—2005年）》和《全国教师资格认定工作规划》等文件。这些文件为教育行政部门、语言文字工作部门开展对社会语言文字应用能力的教育培训提供了依据。为保证测试质量，国家语委每年对不同地区、不同层次人员进行培训和考核。在培训、考核中发现的问题，

---

① 侯银梅.关于提高大学生普通话口语技能的思考[J].商丘职业技术学院学报，2011，10（03）：81-82.

将进行检查和整改，直至达标。以普通话作为基本教学语言，有利于教师掌握、学生学习和教材选用；有利于教学内容的呈现和教学活动的开展；有利于培养学生的爱国情感、树立远大理想，提高民族凝聚力；有利于增进各民族、各地区之间的文化交流，促进社会发展。普通话是一种共同语，推广普通话是一项长期的任务。《语言文字法》实施十年来，在全国各地推广普通话工作中，还存在着一些问题，如普通话的普及程度仍然偏低等。今后要进一步加大工作力度，继续积极推行普通话作为基本教学语言。要采取切实有效措施促进教师掌握普通话水平的提高，帮助他们搞好教学；要加大学校推广普通话工作的力度，使每一位教师都能成为自觉地推广普通话、自觉地使用规范字、自觉地提高教育教学水平的先行者；要努力培养学生用普通话交流和表达思想及进行语文实践活动等方面能力。

市场经济时期，为加强语言文字应用管理，根据《中华人民共和国国家通用语言文字法》，国务院决定在全国范围内开展一次语言文字应用的清理整顿活动。清理整顿活动的对象是社会生活中存在的不规范使用语言文字行为，清理整顿的内容包括不规范汉字使用、汉语拼音拼写和汉字书写等。为使这次清理整顿活动取得成效，国务院于1999年11月发布了《关于开展清理整顿语言文字应用秩序工作的通知》(以下简称《通知》)，并决定从2000年1月1日起对社会生活中不规范使用语言文字行为进行清理整顿。为了加强对这项工作的领导，国务院成立了国务院语言文字工作委员会和国家语委。从2000年1月1日起实施的《国家通用汉语普通话标准》(以下简称《标准》)以及颁布实施后所做的各项工作都是在这次清理整顿活动中完成的。在这次清理整顿活动中所做一切工作，都是为了加强对语言文字应用行为的管理。我们认为这次专项行动应该定性为"反乱"。同时也希望"反乱"并不影响规范汉字使用、不妨碍国家统一和民族团结。

第五节　思考与启示

语言是人们交流思想的工具，是文化的载体，更是经济建设和社会发展的基础，这就要求我们对语言进行科学、有效的管理，而不能再将其视为可有可无的"装饰品"。[①]改革开放以来，我们之所以高度重视普通话推广，正是因为意识到语言文字在教育、文化、经济中重要地位的确立和强化对提高全民素质至关重要。2001年1月11日至2

① 任志萍.四川方言区师范生普通话口语交际能力调查与分析[J].教育评论，2011（02）：105-108.

月21日，教育部、国家语委在河北唐山召开了全国推普工作会议。这次会议提出了"普及与提高并重"和"以《国家通用语言文字法》为主线"的推普工作方针，并成立了由教育部语言文字应用管理司和国家语委语言文字应用管理司组成的两个推普领导小组。会议认为：在社会发展与科学技术突飞猛进的新世纪之交，必须树立"以人为本""以提高全民族素质为己任"的推普思想，并确定了加强普通话推广工作重要性和必要性的认识。

关于推广普通话的指导思想，《中华人民共和国国家通用语言文字法》第三条规定："国家推广普通话，推行规范汉字。"以上规定指明了普通话推广的指导思想：要坚持"依法行政"，既要善于用法律规范来管理，也要善于运用法律的手段来促进；要坚持"面向现代化、面向未来"，既要强调"加强汉语规范化和标准化建设"，也要强调"发挥其在社会主义现代化建设中的积极作用"；要坚持社会用语用字的规范化和标准化，努力消除社会语言生活中的不规范用语用字；要把提高国民语言能力作为一项重要任务贯穿于全民教育始终。这不仅是我国宪法和有关法律对推普工作做出的规定，也是我国未来语言文字事业发展的基本要求。推广普通话有利于维护国家统一，有利于消除民族隔阂，加强各民族间的交流。民族是一个国家的主体。在我国，56个民族组成了统一的多民族国家，语言文字又是一个民族认同国家的重要标志，推广普通话有利于促进各民族间的交流与沟通。"用普通话来沟通思想，可以缩短心灵上的距离，增进了解与信任"。据调查，一个操汉、藏语或维吾尔语的人来到上海、广州、北京等大城市后，因不懂当地话而与同在大城市居住的当地朋友交谈时会感到很别扭。久而久之形成了一种思维定式和行为习惯，语言就成了阻隔交流的障碍。在日常生活中，人们一旦说错或听错方言而不自知，则会影响工作和交际。这个意义上说，普通话推广不仅有利于消除民族隔阂，而且对维护国家统一也有重要意义。普通话是我国各民族共同语的基础，推广普通话是推广全国通用语言的重要组成部分。普通话作为一种全国通用语言，它的推广有利于促进各民族的交往和沟通，有利于增强中华民族的凝聚力、向心力，有利于提高国家文化软实力，有助于提升中国在世界上的国际地位和形象。而少数民族语言和汉语之间存在着先天的、内在的不平衡。因此，推广普通话就是要消除少数民族地区人民学习汉语遇到的语言障碍。少数民族地区所学民族话很少能达到普通话水平标准。从全国范围看，在东部发达地区学习方言（尤其是北方方言）已成为一种潮流，这在一定程度上削弱了普通话学习和推广所应发挥的作用。因此，党和政府要及时采取措施，使各民族语言更好地为国家语言服务；而对西部、边远地区少数民族语言进行必要的引导是必不可少的。促进国家统一和社会发展，加强民族团结和各民族间的经济文化交流是推普工作永恒的主题。

经过几十年的努力，普通话已成为我国各族人民之间交流的主要语言工具，各民族交往、交流、交融的桥梁和纽带，各民族文化传承的载体。历史经验充分证明，推广普通话有利于统一多民族国家内部各民族间交流和交往的进程。

因为推广普通话是一项长期的任务，不可能一蹴而就。语言文字工作部门要充分认识到这项工作的长期性、艰巨性、复杂性，建立起切实有效的措施，把普通话推广的各项要求落实到位。具体来说，要抓好以下几方面：一要明确国家在推广普通话中的主体责任，落实政府领导、语委统筹、部门配合的责任机制。二要制定出切实有效的措施和办法，层层传导压力，落实责任制。三要坚持分类指导策略，根据不同领域、不同行业和不同地区在经济文化发展中不同程度存在的差异进行差别指导。四要充分发挥媒体以及社会组织在推普中的重要作用，多形式开展普通话宣传教育活动。其中尤其重要的是各级各类学校语言文字工作部门必须切实加强推普工作。加强语言文字规范化建设，进一步完善和规范管理机制。语言文字的规范化、标准化，是语言文字规范化工作的基础，也是建立社会主义市场经济体制和依法治国、建设社会主义和谐社会的必然要求。① 因此，要把语言文字规范化工作摆在突出位置，纳入经济社会发展总体规划中去考虑。要积极组织开展语言文字规范化与标准化专题研究，探索并掌握科学有效的方法和手段，运用多种途径开展社会宣传和培训，鼓励企业、科研单位等结合自身业务特点对推普工作提出建议。要继续认真贯彻落实《国家通用语言文字法》及有关法规规定；全面实施《国家通用语言文字法》等法律法规，推动各行业、各部门大力推广使用普通话；加强对公务人员、教师队伍以及学校的管理；加强对汉字应用的管理和监督。要严格把关审批新的汉字字形、字音改革方案；严厉查处违法用字现象；坚决纠正不规范用字现象，从源头上规范语言文字。

---

① 田洪娟. 中职学生提高普通话口语表达能力途径初探 [J]. 现代教育，2011（04）：40-41.

第四章 普通话口语训练

第一节 发声技能及训练

一、发声器官

人体的发声器官包括口腔、鼻腔、喉和气管等，是由内部结构与外部结构共同构成的复杂器官，而这些器官又通过一系列复杂的神经、肌肉控制协同工作来完成发音任务，发声器官的发育成熟是发声功能正常的重要标志。[①] 但是，发声器官的发育和机能状况也受年龄、营养、性别、遗传等因素的影响。

（一）声带

声带是由甲状软骨（喉部最前端的一对软骨）与环状软骨构成，其作用是将发音器官的振动通过甲状软骨与环状软骨之间的裂隙传达至内耳。[②] 声带由三层组织组成，分别是黏膜下层和黏膜上层。由于黏膜表面有丰富的毛细血管，所以又被称为血管声带。在正常情况下，声带可以自由地收缩、舒张和运动。当声带发生病变时，如炎症、外伤、手术等因素导致声带上皮发生损伤，则可能会引发不同程度的发音障碍。因此，在出现声音嘶哑的时候需要及时到医院进行检查和治疗。除了以上各种因素可能会引起的发声障碍之外，其他原因比如吸烟、酗酒和药物也可能会导致声带病变，进而引发说话困难。

（二）喉部

喉部包括左右两个部分，中央为环状软骨，边缘有声带。它们由许多相互连接的纤维构成，纤维两端又由许多小管组成。小管中有许多细小的管道，它们共同构成了

---

① 范玉娟.高校旅游专业普通话口语教学研究 [J].旅游纵览（行业版），2011（08）：54-55.
② 孙云帆.基于汉语普通话口语发音特点的多媒体学习系统的设计与实现研究 [D].云南师范大学，2014.

喉的基本结构。环状软骨主要起连接声带与喉头的作用，是发声时肌肉运动的器官。环状软骨周围有许多小管道，它们之间由韧带联结在一起。小管中的纤维通过声带与环状软骨表面相连。环状软骨上有一对小管开口于喉黏膜的边缘，这对小管称为声门，即两片声带之间的缝隙。喉部除具有发音器官的基本功能外，还有一定的呼吸功能，喉部内的肌肉能控制吸气、呼气和吸气、呼气周期。

（三）气道

气道位于气管与支气管之间，其作用是将空气吸入肺中，并在肺部进行气体交换。由于气管、支气管是直接连接人体呼吸道的两部分，因此可以说气道是一个比较重要的发声器官。气管在横断面上呈环状，周围有肌肉围绕。气管从前至后被纤维组织围绕，纤维间有骨性间隔。气管从上至下分为前壁和后壁两部分。前壁较薄，其下方有一横断软骨叫声门。前壁与胸骨柄相接的地方有气管软骨，分为上部和下部两部分。在声门后面是一个黏膜层，黏膜表面覆盖着一层黏膜肌层。黏膜肌层又分两层，下层由较厚的网状纤维组成，上面是肌肉层。声门后面的肌肉组织是呼吸肌。

（四）呼吸肌肉群

呼吸肌肉群由胸、腹、膈肌及上、下肺组织所组成。呼吸肌肉群是发声运动的重要部分，它们收缩产生力量，使声带振动，发出声音。呼吸肌肉群由膈肌下方的腹肌（又称横隔肌）及腹内斜肌构成，这些肌肉收缩时可使腹壁上升。胸廓收缩时可扩大胸腔容积，有利于气流的进入和呼出。声带和气管之间存在着一条纵行的喉气管。喉部发出的声音要通过此气管才能到达口腔。气管又称为声带，它由环状软骨、甲状软骨和透明软骨组成。环状软骨固定声带，甲状软骨支撑声带，透明软骨使它不易移动，当它振动时发出声音。这些结构共同组成了发声器官中的一部分。

二、发声原理

就发声原理来讲，声带是位于鼻腔和口腔之间的一个薄膜状组织，声带在振动时发出声音，也叫发音。它的形状呈碟状，周围有一圈软而薄的黏膜。如果声带是一个薄膜状的东西，那么就有两个作用：保护声带，振动空气来发声。声带就像是一对夫妻，如果两个人都想保持声带的自由振动，那么声音就无法发出。然而，声带也有"缺点"，它对气流的反应并不灵敏，当人说话或唱歌时，气流会使声带突然振动，这样的振动就会产生声音。而且，如果气息很深的时候，声音也会被吹走；反之声音又很微弱。另外，发声是人们用来表达内心思想情感和释放感情的一种方式，而且不同的情感和心情可以通过不同的发声来表达。

（一）用气发声及训练

说话，是我们表达思想感情的重要形式。通过语言表达自己的思想，这是一个人素质高低的表现。但是，有许多人说话时感到声音单调、干瘪、暗淡，这是因为不注意用气发声所造成的。在发声中，我们一定要注意呼吸与发声的关系。气息是发声的动力。

1. 气与声的关系

在发声中，气息是发出声音的动力。我们常说"气满声就满"，说明气与声的关系是紧密联系在一起的，发声必须有足够的气息做保障。[①]如果不注意用气，声音就会显得干瘪无力，有气无力。特别是当我们在朗读文章时，更是如此。要做到气息充足，并不是一件容易的事情。我们常说"要想声音响，先得气息足"，就是这个道理。在发声时，还要注意用气是否合理。我们在平时说话时往往把气吸得过多，这就会导致声音发干，我们也可以把气吸得不太多，声音就会显得比较饱满、明亮，同时还不会太紧。一般情况下，当气息充足的时候应适当地用气发声音，这时发出来的声音比较饱满、明亮。

2. 气息练习方法

一是平心静气，闭口打哈欠。注意打哈欠时两眉间不能挤，嘴角也不能往下撇。二是先将双唇闭紧，然后用"呼"的感觉将气呼出。三是吸气后，两肋、腹部膨胀、横膈膜下降使呼吸的深度增加，气息保持稳定。四是以"吸——吸"的方式反复练习，直至熟练掌握为止。五是把手放在腹部上，体会腹部肌肉的运动。如果你感觉不到腹部肌肉的运动，就说明你还没有掌握呼吸方法。六是体会气息从鼻腔里冲出来的感觉。这种方法可以更明显地体会到气息与声音之间的关系。七是多听各种类型歌曲的演唱，培养对发声位置和气息控制能力的敏感性，提高歌唱技巧。

3. 练习的要点

首先，练气时，要注意呼吸与发声的密切结合。掌握正确的呼吸方法，是获得歌唱基础的前提。其次，在表达（比如唱歌）时要把气吸得深一些，保持气沉丹田，让气息畅通无阻地通过声带发出声音。要做到吸得深，就必须克服因吸气时气息过多而产生的惰性，克服因吸气过快而导致气息跟不上的毛病。最后，掌握正确的发声方法。注意声带与气息配合好了，声音就能清脆响亮，如果声带不能发出声音，或者发声不正常，那就会影响人们正常进行表达。

---

① 宋益群，周玉波.改进普通话口语教学增强高职生口语沟通能力[J].中国成人教育，2011（06）：121-122.

4.训练中的注意事项

一方面，气息是发声的动力，掌握气息的方法，对我们的发声是十分重要的。因此，我们要充分认识气息与发声的关系，使之互相促进，共同发展。另一方面，在练习气息发声时，要注意三点：①要在深呼吸的基础上，尽量加大气柱面积。②要保证发出声音后是吸气状态。③要在练习过程中不断体会气息的强弱变化和控制，并使之成为自己控制声音强弱和音量大小的能力。此外，注意气息与发声之间的协调配合，既要注意呼吸支持和保持声音位置，又要防止呼吸状态过低和声音过弱等弊病。另外，掌握了气息发声，还要学会用气发声，使之成为一种习惯，这样才能在歌唱中获得丰富的艺术表现效果。

（二）吐字归音及训练

吐字归音，就是正确、完整地念出一个字的方法，也就是在吐字发音时，要把字头、字尾两个部分都完整地唱出来。"吐字"是语言艺术中最基本的发声技巧，在声乐表演中也同样起着十分重要的作用。我们说："没有好的嗓子，就不能唱好歌。"可见吐字训练在歌唱艺术中的重要性。由于大多数人在日常说话中都有不同程度的"大嗓门"现象，这就给我们训练好吐字归音带来了一定的难度，要解决这个问题，首先要了解掌握吐字归音的基本要领：

1.字头

字头就是指字音的开头部分，它是吐字的首要部位，要求准确、鲜明。字头的正确与否直接关系到字音的清晰与否，直接影响着整个字的发音。我们常说的"口形""送声"等，都是指字头部分。在吐字过程中，我们要注意以下几个要点：首先，要有良好的口形。在正确口形基础上，要做到两口相搭、舌根放松、喉头放松，这样才能使口腔处于最佳状态。其次，"提"是指口腔提起，舌尖离开上齿背。口形"提"出来，舌根放松，喉头放松是为了使字音清晰优美。再者，"送"是指口腔送出声门并达到一定的力度。这样可以使字音清晰明朗。最后，"送声"是指口形和舌位要保持不变，使声音能够顺利地送到字音中去。

2.发声练习

练习发声的方法有很多，如绕口令、练声曲、诗歌朗诵、快速度练习、慢速度练习等，但是，都必须根据学生的年龄特点和身体健康状况，因人而异。练习发声方法时，一定要选择好练习曲。另外，还要注意以下几点：首先，初学发声的人要做些发声练习来调节一下声带的紧张状态和声门的松紧程度，以适应演唱中对声带音高的要求。其次，开始应先练习低中音和低音。因为中音和低音的发声方法与高音是不一样的，前者要求声带放松，而后者要求声带收紧。再者，练声曲一般以慢速为主。在练声曲中应注意对气息的运用以及气息的支持作用，避免因长时间练声而使嗓音"亮"起来。最后，当经过一定阶段的练声后，可逐步加大演唱音域。对于声乐初学者来说，一般在练好低、中、高音区基础上，再以一个声部去练习演唱各声部歌曲。这样有利于掌握各个声部间的协调配合能力和歌唱发声技巧。

3. 情感表达

就拿唱歌艺术来讲，歌词也是普通话中不可或缺的文化艺术形式之一，而歌唱艺术是语言与音乐的有机结合，它要求歌唱演员能够准确地掌握歌唱所要表达的情感和语言技巧，即"情、声、字、韵、神"五方面的综合表现。[①]"情"是歌唱演员在演唱歌曲时，要对作品和音乐做出积极的反应，对作品进行深入细致的分析，把握作品的感情基调，要把自己的思想感情融入歌曲中；"声"是指在歌唱表演时，演员要将自己内心的思想感情通过发声这一特殊的生理现象表现出来；"字"要求歌唱演员能够字正腔圆地将歌词内容口语化地表达出来；"韵"是指歌唱演员在演唱歌曲时，要利用吐字发音所具有的作用，把自己内心的感情通过声音表达出来；"神"是指歌唱演员在演唱歌曲时，要注意运用气、声、字、韵之间有机结合的方法，将自己感情充分表达出来。

（三）共鸣方式及训练

1. 共鸣方式

我们都知道，人体的每一个器官都有着它独特的作用，比如，我们的喉头部位就有着一种发音器官的作用，那就是"声带"。所谓的声带其实就是位于咽喉部位的肌肉，在这个肌肉群里有很多小褶皱和小隔膜。这些褶皱和隔膜在吸气的时候可以闭合起来，这样就形成了一个封闭的空间，而这个空间就叫作声带腔。这个声带腔在发声时，会把空气压缩成很小的一部分空气柱并发生振动。这些空气柱被压缩后，会通过喉结发出一些声音来。

一般情况下，我们在发声时声带闭合产生声音时所需要的能量越多，它发出声音时所产生的振动也就越大。那么如何去训练我们身体上其他部位发声时所需要的能量？这其实也是很多初学者经常犯的错误，他们会以为我们在发声时只要把所有需要用到声音的部位都锻炼好了，这样就可以发出更多声音。其实并非如此，我们在发音时应该合理地分配自己身体上其他部位产生发声能量需求。比如说，声带发出声音所需要消耗的能量相对较少，而身体其他部位产生发声所需要消耗的能量较多。如果我

---

① 李惠然. 普通话口语教学中语感的培养 [J]. 职业技术，2011（02）：51-52.

们只是一味地锻炼声带而忽略其他部位出现问题的话，那么就会出现声音位置不正确，音调偏低等问题。因此我们在训练共鸣方式时可以多以"声带"为主并加以适当的训练。

2. 共鸣训练

在学习过程中，我们首先要学会放松身体，放松自己的脖子，肩膀，下巴，同时也要学会如何去吸气。我们在发声的时候，口腔部位也要保持积极的状态，以便于更好地去共鸣。在练习共鸣的时候我们要注意几点：第一点，在练习共鸣之前我们要把气息和声带放松一下，这样可以有效地防止在发声时声带出现紧张、用力过度等情况。第二点，当我们学会了正确地呼吸之后，我们可以把气流吸到口腔当中再向后咽下去；把气息吸到鼻腔中再向后上顶出去。这样就可以使我们的鼻腔和口腔形成一个"立体共鸣"。其实从物理角度上来说就是"打开口腔、打开胸腔"的一种发声方式。第三点，在发声时要注意正确的咬字吐字，这也是我们学习普通话中很重要的一项技能。在实际的语音学习中，咬字字头很关键，所以一定要正确地去发音；字腹是吐好字音的关键环节；字尾则是在发音时结束全部音节所必须停留和用到的发声方法和技巧。所以说我们要加强这两个部分的练习。

第二节　体态语训练

一、体态语的特征及作用

体态语是有声语言的一种补充，是人们在日常生活中运用的，其体态动作以及表情动作，可以起到辅助有声语言的作用。体态语不是口语，在口语中它被称为"体语"。[①]人们的面部表情、手势、姿势等都属于体态语。在我国，有不少人习惯把体态语称为"肢体语言"。"体态语言"不是真正的言语，但它是人表达思想感情和进行交际的一种特殊手段，也是人们生活中必不可少的一种辅助语言。体态语是语言的延伸和发展，是表情达意的辅助手段。在日常生活中，我们常能见到语言表达不清，而用手势、身体动作来补充、辅助语言表达的情况。体态语和口头语言是分不开的，它们都属于有声语言的范畴。体态语具有丰富的表现力，是表情达意、体现情感的重要手段。人们在日常生活中常常可以用到体态语言，它在交际中能起到很大作用。在表达思想感情时，

---

① 邹斌. 普通话口语训练与文秘专业人文素质的培养 [J]. 扬州职业大学学报，2010，14（03）：56-59.

体态语言有时还能起到增加生动性，使人更形象、鲜明地感觉到所要表达的意思。

（一）体态语的特征

1.客观性

体态语的使用是一种自然的行为，是人们在交际过程中，对自己的表情、手势、姿势、姿态等进行自觉地运用而形成的。它并不像口语那样，是通过讲话来传递思想感情的。体态语表达的思想感情不是作者故意附加给对方而获得的，而是在一定条件下自然流露出来的。体态语不同于口语，它是一种无声的语言，体态语不仅可以帮助我们表情达意，而且可以起到辅助有声语言表达的作用。

2.情态性

体态语作为交际行为中的一部分，虽然在交际过程中所起作用很小，但它仍然有一定的情态特征。[①] 这些情态特征可以概括为以下几方面：其一是生动性，即体态动作本身具有鲜明生动的形象性，给人以鲜明、强烈而深刻的印象。其二是可变性。人们在不同情境、不同场合下，体态语所起的作用是不一样的；同一种体态语可以在不同时间、不同场合中使用；同一种体态语可以由不同人员进行运用。其三是准确性和灵活性。体态语的表达必须做到准确、及时和灵活多样。

3.规范性

体态语是一种非常简单的表达方式，它表达的意义比较明确，而且有较强的目的性。一般情况下，体态语只能在一定范围内使用，在语言交际中只能配合语言进行，不能单独使用。如手势语只能用于指示方向、表示命令等场合。

4.实用性

体态语的使用范围很广，几乎遍及人们日常生活中的一切领域，它是我们日常交际必不可少的组成部分。不管是在家里、公司里，还是在运动场上、在剧院里、在电影院里，我们都可以看到体态语的应用。体态语是用来表达人们思想感情的，因此它不仅要准确地传达思想感情，而且还要生动形象地表现思想感情。即使不表达思想感情，它也能起到烘托气氛、增加语言表现力的作用。例如，某人心情不好，他皱着眉头，皱着眉用手势语来表示他的心情不好时就是一种很好的体态语。又如，学生考试失利后，他垂着头皱着眉显得很不开心时，就是一种很好的体态语。

5.艺术性

体态语是在有声语言的基础上发展起来的，是一种无声的语言。所以它本身就具

---

① 熊婕.高师院校普通话口语类课程的教学现状及对策研究 [J].湖北第二师范学院学报，2010，27（07）：111-114.

有艺术的属性。体态语的艺术性，主要表现在对表情达意、刻画人物形象方面。例如，有一则小品，小品里的主人公被一位工人骂了一句："你这个坏家伙！"他感到很委屈，又不敢发作。这时他拿起锤子，砸在了桌子上，发出了很大声响。工人感到奇怪："你干吗呢？"他说："砸东西！"工人感到很好笑："你这是砸我呀！"在这里，小品里的主人公将自己砸东西的动作做得十分夸张、滑稽，而不伤及他人，同时又表达对"你这坏家伙"的不满，这就是体态语的艺术性。

6. 灵活性

体态语的灵活性，是指它在不同情况下表现出来的灵活应变性。体态语不能像书面语那样，写出来就是固定不变的。所以体态语在使用时要根据交际的需要，灵活地加以运用。例如，当你正在和某人谈话时，忽然意识到对方根本就没听我们在说什么，我们就可以做个手势说："怎么了，我刚才说的有什么问题吗？"对方就会出于尴尬或内疚认真接话参与交谈，这样就可以化解"对牛弹琴"的聊天僵局。这样做既灵活，又能使交际轻松自如。

7. 文化性

体态语的文化性是指体态语所蕴含的文化信息。文化信息是体态语的一个重要特征。语言和体态语都是人类创造的，都离不开人类长期积累的文化知识和思想感情。所以，语言和体态语所传递的文化信息是相通的，不同民族之间由于不同的历史背景和地域文化，使得体态语也有一定差异。

（二）体态语的作用

体态语是一种辅助语言，是人们在日常生活中传递信息的一种重要手段，它能通过身体动作或姿态，来表达人们的思想感情和意念。如微笑，使人感到亲切、友好；竖大拇指，表示佩服、赞许；拱手致意，表示谦逊、恭顺。而当我们向别人表达爱意时，可将目光投向对方的脸部，这时你会看到对方脸上红扑扑的。又如点头和摆手，表示对对方的尊敬或分开时的道别。此外，还有一些动作也能表达一些感情，如拥抱、亲吻、拍肩、握手等。

而一个人的体态语往往能给人们以很深的印象：首先，它可以增强人的形象感。在日常生活中，人们常用手、脚等动作来表示各种不同的动作，如一个人站着或坐着时用手指一下额头；一个人走路时用手遮着脸；一个人在街上走路时总爱把脚尖往内侧或往外侧倾斜；一个人走在街道上总喜欢把脚尖往里扣。这一系列动作都说明了体态语可以表达人们不同的形象特征，而有些形象特征会带给人们强烈的形象感。其次，它可以传达思想感情或表示某种意愿。一个人高兴时会拍一下手；生气时会用拳头捶一下墙；害怕时会用眼睛紧盯着对方；说话时用手指关节敲桌子等。这些体态语都说明了体态语能够传达思想感情或表示某种意愿。最后，它可以提高语言表达能力，并具有一定的美学作用。

二、交际中的体态语要求

体态语又称身势语，是指通过人体各部位的姿态、动作等表现出来的语言，它是人的一种语言，通过动作、表情等身体语言，以丰富的变化和强烈的感染力，增强交际效果。[①]

（一）真诚自然

体态语的使用要真诚、自然，不矫揉造作，和颜悦色，态度诚恳。与人交谈中，要站得正、坐得直、行得端（单指体态语中的行姿）。对人说话，要态度亲切诚恳、专注、耐心。总之，在交谈中一定要言谈真诚自然，不装模作样、矫揉造作。

（二）热情大方

热情大方，是指体态语言表达的情绪要热烈，有感染力。这种热情是发自内心的，而不是做作、矫情或刻意表现出来的。有些人在交际中表现出热情大方，但也可能给人留下矫揉造作或做作的印象。体态语言表达得热情大方，并不意味着夸张。过分的夸张只会使人感到做作和不自然。不过我们应该注意不要过于张扬、过分热情，应适度、得体，符合交际场合和身份、地位、年龄等条件。用体态语来表现热情大方，要注意分寸和技巧，要恰如其分。

（三）朴实亲切

体态语虽然是无声语言，但它也必须能表现出一定的表情，只有这样才能传达交际意图。因此，体态语要与交际内容相协调，具有表现力：①运用面部表情要得体、自然。如果表情做作，会使人产生虚伪的感觉。②体态语要符合交际对象的身份。例如，对上级，应使用庄重严肃的体态语；对晚辈，可使用亲切和蔼的体态语；对长辈或妇女则应使用敬称；对年长者可使用尊称。③注意运用体态语要自然、大方。反之，会让人产生不自然或做作的感觉，从而给对方留下不好的印象。④注意与口语表达保持一致。如果体态语与口语表达不一致，就会造成交际障碍。

（四）稳重随和

体态语在普通话口语交际中，一般指手势、面部表情、身体姿势等。如果能运用

---

① 陈伟丽.新时期导游专业普通话口语教学的探索 [J].教育理论与实践，2010，30（18）：54-55.

得当，可以增强交际效果，给人以美的感受，收到良好的交际效果。但要注意，体态语要稳重自然。在普通话口语交际中，体态语除了以上的要求外，还应做到稳重随和。手势、面部表情动作要稳重随和，不能生硬，否则会给人以轻浮的感觉；动作幅度不能太大或太小，否则会给人以滑稽可笑或局促不安的感觉。

（五）活泼灵动

体态语在使用过程中，如果不注意灵动活泼，就会显得呆板、生硬。这就需要遵循一定的原则，首先，整体上应用体态语时，要注意把握全局，不要把它当作一个个孤立的部分来对待，否则就会形成一种孤立、机械的感觉。从运动中看体态语，才能使整个体态语更显自然活泼，富于表现力和感染力。反之，如果只注重静止不动的形体语言的表达效果的话，那就会显得呆板和生硬。形态是体态语的"物质基础"，在形态上要注意体现出一定的个性和特征。在同一形态上，有的人适合用手部动作来表达情感，有的人适合用面部表情来表达情感；有的人适合用姿态来表达情感等。其次，合理的搭配，才能产生美感。在与人进行一次较为轻松的交谈时，如果配上幽默的、可以带动现场氛围的微表情或手势语，运用一些与交谈场景相协调的态势语，就会给人以美的享受；反之，如果配上不协调的肢体动作或运用一些不恰当的渲染氛围的态势语，就会使人感到别扭。最后，恰当地运用表情语言。表情语言是体态语中最为丰富和变化最多的形式，恰当地运用表情语言，可以起到增强语言表现力的作用，增加话语的感染力。[①] 比如，当你向对方讲述你自己的观点时，可以用一些肯定、赞同和惊讶的表情来增加语言的说服力。

三、不同体态语在口语交际中的合理运用

体态语是一个人在一定时间内，以身体的动作和表情来表达一定的意义的交际语言，它包括目光、姿势、手势等。人们在日常生活中常常运用体态语来传达交际信息。比如，在电视中，主持人会用手势和眼神来传达各种信息，而观众也能通过自己的理解，表达自己的立场、观点。因此，体态语在口语交际中起着重要作用。一般来说，体态语是非语言行为，它主要通过人的面部表情、身体姿势和身体运动来表达情感、态度或传达某种信息。语言是口语交际中最主要的交流手段，人们可以用言语表达自己的思想、感情。但是，光用语言进行交流是不够的。

---

① 刘培培. 浅谈播音主持专业普通话口语表达教学中的朗读与朗诵 [J]. 新闻界，2010（01）：172-173.

（一）站姿

人们在日常生活和工作中，常通过站姿来表达自己的感情、态度或说明问题。比如，当我们去朋友家拜访时，如果见到朋友的家人时，就应该起立，面带微笑，双手递给对方一个大大的拥抱。如果是去领导家拜访，则应提前到达并向对方问好。如果是去拜访上司，则应提前准备好一些礼物以示尊重。

站姿也可以通过站立时的姿势和站的高度来表现出自己的气质和修养。一个非常有礼貌、非常有修养的人，通过个人站姿可以表现出来。因此，我们在平时与人交谈时应该注意自己站姿的端正、自然、大方。比如，在跟他人交谈时不要低着头或者歪着头说话，与人握手时一定要注意自己的手是否温暖、有无汗渍或者手上是否有东西。

（二）坐姿

坐姿是指人在坐着的时候，身体各部分的姿态，包括腿、脚、头和躯干等部位的位置与姿态。[①]坐姿是一种很重要的体态语，也是一种交际语言，因此，它具有很强的交际作用。一个人的坐姿应该端庄、自然、大方、得体，切不可跷腿跷脚或双手抱臂而坐。在口语交际中，人们通常会利用坐具来表达自己的情感态度。比如在办公室里，有的人会选择一把舒适的坐具来保持自己舒服的坐姿。然而有些人却喜欢跷着二郎腿，这样会让别人觉得你很高傲自大、目中无人；当然也有一些人会选择将自己挺直坐好，这样更能表现出你的自信和坚定。不同坐具所传递的信息是不一样的，所以人们要学会合理利用坐具。

（三）行姿

走姿也是一种重要的体态语。在口语交际中，人们通过走姿表达对对方的尊重和友善。比如，人们在社交场合交谈时，如果把手搭在别人肩上，会给对方一种很有教养的感觉。但如果是平辈或异性之间，这就会显得不太自然。所以我们在口语交际中应该注意走姿，不要把手搭在别人肩上。在行走时，我们可以通过步伐的变化来表达自己的态度和情绪。比如，一个人在演讲时，可以把双手放在胸前，两脚分开一步距离；或把双手放在背后，两脚分开一步距离；或双手自然摆动。在和别人交谈时，要注意与对方保持一定的距离，以免被打扰；或向对方问好时离得远一点。当然也要根据谈话内容来确定与对方的距离。

（四）蹲姿

在一些特定的交际场景中，我们需要用到蹲姿这种交际态势语。但是蹲姿并不是随意地蹲下来就可以了。需要注意以下几点：

① 隋雯. 突破语音教学瓶颈 提升普通话口语美感 [J]. 广西教育学院学报，2009（04）：71-74.

双膝应并拢，臀部向下，上身与小腿呈 90 度角，小腿垂直于地面，脚尖向外；在一般场合下，女性在下蹲时应把脚背压向地面，并将双膝并拢；下蹲时，注意不要有太大的幅度；下蹲时切忌把手插进裤袋里；男士在男女有别的场合，一般不宜采用蹲姿。如果迫不得已必须采用蹲姿时，应该用手在下腹部稍垫一下；女士在男士面前蹲下时，应该先把自己的双脚并拢，然后用双手将双膝以下的部分紧紧包住。

（五）手势

手势是指人的手或胳膊的动作，一般人都会用手来表达自己的思想感情，所以，手势是人类最重要的体态语言。在日常生活中，手势既能表达人们对别人的态度，也能表达自己的内心思想。人们可以通过手势来表达各种各样的情感。手势是指人在说话时用手指比画出来的动作。我们把动作比画分为三种：一是姿势动作，二是运动动作，三是形状动作。比如，"你这个人不太大方"这句话中，我们就可以通过手势比画出来"不太大方"的意思。

（六）表情

表情是指人在口头交际时面部表情的变化。有自然表情和人为表情之分。自然的表情，一般是指在人们正常的情绪、状态下产生的，并且随时都能展现出来，因而它是很容易被人们察觉到的。人为的表情，则是人在某些特定情绪或特定情景下出现，如悲伤、愤怒、喜悦、恐惧等，人们可能会因为这些特定情绪而在脸上表现出相应的表情。有些人为了迎合他人的心理，故意做出一些与人相悖或不自然的表情。这种假笑不仅会让别人感到尴尬，而且还会影响到交谈气氛。因此我们在与他人交往时应该注意，不要让自己的面部表情"出卖"了自己。

总之，体态语是一种非语言行为，在口语交际中起着重要作用。如果不能恰当地运用体态语来表达自己的思想和感情，就会造成交流上的困难。因此我们应该掌握各种体态语的特点并合理运用在口语交际中，这样才能达到良好的交流效果。

（七）交际距离

交际距离是指人与人之间的一种心理距离。人们一般会根据自己的社会地位、文化程度、民族习惯等，选择自己与他人的交往距离。交际距离也有远近之分，交际距离的大小受到文化和交际目的等因素的影响。比如，在美国，与外国人打交道时，很多时候他们会保持一个比较近的距离；而在我国，如果大家相互之间打交道时，则会保持相对远一些的距离。因为在我国，人们并不像美国人那样热情，而是讲求度。因此，人们在进行人际交往时，可以适当地根据需要调整社交对象间的社交距离，这样不仅有助于交流沟通，还能表现出一个良好的形象。

四、口语交际中运用体态语应注意的问题

体态语是在言语交际中使用的各种身体语言，如目光、表情、手势、身姿、姿态等。体态语的运用是人际交流中很重要的手段，是一种无声语言，具有比有声语言更为强烈的感染力。[①] 人们在交际时，可以通过各种不同方式的体态语表达自己内心情感与态度，使交际双方感情上沟通，心灵上沟通。在口语交际中恰当地运用体态语会起到很好的交际效果，使双方在平等和谐的气氛中进行交谈。但是在口语交际中运用体态语时也应注意以下问题：

（一）掌握时机，适时应用

当需要运用体态语时，一定要及时恰当地使用，不能提前或者推后，否则可能会适得其反。当你需要别人帮助或请求别人时，没有恰当的表情态势语会让人感觉很不舒服，对方愿意帮忙的概率就会明显下降；当别人受到表扬或鼓励时，你的手势会让对方备受鼓舞或觉得得到了认可；当你对别人表示意见或建议时，真诚的眼神会让对方不服输的情绪或不满有所收敛；诸如此类的态势语合理应用，可以让自己变得更有魅力。因此，我们在生活中要注意自己的体态语运用时机，以达到"此时无声胜有声"的效果。

（二）把握分寸，注意协调

在交际时，人们都要遵循"话由心生"的原则，就是说人们在说出话来的时候，头脑中所产生的思想情感就会影响到你说的话，并通过表情、眼神、手势等身体语言表现出来。但是，言语和肢体语言在表达情感时不是绝对独立的，它们之间还存在着一定的关系。比如，在谈论一些关于隐私或者敏感话题时，双方就应该保持沉默。如果交际中涉及个人隐私问题或敏感话题，就可以用手势加以掩盖或回避。所以语言不能代替体态语表达思想感情，更不能取代体态语。

（三）配合声音，配合语调

说话时，不同的语调所表达的情感是不同的。恰当地运用体态语，可以更好地配合说话声音的不同语调，从而使表达效果更佳。比如，当一个人在对别人诉说自己的痛苦时，用轻快而又婉转的声音表达时，往往诉说了很多内容，却很难表达清楚自己想要表达的情感。但如果他用一种极其沉重的声音说出自己的痛苦时，却可以让对方很容易就听明白他所要说出的内容。如果一个人用一种低沉而又沉重的声音说出自己

[①]　王小红 . 高职院校普通话口语教学探析 [J]. 河南教育（高校版），2009（08）：50-51.

的痛苦时，往往是在向对方倾诉心中最想诉说出但却没有说出口的话。

（四）注意分寸，保持距离

体态语的运用应与对方的性别、年龄、身份和所处环境、场合等相适应，不能喧宾夺主。例如，如果你是一名男子，就不可以一出现就用握手的手势与女性打招呼，而是礼貌地颔首，但是当女性主动伸手想通过握手打招呼时，男性应积极配合，并保证握手礼仪，有度地完善握手动作，否则，男性一见女性就通过握手打招呼，对方就会以为这个男性"轻浮"，很不尊重人。

（五）把握时机，避免夸张

恰当地运用体态语，能有效地传达说话人的情感。如果滥用，不仅达不到好的效果，还会产生相反的效果。体态语的运用必须考虑当时的环境、时间、场合等因素，灵活掌握，恰到好处。同时，在使用时不能过于夸张，避免给人一种做作的感觉。否则就会给人留下粗俗不雅的印象。

五、体态语训练

态势语是人们语言表达的延伸。在人际交往中，人们通过与人的交流沟通，传达思想感情，引导其他人接受信息，所以态势语起着"画龙点睛"的作用。态势语是指人们在现场即兴发挥、组织语言、表现思想情感时所使用的手势、表情、眼神、姿态等外在表现形式，以及这些表现形式所反映出的内心情感。[①] 态势语是人际交往语言所不能达到的魅力所在。就拿主持人来说，我们常常可以看到，在电视新闻节目中，主持人因其精彩的态势语而成为一道亮丽的风景。可以说，在电视新闻节目中，主持人态势语运用得如何，直接影响着新闻节目质量高低。下面笔者就结合主持人的体态语训练策略，结合自己的工作实践谈几点看法。

（一）临场发挥，充分准备

电视新闻节目的特点是现场性，主持人在电视新闻现场直播过程中要及时传达消息、回答观众提问、提供背景材料等，同时还必须控制节目进程。[②] 因此，在直播过程中，主持人要根据不同的节目特点，综合考虑各方面因素，将自己的意图与现场情况有机地结合起来。对此，主持人在临场发挥前要做充分的准备。所谓"万事开头难"，一名优秀的主持人应该懂得在直播时随时根据情况调整自己的状态，因为只有这样才能使

---

① 周红苓.从普通话水平测试论高校普通话口语教学模式[J].重庆三峡学院学报，2009，25（02）：134-136.

② 杨颖.普通话水平测试培训课程研究[D].湖南师范大学，2013.

整个新闻节目一气呵成。

（二）把握节奏，突出重点

电视新闻节目中，主持人与受众的交流是双向的，主持人运用态势语时应把握节奏，突出重点，如报道什么、说明什么，等等。对于节奏的把握，笔者认为可从以下几方面着手：一是把重点内容放在突出位置，强调重点，二是要掌握好时间节点，三是要合理运用"留白"，四是要准确把握语言节奏。

（三）注重形象，充满激情

电视新闻节目的语言表达，既要有新闻语言的"新闻性"，又要有主持人的"口语化"。电视新闻节目的主持人必须把握好自己的形象，注意仪表、仪态，尤其是眼神、手势、表情。如在现场主持中，主持人在播报时，眼睛不能注视屏幕，而是要注视镜头后面的观众和现场的嘉宾，这样才能让观众觉得主持人与他们"是一伙的"。

（四）学会即兴，灵活应变

即兴是指在特定的环境或情况下，不按常规程序而迅速进行思考，随即发挥的思维方式和行为方式。即兴语言的特点是：言简意赅、新颖别致、构思巧妙，使人耳目一新。主持人要在现场发挥好即兴语言的魅力，就必须提高应变能力。因此，作为一个新闻主持人应该具有临场应变能力，能够在突发事件发生时随机应变，适时调整自己的状态和语言风格，迅速进入状态，达到最佳传播效果。

（五）精心设计，适度夸张

主持人的手势动作要力求规范、自然、大方。手势动作应与语言内容及节目内容协调一致，要做到"两统一"：统一的内容，统一的表情。但是为了使表达更加准确和富有表现力，主持人可适当地加以夸张。比如，在现场新闻评论节目中，主持人可采用夸张的手势、动作，来表达对新闻事件的评价。这样的手势、动作在新闻评论类节目中较为常见。在主持人播报时，可根据节目的需要，适当地夸张或增加一些手势动作。

第三节　朗读、朗诵训练

一、朗读及技巧训练

朗读，是一种很重要的表达艺术。它是用清晰、准确的语言，通过一定的媒介传递思想感情，交流思想感情的方式、方法。朗读又是一种艺术，它通过声情并茂、生动形象的朗读，传达作品中人物、事件的思想感情，让听者有身临其境之感。朗读训练应该注意哪些问题？

（一）明确目标

首先，我们应该明白自己朗读训练的目的是想提高朗读技巧，还是想锻炼自己的表达能力？如果是想提高技巧，就应重点训练发声技巧，掌握正确的发声方法；如果是锻炼表达能力，就要重点练习语言的表达能力。其次，我们要知道朗读训练应该达到什么要求。明确了要求之后才能有针对性地进行训练。

（二）把握感情

人们常说的"朗读"，是指朗读一篇课文，一般都要以作者的创作意图为基础，通过自己的理解和分析，进行有目的、有选择的再创造。[①] 而把作品中的思想感情"读"出来，这就是朗读。为了把作品中人物、事件等所包含的思想感情读出来，我们必须要把握住作品中所表达的情感。可以说，"读"是一种情感表达形式。那么，在朗读过程中我们就要紧紧抓住作品中人物、事件等所蕴含的情感因素来进行朗读。

（三）理解内容

朗读前，理解作品内容是很重要的。理解不了内容，就无法正确表达出作品的思想感情，就无法准确表达出作品的情感色彩。在理解作品时，既要读懂每一句话的意思，又要对整个句子表达的内容有个大概了解。理解内容，一要靠自己思考，二要靠在一定的语境中体会。这两点缺一不可。

（四）控制气息

首先，要掌握气息的控制方法。通过生活中的控制方法，比如，控制声门、控制腹部等。控制气息是要做到"吸气要深，呼气要稳"，"吸好气、用对气、不漏气"。其次，气息要保持平衡。气息不足时，要进行补气；气息过多时，要通过换气来调节。最后，朗读过程中不要忘了保持住声音。有的人朗读时，一遇到停顿或用字时，就会忘记换气过多。这样读出来的效果就不好了，应该让人听清楚你在说什么才好。

（五）掌握节奏

节奏是指一篇文章在内容上所产生的节奏感。它是用重音、停连、节奏等表现出来的。[②] 例如，《为人民服务》第二段，作者把"我"听到群众呼声，"恨不得""马上"

① 齐红飞. 就大学生如何提高普通话口语表达能力的思考 [J]. 大众文艺（理论），2009（02）：49.
② 韦蝶青. 普通话口语教学与书面语、知识教学的辩证关系 [J]. 九江职业技术学院学报，2009（01）：53-54.

等词语作为重音,形成了一个快速的重音节奏。同时,又把"我"听到群众呼声的反应,和群众急切的盼望"立刻"去办的心情结合在一起。这样就使一段话节奏明快,感情生动。可见把握节奏是很重要的。读文章时,我们可以用重音、停连、节奏等来表现文章的内容和感情。也可以用标点来表示不同的语句在内容上所产生的不同效果,这样可以使文章更生动、形象、具体。

二、不同文体的朗读

朗读是一种很重要的有声艺术形式,无论是教师在指导学生朗读时,还是个人基于某种情况进行朗读时,都要根据不同的文体特点进行,如说明文要求我们按顺序了解课文内容;议论文要求我们根据论点展开议论,表达自己的见解;诗歌则要把握好节奏,读出诗的美感。因此,进行朗读时,要注意不同文体朗读时的侧重点。一般来说,说明文侧重于抓住事物的特征;议论文侧重于阐明事理,议论抒情;诗歌则更注重对思想情感的表达。也只有朗读时抓住这些文体特点,才能把握好课文内容,达到更好的教学效果。

(一)说明文

说明文是用语言文字来说明事物的一种文体,它是根据事物的特征,有条理地加以介绍和说明的一种文章。它根据科学常识和科学知识,以介绍事物的形状、性质、成因、构造、特征等为主要内容,并加以说明解释。其特点是条理清楚,语言准确,有科学性和知识性。说明文是一种语言简洁、生动、准确的文体,通过生动形象地说明,使读者获得对事物的特征、属性、成因、规律的科学认识。说明文多以生动准确的语言来表达对事物的认知与评价。所以,在朗读时要注意以下几点:①朗读时,要以对文章内容有概括性、科学性的了解为前提。②在朗读时,要抓住事物本身所具有的特点,做到"形不离神""形神兼备"。要让文字与形象同时跃动在听众的心中,不能让文字游离于形象之外。③要通过朗读使语言更加精炼准确。如果没有足够的训练,语言就会显得较为空洞和呆板。④说明文中含有大量的数据和事实。所以在朗读时一定要注意朗读语调和语流速度与语言资料的紧密配合,做到语势饱满,抑扬顿挫。⑤说明文有一种特殊的文体——数据新闻。说明文中往往运用了大量数字和事实作为论据来论证或说明某个观点或事实,这就需要我们在朗读时要把握好分寸,对所叙述的事件进行概括和提炼,还要注意语音语调的变化。

(二)议论文

议论文是指作者针对一定的论题,运用各种论据,通过严密的逻辑推理,展开论证的一种文章。议论文从议论角度可分为两种，一种是对某一论题进行深入细致的分析论证；另一种是对某种事例或某种认识进行归纳、概括。对于议论文的朗读，首先要把握课文的中心论点，然后围绕论点展开议论。朗读时要做到层次清楚，感情饱满，可以用重读、停读来突出议论的语气。如《中国人失掉自信力了吗》一文，作者通过对比分析中国人和日本人在对中国问题上的态度的不同，并进行了深刻批判。这篇文章属于议论文，因此朗读时要有议论意味。

（三）诗歌

诗歌的朗读，不仅要让学生明白诗的意境，而且要读出诗的节奏感，读出诗的美感。诗歌教学要关注学生的情感体验，让学生在诵读中融入作者所描绘的意境和诗人所抒发的情感。因此，我们在朗读时，一定要注意以下几方面：①明确诗歌在表达思想感情中起着重要的作用。深入理解作者创作诗歌所要表达的思想感情，领会诗人创作诗歌所表现的思想内容。②根据不同诗人、不同作品体裁把握诗歌朗读重难点，掌握朗读技巧。③根据诗歌表达情感时所用的句式来确定朗读形式及感情基调，如抒情诗要有一定的语气变化，写景诗要有一定节奏变化。

（四）散文

散文的语言比较自由，一般不追求严格的对偶和整齐的节奏，但也有一定的规律，它常常围绕着一个中心，运用一些典型的片段进行描写。[①] 散文的内容往往是比较具体而有趣味的，这就要求朗读时，要注意表现作者感情起伏变化。朗读时，注意情感在散文中的体现。

（五）小说

小说以人物为中心，以故事情节为主线，通过曲折生动的故事和丰富多彩的人物形象塑造，反映社会生活的一种文学体裁。小说是以叙事为主的文学体裁，情节曲折多变，生动感人。小说语言流畅、自然、生动。在朗读时，要把握小说的四要素：人物、情节、环境和细节描写。另外。在朗读中要特别注意人物形象的塑造，人物语言的朗读要有个性特点。

除了以上不同文体的朗读指导外，我们在朗读时还要注意加强学生对文章内容和思想情感的理解。只有这样才能让我们在朗读时能读出不同文体所具有的特点，从而达到更好的教学效果。

---

① 胡华 . 论普通话口语形式的结构因素 [J]. 新余高专学报，2008（05）：83-85.

三、朗诵及训练

普通话学习中的教学对象，除了基础的语文教学之外，更多的是培养学生的朗诵能力，这其中包含了很多播音主持专业训练技巧，如气息运用技巧、情感表达技巧、语言表达技巧，等等。[①] 这些都是可以通过大量的练习获得的，那么我们在进行训练时，需要注意哪些方面？

（一）呼吸运用

普通话学习中我们在朗诵作品时，需要用到的是气息，也就是气息的运用。在朗诵作品时，我们要将气息与声音完美地结合起来，将两者巧妙地融合在一起，产生良好的效果。这其中包含了呼吸与发声两方面，在呼吸时，我们需要对气息有正确的运用。一方面，胸腹式联合呼吸法，即吸气时胸部扩张、腹部肌肉放松；呼气时腹部肌肉收缩、胸部保持不变。另一方面，还有横膈膜呼吸法、肋间肌呼吸法以及两肋扩张呼吸法等方法。这些方法在朗诵时需要根据不同的作品选择不同的方式进行发声训练。

（二）情感表达

情感表达是普通话学习中朗诵学习的一个重要内容，它的训练是通过语言的表达，来揭示作品所要表达的思想感情。通过朗诵，可以使听众直接地感受到作者所要表达的思想感情，听众可以通过自己对文章内容的理解和感受，体会作者要表现的思想感情，从而获得情感上的共鸣。对于情感表达的训练主要是要通过语言表达，将文章中所要表现的内容更加具体生动地展现出来，进而加深听众对文章内容及作者意图的理解与认识。

（三）语言表达

语言表达是指运用有声语言和副语言（又称辅助语言），通过表情、动作、神态以及辅助手段（如图片、实物等），使表达内容更加形象、生动、具体的一种表达方式。它是有声语言和副语言两大因素相互结合、相互协调的统一。我们在进行训练时，要想提高自己的朗诵能力，必须加强对基础知识的学习和锻炼，在训练中，要注意从语音基础、发声方法以及表达技巧等方面进行训练。只有这样才能提高自己的朗诵水平。

（四）语音纠正

在进行普通话训练时，对语音的纠正是不可忽视的。在纠正语音时，主要应注意以下几点：①把字的音读准，要严格地按照字音标准进行训练。②要注意纠正错误的

---

① 段亚琳.中职学校普通话教学中口语表达能力的培养[D].河北师范大学，2014.

语音，不能将普通话和方言混为一谈。③发音时要吐字清晰，声音明亮。④不能用方言读普通话。

（五）形体姿态

形体姿态的训练，是播音主持专业必不可少的一部分。我们需要注意的是，形体姿态不仅要注意体形，更要注意形体中的气质与修养，气质是内在的东西，这种东西是无法模仿和训练出来的。比如，我们可以通过读书、听音乐、看电影等方式来进行，但不可进行"放逐"。

第四节　听话训练

一、听话技能的重要作用

普通话艺术是我国文化艺术教育领域的一项重要的组成部分，而相关领域艺术人才的培养过程中，听话能力是非常重要的一项能力。尤其在当前广播电视事业蓬勃发展的今天，听话能力能够帮助我们在展示普通话艺术的过程中更好地完成稿件内容和节目主题的传达工作，也能够帮助我们更好地完成语言信息传递内容与形式上的创新。

就拿播音主持行业来讲，首先，听话技能是广播电视节目主持人必备的专业能力。在我国当前的广播电视节目主持人行业发展过程中，听话能力是最为重要的一项能力，也是播音主持专业学生最应该掌握的一项基本技能。播音主持工作人员需要通过听话来完成信息的传达工作，听话能力作为基本的职业能力，需要播音主持工作人员具备较为全面、深刻、准确的信息理解能力。而对于节目主持人来说，能够更好地完成对稿件内容和节目主题的把握、理解工作，也是这一职业中非常重要的一项能力。如果没有较好的听话技能，那么在对稿件和节目主题进行理解时就会出现偏差，从而无法更好地完成信息传达工作，也会影响到播音主持工作人员未来的职业发展。

其次，听话技能是广播电视节目主持人的基本职业素养。听话能力作为主持人工作中非常重要的一项技能，对于广播电视节目的发展起到了十分重要的作用。在广播电视节目中，听话技能能够帮助主持人更好地完成对稿件内容和节目主题的表达，也能够帮助主持人更好地完成对节目流程、内容的控制与管理。

再次，听话技能有助于提升新闻节目主持人的社会影响力。在广播电视节目发展过程中，新闻节目作为非常重要的一个组成部分，在我国广播电视事业中占据了非常重要的地位，而作为新闻节目中最为重要的组成部分，主持人往往是社会关注度非常高的一个群体，其所代表的也是整个社会的形象和社会影响力。因此，在播音主持专业教学中，我们更应该重视学生听话技能和交流技能的培养工作。在新闻节目主持人培养过程中，听话技能作为一项非常重要的基本技能，要注重在广播电视节目制作过程中训练学生的听话能力、语言表达能力、倾听能力以及与人交流互动能力等方面的训练。[a] 只有这样才能让学生成为一名真正合格甚至优秀的播音主持专业学生。

然后，听话能力有助于播音员主持人完成节目主题的准确传达工作。播音主持工作人员需要通过听话能力，完成节目内容和主题的准确传达，同时也要在听话过程中掌握好表达技巧。如果在节目中听话者的情绪和心理出现波动，那么说话者则会难以完成对节目主题的准确传达，因为听话者将会出现情绪波动或者是无法正确理解说话者所传达出的意思，从而导致信息传达工作出现问题。

最后，听话能力有助于更好地完成节目内容与形式上的创新。播音主持工作人员在日常的工作中，要能够更好地完成节目内容和形式上的创新，而这其中听话能力则是一项非常重要的技能。听话能力是播音主持工作人员能够更好地完成节目内容和形式上创新的一种重要技能，这是因为播音主持工作人员在进行节目内容与形式创新的过程中，要能够把自己的思想融入新闻报道中，并能够结合听众所喜欢的形式和语言方式去完成节目内容与形式上的创新，这样才能够更好地吸引听众。因此可以说，不仅仅是播音主持行业，任何普通话艺术展示的场所，我们都应该具备极强的听话能力，这样才能够更好地达到情感表达和艺术再现的目的。

二、听话技能的综合训练

听话，是指倾听者对说话者的言语及所述内容、所述对象做出正确的理解，听话能力，是语言表达的基础。[2]它主要表现在以下几方面：①听懂对方的话。普通话要规范，就要善于听懂对方的话，不仅听懂对方的言语内容，而且要理解言语所表达的思想感情。②把听话人对自己所说语言的理解准确地反映出来，即听话人对说话者所说内容和表达方式做出准确地理解。③把听话人理解、想象到的内容准确地传达给说话者。④听话人能够根据听话对象调整自己的言语，使之与听话对象保持一致，即在一定程度上"与说其话"。在普通话训练中，听懂对方言语内容，主要要做到以下几方面：

① 闵毅.普通话口语发展趋势 [J].中华文化论坛，2008（S1）：271-272.
② 张志霞.中职学生普通话口语训练的科学性探讨 [J].河南农业，2008（10）：24+28.

（一）听懂听话内容

听话，是一种与说话一样的言语交际行为，也是一种言语交际行为。说话的目的在于实现自己的思想意志，通过谈话实现交际的目的，而听话就是达到这一目的的重要手段之一。听懂内容，是听话成功的一个关键。

（二）把握说话内容的感情基调

在听话训练中，要注意区分说话内容的感情基调。它是说话内容中蕴含的感情色彩、情感倾向以及情感状态的总和。要弄清说话内容的感情基调，首先要明白什么是感情色彩，什么是情感状态，其次要清楚什么样的言语表达形式可以表达什么样的感情，什么样的语言表达形式不能表达什么样的感情，等等。这样，听话训练才会有的放矢，才能从总体上把握说话内容，理解说话内容所表现出来的思想感情。

（三）明确说话内容的中心句、关键词

中心句是言语内容的关键所在，听话人在听懂对方言语内容时，首先要明确说话内容的中心句，也就是要弄明白对方说话的意思或主旨是什么，这是听话能力的一个重要方面。比如，"今天我不想做作业，你看行吗？"如果听懂说话者的话后，立即回答："好呀！可以不做作业了吗？"那就犯了一个错误，没有把中心句弄清楚。中心句应该是一句完整的话，如"今天我不想做作业"。要想听懂对方的话，这就需要听话人首先明确说话内容的中心句。

（四）根据说话内容，调整自己的语言表达方式。

听话是语言表达的基本手段，要想听懂对方的话语，就必须根据对方的话来调整自己的语言表达方式。一般说来，说话者在讲话时，为了表达清楚、鲜明地表达自己的意思和情感，就必须在用词上讲究准确性，语法上讲究规范性；在用语上力求简练、通俗、生动形象；在语气上力求平易、亲切、自然。因此听话时，必须根据说话内容对自己的语言表达方式进行调整。听话人如果没有一个规范的语言表达方式，就不可能听懂对方的言语。

根据说话内容调整自己的语言表达方式是听话技能中最重要的一环。具体说来，听话人应该做到以下几点：①说话者的语言表达方式与说话内容不相吻合时，听话人应仔细分析其不符合的原因，如果是因为对方所讲的话太深奥、晦涩难懂，则应耐心地进行解释。如果是因为对方所讲的话太不切题、不合理，则应该礼貌地要求对方改变其语言表达方式。②如果说话者所讲的话是因内容需要而省略某些语句，而自己又一时来不及补充完整时，则应礼貌地要求对方把省略部分补上。③如果说话者所讲的

话是因没有把握而造成混乱或不清楚时，则应礼貌地请求对方把完整、准确的话说出来，以帮助自己搞清楚。④如果说话者所讲的话是因知识不足而造成理解上出现障碍时，则应礼貌地请求对方解释。

（五）根据听话对象，调整自己的心理状态。

听话，首先是听话人根据听话对象调整自己的心理状态，使之与对方保持一致，也就是"与说其话"。听话人要做到这一点，必须了解对方的性格、脾气、爱好等，这样才能在谈话中根据对方的特点来调整自己的心理状态。如果听话人对对方不了解，听不懂对方的话，也就无从调整自己的心理状态。因此，在训练时，可以与"听话人"一起学习和练习普通话，共同探讨交流"与说其话"的方法，提高听话能力。

第五节　说话训练

一、说话技能的重要作用

说话技能是一种交际能力，在现代社会，无论是工作还是生活中，人们都离不开说话技能的运用。会说话能让你在社交中成为一道亮丽的风景。会说话的人往往更受欢迎，更容易交到朋友，工作更容易得到提升。当然，不是每个人都能做到语言技能很好，所以这就需要我们在平时多多锻炼自己的说话技能。当你用一些方法和技巧去练习时，你会发现你的沟通能力会有很大提高。在生活中，我们要善于观察他人的需求、兴趣、喜好、厌恶等各种情绪和特征。在交往时要注意对方的语言表达方式和风格，并善于分析他人所要表达的意思。掌握说话技能的意义在于，当我们面对陌生的环境时，可以将自己的观点用语言清晰地表达出来，可以在最短的时间内获得他人的理解和认可；当我们在工作中需要与他人进行沟通时，掌握说话技能也可以使自己更加轻松地表达观点，并且能够让自己迅速地融入集体。

首先，掌握说话技巧能够有效地表达观点。人与人之间的沟通，最重要的就是能够把自己的观点用最有效的方式表达出来，然后得到对方的认可。而要做到这一点，就需要我们有一定的说话技能，能够将自己的观点用语言清晰地表达出来。

其次，掌握说话技巧能够让别人更了解你。当你想要让别人更加了解你时，可以通过与他人进行有效的沟通来让对方更好地了解你。学会说话技能后，我们可以在短时间内让别人了解我们，这是因为在与人沟通时，通过语言表达来让对方了解你所说的内容是很重要的。

最后，掌握说话技巧能够获取对方的支持和帮助。简单举例，如果你是一个管理者，当你要为某个员工制订绩效考核方案时，你首先需要和他进行沟通，了解他的现实需求以及对考核方案的理解程度；如果你是一个老师，当你要给学生上课前，需要通过沟通来获得学生对课程的认可；如果你是一个患者，当你需要医生对病情进行诊断时，沟通就显得尤为重要。因为沟通是连接彼此关系的桥梁，有效的沟通可以帮助人们建立更好的信任和关系。当我们想要去做一件事情之前，先要了解对方对这件事情的看法和意见；当我们想要与他人进行沟通时，先要让对方了解我们对这件事的观点；当我们想要获得对方支持和帮助时，就要学会用说话技能来获取他们对我们的认可。

二、依据材料进行说话训练的技巧

说话是语言的运用，语言是人类沟通思想感情的工具。写文章要讲究语言的准确性、艺术性和生动性，说话也是一种语言，要讲究说话的效果，同样需要注意语言的准确性和生动性。[①] 我们可以依据生活中真实存在的材料进行说话训练。生活中的材料往往很多，只要你认真观察、思考，就会发现身边到处是素材，比如，①生活中有许多人物，如老师、同学、爸爸妈妈等，在他们身上都有许多动人故事，只要你去观察、去思考，就会有许多感受、认识和评价。②生活中有许多新闻事件。③生活中有许多优美的诗词和散文。

（一）要多读多写，扩大知识面

我们的语言能力是从阅读中逐渐提高的，但是，阅读不等于写作。要想写好作文，就必须要多读、多写，只有这样才能提高阅读和写作能力。读，是提高语言修养的基本途径之一。古今中外凡是语言大师都有广泛的阅读，而且还要求自己多读、多写。正如鲁迅先生所说："哪里有天才，我是把别人喝咖啡的时间都用在工作上了。"我们一定要在力所能及的范围内广泛阅读古今中外名著，以丰富自己的语言积累。

（二）要学会观察，要多思考

观察，是我们获得生活素材的重要手段之一。我们平时要仔细地观察生活，并勤于思考。只有通过观察和思考，才能使所看到的素材生动起来，并表现出它们的特点和意义。比如，"月亮"这一题材可以这样写：①月亮有很多形状，有圆圆的、弯弯的、半月形的，还有像镰刀一样形状的。②月亮有很多颜色，红色的、蓝色的、橙色的、粉色的、灰色的、白色的、黄色的和绿色的等。③月亮还可以为人类做很多事情，比如，

---

① 许令. 对高职普通话口语教材建设的思考 [J]. 职业教育研究，2008（05）：19-20.

为我们照明，为我们引路等。

（三）要学会比较，学会鉴别

不同的事物有不同的特点，不同的人有不同的特点。我们对事物、对人要进行比较，才能鉴别出不同的特点。比如，学生和老师。我们还可以发现，同一件事不同的人说出，是完全不同的感受，从而从不同人的感受中得出某些结论。

（四）要养成良好的习惯，提高说话能力

首先，说话要有内容，这是说话的中心。在写作文时，要有中心思想，在说话时也是如此。要突出主题，围绕主题选择材料。其次，在说话时要注意逻辑顺序和语法结构。逻辑性强、有条理的话，往往能够条理清晰、层次分明地表达自己的意思；而语序混乱的话，往往会使人不知所云，让人产生误解。再次，说话要讲究语句的优美，这是说话的重要技巧。优美的语句会让人产生愉悦感和亲切感。最后，我们还要注意提高自己的口头表达能力。这就要求我们多读多记一些名篇佳作、文学名著，养成积累知识、语言表达、写作等方面的习惯。

（五）要学会运用口头语言、书面语言进行表达

说话训练要培养学生学会运用口头语言、书面语言进行表达的能力。在平时的教学中，老师应精心设计，有意识地让学生多说。要重视培养学生写作能力。比如，写日记就是培养学生作文的一种好形式。写日记要有主题、有中心句，还要不断修改，使之更生动，更吸引读者。

三、交谈及训练

（一）交谈的种类

交谈，是指人们在语言上的交际行为。由于交谈双方的年龄、地位、学识、经历、情绪等的不同，因此，交谈时会出现不同的情况。首先，在不同年龄的交谈中，交谈双方都有较强的主动性。例如，青少年与老年之间，儿童与妇女之间，老人与青年之间都有着一种平等对话、互相交流的倾向。其次，在不同社会阶层的人中间也存在着交谈内容上的差异。例如，知识分子与工人、农民、解放军战士在交流思想感情时就有不同之处。知识分子更喜欢谈哲学和科学方面的问题；而工人农民更喜欢谈生产和生活问题。最后，在不同场合下交谈，双方所表达意思是不同的。比如，在婚礼上和葬礼上进行交谈就有很大的区别，婚礼上的交谈是喜庆的、放松的，交谈内容可多可少，但葬礼上的交谈是庄重的、冷沉的，交谈不仅要注意措辞，还应以简要为主。

1. 直接交谈

直接交谈是指双方不用任何中介而直接对话。例如，在学校里，师生之间，都可以通过语言交谈来进行交流。这种交谈一般是一对一的，交谈双方各持一段，而不需要用笔来传递。在西方国家中，由于文化背景的不同，一般情况下人们说话都比较直接。例如，在西方国家，一般情况下人们都是用手势和表情来表达自己的意思。而我国则不然，这与中国传统的思维方式有关。在中国人看来，人与人之间的交往离不开语言交流这一手段。

2. 电话交谈

在日常生活中，人们的电话交谈比较频繁，但在礼仪上应注意以下几点：①交谈时应以礼貌语言为主，态度要热情礼貌。②谈话时间不宜过长。③谈话时，要根据对方身份和地位来决定自己的谈话方式。如对地位较高的人，可采取快速交谈方式；而对地位低、年龄大的人，则应选择相对长时间谈话方式。④要注意说话态度，切忌随意打断对方说话，让对方感到拘束。

3. 现场交谈

现场交谈是指人们在一定的时间和空间范围内，针对特定的内容和对象进行交流和沟通的一种形式。它具有以下几个特点：首先，现场交谈是人们在一定时间范围内进行的交谈。这种时间范围是由具体的地点、时间和条件所决定的。其次，现场交谈是一种面对面的交谈。只有在面对面的交谈时，才能产生一种真切感人的魅力，才能使人产生与人交流的欲望。最后，现场交谈双方都能自由地表达自己的思想感情，畅所欲言地进行思想交流，并能使双方都在这个过程中受到感染。因此，现场交谈是一种具有双向交流特点的、内容丰富的交流方式。

4. 电视谈话

电视谈话是近几年来发展较快的一种谈话形式。它是指谈话双方的一方或双方，以电视机为中介，在电视机前展开一段特定的谈话活动，通过屏幕上的画面展示谈话双方的言谈举止，表达思想感情。电视谈话是一种具有电视传媒特性和独特价值的新型谈话方式。它打破了传统大众传播以文本为载体来传递信息的模式，把语言作为传播信息的主要载体，使信息的传播以声音、图像、动态画面为主要表现手段。电视媒体通过主持人和演播室的各种元素和符号对观众进行组织、引导和控制。在电视谈话中，主持人可以对谈话内容进行评论，参与对话内容表达方式及整个现场气氛等方面的控制，使话语表达具有一定程度的真实性、说话者与听话者之间是平等对话关系。

（二）交谈的基本要求

1. 以心换心，投其所好

好口才需要以心换心，用真诚去打动对方。比如，当别人向你倾诉衷肠的时候，你就认真地听他说，不时地给他鼓励，使他有一种被重视、被理解的感觉。又如，在与他人交谈时，如果你想使对方在不知不觉中接受你的观点，就必须通过语言或行动等形式把自己对事物的看法清楚地表达出来。此外，与人交谈时，要尽量把话题引到对方感兴趣的话题上来。要知道，"投其所好"比"言为心声"更有说服力。

2. 少说废话，多谈实在的东西

人与人之间的交往，总要说些话，有些废话也在所难免。但是，为了显示自己的风度，说大话、说空话是不好的。即使你说得天花乱坠，也得看对象，看场合。在一般情况下，人与人之间的交谈，是"有事说事"。说些废话和空话只能显示出你的浅薄和庸俗。当然，有些废话也可以给人以好感和亲切感，但是对那些不懂世事、天真可爱、好占便宜的年轻人来说却不是好话。当然也有一些话是比较深刻、有益、有趣的。

3. 以理服人，而非以"理"压人

在与他人沟通时，我们经常会遇到这样的情况：在交谈中，对方很难与我们达成共识。究其原因，就是对方不能接受我们的观点，只接受我们的论证。因此，在沟通中我们要尽量避免以理压人的情况发生。如果对方无法接受我们的观点，我们可以换一种表达方式，或者改变一下论证方法，让对方更容易接受。

4. 善于倾听，学会闭嘴

我们在和别人交谈时，首先要学会倾听。在与别人交谈时，要做到认真地倾听他人的谈话，并适时地对他的谈话做出反应，以示对他人谈话的关注。同时，在倾听对方讲话时，我们还要学会闭嘴，不要把自己的想法或意见强加于人。事实上，每个人都希望被别人重视和尊重。因此，当别人在交谈时我们要认真地听对方讲话并适时地做出反应。在生活中有很多时候都需要我们去倾听和闭嘴。善于倾听才能更好地与他人沟通和交流。

5. 学会"换位思考"

说话，不仅仅是在口头上说，还要用自己的行为和语言影响他人，为自己的良好行为带来好的影响。如果你想和别人成为朋友，那么你就要学会换位思考，站在对方的角度看问题，这样才能产生共鸣。只有将心比心，才能走进他人的内心世界，才能真正地了解对方。所以作为一名谈话者要想在交谈中取得成功，首先就要学会"换位思考"。在工作和生活中要做到"换位思考"的话必须具备以下几方面：①能够从别人的角度考虑问题。②对事物有充分的了解。③要有一颗包容之心。④要尊重别人、宽容别人。⑤能够设身处地地为他人着想。

（三）交谈的技巧

说话，是人与人之间交往的最主要的形式。会说话，是一种很高的境界。有的人说"我讲话大家都爱听，但有的人讲话没几个人爱听"。[①] 这种说法不是没有道理。因为每个人的生活经历、文化程度、个性特征不同，每个人的语言表达习惯也就不同，因而讲出来的话也就千差万别，往往一句话会引起听者的不同反应。那么，如何说话才能使你所说的话受到大家的欢迎？这要因人而异。

1. 根据场合，灵活运用语言

在生活中，我们会遇到各种各样的场合，如家里、单位、课堂、舞会等。不同的场合，有不同的氛围。因此，在不同的场合要运用不同的语言。比如，在家里，你可以用轻松幽默的语言，来活跃气氛；在单位里，你可以用诙谐风趣的语言，来调动大家的积极性；在课堂上，你可以用生动活泼的语言来活跃气氛。此外，一个人在不同场合还会有不同的心理需求：在家里是温馨、闲适、轻松、随意；在单位是严肃、紧张、拘束；在学校是活泼、青春、活跃。因此，说话要考虑场合和对象。总之，说话要根据场合来选择语言。如不分场合而乱说一通，或者说一些让人反感的话，不仅会使别人不高兴，而且会丢面子。

2. "听"是语言的基本功

很多人在谈话的时候，由于语言表达能力不足，不能很好地去倾听对方，往往会打断别人的发言，也会给对方造成不好的印象。我们经常会发现一个问题，有的人在听别人说话的时候非常专注，非常认真，但轮到自己发言的时候却不知从何说起。

3. 巧妙地运用"讲"

"讲"，就是讲述，这是一种非常好的说话方法，它可以使你的表达更加生动有趣，但是要注意，"讲"与"听"并不是等同的，"讲"应着重于语言的组织和语言的艺术运用上。[②] 如果能把你讲的内容加以适当地组织，加以生动地描绘，那么听起来会更加有趣，使人产生浓厚的兴趣。这也是你向他人介绍自己时比较有效而又经济的方法。所以，"讲"在日常生活中非常重要，它是沟通人们心灵之门的一把钥匙，它是打开人们心灵大门的一把金钥匙。然而，巧妙地运用"讲"要把握一个原则，那就是"讲者有意，听者无心"。你所讲述的内容要与对方产生共鸣，让对方了解到你所表达的意思。

---

① 王淑一. 论高职普通话口语教学的人文性 [J]. 职业时空, 2007（24）: 69-70.

② 康丽云, 刘在苓. 注重非语言因素训练 提高普通话口语教学实效 [J]. 宜春学院学报, 2007（05）: 130-132.

4. 注意谈话内容的多样性

一个人在谈话时，如果他的内容单调、乏味、陈词滥调，那么他所引起的反应也就会变得消极。相反，如果谈话的内容丰富多彩、新鲜活泼，就会产生良好的效果。这是因为，多样的话题有利于引起对方注意和兴趣。当然，在交谈中应尽量避免一些可能引起对方反感的话题，以免影响谈话效果。

5. 把握谈话的主动权

在谈话中，对方是谈话者，你是聆听者。这就要求你要把握谈话的主动权，不要一味地听别人讲，要自己积极参与，自己做主。自己做主，就是要善于向对方发问、引导对方发言。如果在谈话中能多用"我们""我们一致认为"等词来沟通思想感情，则能更好地控制谈话的进程和节奏，使自己始终掌握谈话的主动权。此外，还要注意观察别人的反应，若对方有不愿谈论的事时，就应停止。千万不要硬撑着与对方谈话。

（四）交谈的基本礼仪与禁忌

在人际交往中，交谈是沟通信息、加深理解、达成共识的重要方式。在人际交往中，人与人之间的交流，往往不是由"我"的声音来决定的，而是由双方的交谈来决定的。交谈的重要性不仅表现在它是人与人之间信息交流的一种重要方式，而且也表现在它还是一个人良好修养、素质、气质和性格形成的重要途径。所以，我们应注意掌握与运用交谈中的基本礼仪与禁忌，努力做一个"有修养、有素质"的人。

1. 对交谈对象应做到"知人知面又知心"

要想在交谈中得心应手，你就必须了解对方，要知道对方是什么人、他喜欢什么、他的兴趣爱好是什么，了解了这些信息，你就能够投其所好，说对方喜欢听的话。反之，如果对对方不了解，那么你说的话再动听也只能是自娱自乐。所以说，"知人知面又知心"是交谈中应注意的首要问题。

2. 对交谈内容应做到"有闻必录"

在交谈中，应把与自己有关的内容及时地记录下来。比如，对方说的某一句话，你若听明白了，就应记下这句话的内容和自己的理解，把它写在纸上；如果你没听懂或不明白对方说的是什么，那么你可以问对方。另外，对方谈到与自己有关的问题时，你也应把它记下来。比如，对方说："我刚看了一本书，说……"你若听明白了他说的是什么，就应把它记在纸上。当然，也可以把它们作为谈话资料保存起来。

3. 对交谈对象应做到"有的放矢"

与人交谈要"有的放矢"，就是要知道自己要与哪类人交谈，或应当和谁交谈。与不同身份的人交谈，其目的是不同的。对上级、长辈应以尊重、谦恭为重点；对平辈或晚辈则应以友好和气为重点；对一般朋友则应以友谊、坦诚为重点。在交谈中，一定要注意说话的对象，做到"有的放矢"，这是谈话取得成功的关键。

4. 对交谈语言要做到"言之有度"

对语言要有所节制，不能太随意，更不能出言不逊。有些人常常出口伤人，如在公共场合当众把对方的姓氏大声喊出来；或有意将对方名字读错、写错，或随意批评别人的籍贯和祖籍。这不仅会使人感到难堪，还会伤害对方的感情。有些人在与他人交谈时，喜欢没完没了地讲个不停；有时，一句话说了一半，便想着下句话该怎么说；或在与他人交谈时喜欢随意打断别人的讲话；还有的人喜欢和别人争论或争执不休。这些都是缺乏修养、缺乏礼貌的表现。

5. 对交谈场合要做到"注意环境"

在现实生活中，有些人在交谈时不注意场合，在什么地方就讲什么话。如果是在公共场合，就大声喧哗；如果是在安静的场所，就旁若无人地说笑。殊不知，这样做不但会让人产生反感情绪，还可能因为自己的无所顾忌而引发别人对你的不满。另外，还有些人不注意交谈时的环境，往往会将自己的不良情绪带到别人的身上。如有些人在公共场合故意将垃圾随手扔在地上，或者高声谈笑，影响其他人工作或学习；有些人不分时间、地点，不分场合地高谈阔论，扰乱了别人的思维或思路；有些人面对别人对自己的不尊重行为时冷嘲热讽。因此，我们应努力养成"注意环境"的习惯，这不仅有利于维护个人形象和保持良好的人际关系，而且也有利于自己个人事业的顺利发展。

6. 交谈中的禁忌事宜

在日常生活中，我们要注意一些交谈中的禁忌，以避免双方出现尴尬的局面。在交谈时，应注意一些禁忌，这不仅会给对方留下较好的印象，同时也可以避免自己出现一些不必要的尴尬，下面列举几条：①不要在别人面前揭对方的短，否则会引起对方的不满。②不要将别人的隐私当作笑话来说，否则会使对方感到难堪。③不要当众批评他人。在某些场合下，即便是批评也应设法保留面子，私下进行。④不要随便打断别人的讲话。即使是很熟悉的人也不要一有机会就"话锋一转"突然谈起自己熟悉的话题。⑤不要轻易对他人做出结论，即使要对他人做结论，也应等到双方交谈完毕后。⑥在交谈中不可信口开河，乱讲乱问。

四、主持及训练

主持是人们在日常工作生活中，为协调组织各种活动所不可缺少的一种能力。在人们的生活中，谁都无法回避主持这个话题。在各行各业，主持人的作用和地位，都是不可忽视的。主持活动有多种形式：在正式的大型集会上，主持人是指挥者；在活动开始前或结束后，主持人是组织者；在活动现场，主持人与观众之间有一种亲切的交流、沟通；在节目单上，主持人是节目主持人。所以，作为主持要掌握一些基本技能。

（一）即兴口语交际能力

口语交际能力，就是在各种交际场合，根据交际的需要，运用口头语言进行交际的能力。口语交际是人与人之间思想感情、信息交流的过程。[①]一个人要在社会上立足，必须拥有较强的口语交际能力，否则就会处于被动的局面。例如，领导讲话、产品推销、学术讲座、业务洽谈、商务会议、专家报告、旅游观光、亲友团聚、同学聚会等。这种口语交际可以由你自由发挥。因为你是主持人，要与不同对象进行沟通，因此要求你思维敏捷、表达能力强、应变能力好。在即兴口语交际时，要注意以下几点：首先要注意聆听对方讲话的内容，从中获取信息，这是即兴口语交际的前提。其次要了解对方讲话的目的，抓住对方讲话的重点，以自己的特点去感染对方，与之交谈。再次要善于从交谈中捕捉信息、发现问题。要善于捕捉对方的话语中隐含的信息，或指出其不足之处，或提出自己的见解。最后要保持思维敏捷。谈话中遇到难以回答的问题时，应把注意力放在其他方面，巧妙地转移话题，使对方不再提问。此外，还要善于联想、想象、幽默、风趣、灵活机智。因为即兴口语交际的对象是具体生动的人，因此要求说话人能围绕对方讲话的中心，联系自己熟悉或经历过的事和人进行联想、想象、幽默、风趣等"再创造"，使自己的表达富有趣味性和灵活性。

（二）知识储备

主持的对象是人，因此，其知识结构要涉及政治、经济、文化、历史、自然、科技等各方面。就这方面来说，主持人要求较高。一般说来，文化知识是基础；要积累一些必要的科技知识；要多了解一些自然知识。比如，我们想在一场活动中成为主角，就要多了解一些经济方面的知识；对于新闻类节目，就要对时事多关注一些；对于文化类的节目，就要多了解一点中国传统文化等。总之，作为主持人要掌握大量的知识和信息。

（三）心理素质

主持人是一个需要心理素质的特殊职业。要在主持活动中发挥自己的聪明才智，必须具备良好的心理素质，以适应活动的需要。主持人需要有良好的心理素质，才能在主持活动中发挥自己的聪明才智。一方面，要有自信心，对自己所从事的事业充满

① 申毓梅.中职旅游专业学生普通话行业实践能力培养研究[D].四川师范大学，2013.

信心，对自己能够胜任主持人这一职业充满信心。另一方面，要有良好的自我控制能力和情绪管理能力。要学会在主持过程中控制好自己情绪的波动，使之在主持中始终保持一个稳定、乐观向上的心态。

（四）肢体语言

主持活动，需要用体态语来表达，而且这种肢体语言必须和主持内容协调一致，同时还要富有激情、感染人。手势，既是一种语言表达手段，又是一种表情手段。通过手势的运用，可以加强感情的表达与沟通，拉近人与人之间的距离。因此主持活动时手势运用得恰到好处，往往会收到意想不到的效果。例如，当主持人讲到一个激动人心的场面时，他可以通过手势动作的变化来表现出来；当主持人讲到激动处时，他可以适当地手舞足蹈。

（五）即兴口头作文训练

即兴口头作文就是由主持人提出话题，主持者迅速想出中心，说出提纲。然后，再由主持人、听众、编辑等人在限定时间内写成的一种作文形式。它要求速度快，而且能随机表达。因此，即兴口头作文是一项重要的口语交际技能和素质要求。

五、论辩及训练

论辩是指两个以上的人，为了说明一个问题，或为了解决一个问题，在彼此对立的立场上，按照一定的规则，各自提出证据，展开辩论的一种语言表达形式。论辩是社会生活中一种常见的语言沟通方式。我们可以把它简单地理解为辩论。这种表达方式在中国有很悠久的历史。早在战国时期，《荀子》就有"辩而不争"（《非相》）的句子；在西汉时期，《公羊传》中也有"辩而不争"（《公羊传》）的句子；到了唐代韩愈《原道》篇中又有"辩者非其处"（《原道》）的句子。中国古代的论辩多以语言为工具，以论辩作为表达方式。

（一）论辩的种类

论辩的种类有很多种，按其活动场所的不同，可以分为会场论辩、法庭论辩和公众论辩。按照内容不同，可以分为以驳斥对方观点为目的的论辩，以探求真理为目的的论辩，以说服对方为目的的说服性论辩和非专业性的论辩。按论辩双方实力情况、表现形式不同，可以分为单一型的论辩、复合型的论辩和综合型的论辩。

（二）论辩的目的和作用

论辩的目的，就是解决问题，如果一个人总是为了个人目的，而不顾别人的利益，那么他必然会被人所孤立。反之，如果一个人能够兼顾别人的利益，能以最大的善意去帮助别人解决问题，那么他一定会被更多的人所喜爱。

（三）论辩的基本过程

论辩的基本过程，一般包括提出问题、做出思考、解决问题三个阶段。即在提出问题阶段，双方对对方观点、论据进行分析和研究，寻找出对方观点和论据的错误之处，以便找到问题所在，为进行论辩做准备；在思考问题阶段，双方首先要确立自己的观点，然后要确定对方的观点及论据是否正确，对自己提出的问题要进行论证；在解决问题阶段，双方要围绕问题展开辩论，阐述自己的观点，驳斥对方的谬论和错误论点，以达到解决问题的目的。[①] 我们这里主要强调的是如何在提出问题和解决问题这两个阶段进行论辩。对于论辩双方来说，提出问题和解决问题是辩论成功与否的关键。但如果能在这两个阶段中都能找到对方提出的问题和自己提出的观点之间存在错误或漏洞的话，那就最好了。

（四）论辩的基本形式：立论

立论是指根据对方提出的论据，得出自己的观点、主张或结论的过程。立论包括直接立论和间接立论。直接立论是指直接从对方的论据出发，对所提出的论点和论据进行分析，并按照一定的规则提出自己的主张，得出结论的过程。[②] 间接立论是指在直接立论的基础上，从对方某些与论题相关但与自己所要提出的观点、主张没有直接关系或者没有必然关系的论据出发，然后再运用一定逻辑规则对其进行分析和论证，从而得出自己的观点、主张或结论。

（五）论辩与辩论术

论辩，是语言表达方式，也是一种语言技巧，也属于思想政治教育工作的范畴。那么，怎样才能做好学生的思想政治教育工作？怎样才能帮助学生提高思想政治水平和论辩能力？这就需要在平时的教学中对学生进行一定的训练，包括让学生学习一些辩论术。我们可以说，论辩术是辩论艺术的一种。有了一些辩论技巧，就会提高学生的论辩水平；反之，如果不懂得论辩术，那么辩论就只能是空谈、再空谈。

（六）论辩能力训练

要成为一名合格的论辩者，必须经过大量的训练。通过训练，提高自己的思维能力、语言表达能力、逻辑推理能力，从而获得辩论的基本技巧。例如，①首先要阅读大量的资料，收集论据，总结出论点。②通过自己的思考，确定论点的逻辑顺序，组

① 胡茂胜，主编.职业普通话教程 [M].济南：山东人民出版社 .2008.
② 王淑一.论高职普通话口语教学的人文性 [J].职业时空，2007（23）：89-90.

织材料进行论证。③通过自己对问题的理解，灵活运用论据，使论点更加丰富。④在论证过程中要注意自己的态度、语言表达等。⑤最后要注意论据和论点的一致性。虽然论辩需要有一定的知识作为基础，但仅有这些还不够，必须进行专门的训练，才能形成较强、较熟练的论辩能力。

第六节　演讲训练

一、演讲的概念界定

演讲，是指在公众场合，以有声语言为主要手段，以体态语言为辅助手段，针对某一问题或事件，鲜明、完整地发表自己的见解和主张，阐明事理或抒发情感，进行宣传鼓动的一种语言交际活动。是人们在社会生活中进行思想、感情交流的一种方式。它是通过语言和非语言方式传达信息、交流感情、思想的交际活动。演讲这个概念最大的特点就是"公众"性。也就是说，演讲必须要面向社会，面向广大的公众。因此，它必然与那些仅限于少数人听的"独幕剧""单口相声"之类的艺术形式有所区别。从这个意义上说，我们把演讲与那些可以独立存在的"单口相声""小品"等艺术形式区别开来了。而且，从广义上来讲，无论是独幕剧、单口相声、小品等，只要是能在公开场合进行表演的艺术形式都属于演讲的范畴。所以我觉得它应该是一种有特定的观众群和明确的政治目的相结合的一种艺术形式。其次，从狭义上讲，演讲是指人们在一定地点、场合发表演说或者阐述自己对事物的见解与主张的一种形式。这也就是说演讲只能以演讲者与听众两个主体存在而不能以听众为主体。这也是为什么我认为演讲这个概念应该是指狭义上的。从更大意义上说，演讲应该是指人们在特定场合、特定时间内通过有声语言和体态语言向听众传达自己对事物和社会问题独特见解和主张的一种实用文体。

二、备演讲稿

在演讲前，必须做好充分的准备。在准备演讲的过程中，可以运用一些科学的方法，也可以借助一些演讲技巧，更重要的是要靠自己平时对一些知识、信息和技能的积累，做到胸有成竹。如果平时不注意积累，临时抱佛脚，那么在演讲过程中就会感到无从下手。

（一）深入调查研究，收集材料

演讲材料的来源有多种，有些是平时生活中直接得到的材料，如一些新闻报道、事件发展过程的材料；有些是调查研究获得的材料，如对某一事件的调查报告等。演讲是为听众所听、所闻。要使演讲内容准确，必须要有真实可靠的材料。为此，准备演讲时就应该到现场去进行调查研究，并广泛收集第一手材料。只有这样，才能确保演讲内容的准确、真实。否则，就会出现错误甚至是"瞎扯""瞎说"。

（二）精心设计提纲，拟定演讲词

演讲是一门艺术，不是随随便便就能讲好的，要经过精心策划才能写好。为此，要认真细致地研究演讲稿的主题、结构、语言特色等方面，做到心中有数。根据演讲目的和内容，精心设计出演讲提纲。根据提纲，要先找出重点和难点，反复推敲。如果发现某一段比较长，可以考虑将这一段分几次讲完，如果有时间，还要进行一下调整。在设计好提纲之后，要反复推敲，精心润色。可以使用一些修辞手法，使语句更生动、形象、感人。演讲词是演讲的"灵魂"所在。演讲稿的质量如何关系到演讲效果的好坏。因此在拟定演讲稿时必须经过认真推敲才行。

（三）熟悉演讲内容，了解听众心理

演讲前，要对内容做到了如指掌，并在脑海中形成一个完整的框架，这样才能不会在演讲过程中出现语无伦次或词不达意的现象。如果不熟悉内容，在演讲的过程中就会出现一些意想不到的状况。例如，忘记了演讲的主题，忘记了自己想讲什么、想要表达什么；或者在演讲过程中想到了什么就讲什么，讲到哪里就结束了；或者由于自己的表达不到位，听众听得很模糊，等等。只有熟悉演讲内容，才能把握好演讲的节奏和方向。

（四）认真制作讲稿，反复演练

演讲前，要认真把讲稿写好，对一些重点和难点的内容要做好标记。在演讲前，要反复练习，多在镜子面前训练，直到自己感到满意为止。有些演讲者为了增加演讲效果，把演讲稿背得滚瓜烂熟，但这还不够。还要反复练习，特别是在脱稿演讲时要把每一个词、每一句话都写下来，以便发现问题及时纠正。

（五）收集信息资料，设计交流形式

在演讲前，应收集演讲所涉及的各类信息资料。对与演讲有关的材料要进行收集整理，了解讲话对象的基本情况。同时，还要根据讲话的内容、性质、目的，选择适当的交流形式，以便取得最佳效果。在设计演讲交流形式时，要考虑以下因素：①演讲交流形式是否有利于听众接受演讲内容，是否方便听众理解和记忆。②听众能从演讲中获得什么信息。③能用什么手段和方法更有效地达到演讲目的。④在实施中可能遇到哪些问题。

三、演讲训练

在我们的人生道路上，经常会遇到各种场合。无论你是想推销产品，还是推销自己；无论你是想让别人了解你，还是给别人留下深刻印象；无论你是在领导面前，还是在同事面前讲话，都需要一定的技巧。因此，在生活中，我们就要有意识地进行演讲训练，那么如何进行演讲训练？

（一）练习绕口令

练习绕口令的方法是先读五遍，保证读通顺，解决备稿里面的生字词，注意感受备稿的情感变化和措辞，然后再读五遍深刻领悟作品的内在情感和艺术价值。[①]再根据顺序逐句朗读，并且可以随时停下来重复它。如果你觉得读得不是很顺，或者有错误，可以停下来修改。每天坚持练习几分钟的绕口令，不但可以培养你的记忆力和口齿伶俐，而且还能培养你的逻辑思维能力。

（二）多读一些演讲技巧

演讲技巧很多，如怎样开头、怎样结尾，怎样开头不突兀，怎样说好故事，怎样调动听众的兴趣，如何进行语言组织，如何吸引听众注意力等。可以看一些演讲技巧的书籍，学习一些演讲的技巧。这里需要注意的是多看书，不能只看书不读人。否则就会像吃了一肚子菜而不知其味。最有效的办法就是向优秀的演讲者学习，注意观察他们的说话方式和技巧。如果你对演讲技巧不了解，可以去请教专业老师或网上学习演讲技巧。

（三）多看一些名人演讲视频

如果我们没有演讲的技巧，那么可以多看一些名人的演讲视频。比如，世界著名演讲家罗伯特·弗罗斯特在美国哈佛大学毕业典礼上的演讲；比尔·盖茨在微软公司成立15周年庆典上的演讲；马云在阿里巴巴集团成立十周年庆典上的演讲；普京在俄罗斯国家电视台做"普京新时代"俄罗斯与西方关系发展国际论坛演讲，等等。这些名人都是非常优秀的演讲者，他们在台上演讲时，不仅语言流畅、表达清晰，而且他们都具有非凡的勇气和智慧。

---

① 汤幼梅.师范生普通话口语训练的实践与探索 [J].韶关学院学报，2007（08）：141-143.

（四）多阅读，丰富自己的知识积累

有句话说得好："熟读唐诗三百首，不会作诗也会吟。"多读诗词经典，不仅能使你的语言优美，还能从中得到情感的陶冶和精神的升华。书籍是人类进步的阶梯。读书，可以让我们增长知识和见识；读书，可以丰富我们的情感；读书，可以陶冶我们的情操。所以，在平时的工作和生活中，你要有意识地多阅读一些书籍。只有这样，你才能不断提高自己的说话能力，才能在交流时充满自信和魅力。因此，想要进行演讲训练和提高自己的口才，就要多读书、多练习。只有这样，才能真正提高我们的口才，让我们成为一个真正有魅力有能力的人。

（五）写日记

很多人在写日记的时候，都喜欢记录自己的心情和对身边事物的看法，这样可以培养自己的观察力和思考能力，如果能够把自己所见、所想记录下来，那么说明你已经在逐渐观察、思考周边的事物了。当你开始有意识地观察、思考周围的事物时，那么就是你培养自己表达能力和沟通能力的开始。所以，如果你不想被他人嘲笑，不想成为一个没有思想、没有口才的人，就从现在开始写日记吧。学会演讲是一种能力，也是一种本领，希望大家在生活中能好好锻炼自己。

四、即兴演讲及训练

即兴演讲和即兴讲话的目的是一样的，都是为了与听众建立一种良好的沟通关系，所以，你必须想办法在最短的时间内赢得听众，让他们听懂你所讲的话。即兴演讲不同于一般的演讲，它不是有事先准备好了的讲稿或是预先安排好了提纲而进行的演讲。在没有事先准备好讲稿或提纲的情况下进行即兴演讲，这就是所谓的"即兴演讲"。通常情况下，"即兴""即兴讲话"之间往往有相当大的距离。"即兴"指演讲者临时产生了一个话题，而这个话题事先没有任何准备，完全靠临场发挥。"即兴讲话"是指演讲者在没有任何准备时所发表的讲话。

（一）熟悉掌握演讲内容

即兴演讲，就是在无事先准备的情况下，根据现场情况自由发挥而进行的演讲。这种演讲的特点是时间短、任务急、要求高，因而要在极短时间内把想说的话都说出来，因此对演讲者素质要求较高。而熟悉掌握演讲内容是即兴演讲的首要条件。熟悉掌握演讲内容的方法有：看别人讲过的话，听别人讲过的话；自己组织语言，把想说的话记下来；把准备好的材料记在纸上；向熟悉这项工作的人请教；做个小练习。

（二）语言自然得体，幽默风趣

即兴演讲是一种即兴状态下的言谈，所以要求演讲者在语言表达时能够自然得体、幽默风趣，这就需要演讲者根据主题的需要，结合现场实际情况，进行富有新意的语言艺术加工。[①] 对此，演讲者可以在讲话前做好充分准备。同时，即兴演讲不同于一般的演讲，它的语言是现场即兴发挥，没有固定的模式、范式，不能刻意雕琢语言，要避免故弄玄虚，这样才能充分调动听众的兴趣。这就需要演讲者能够做到：自然得体、幽默风趣。

（三）要有激情

即兴演讲由于不具备稿子，因而没有一个现成的稿子可以"照本宣科"，往往需要演讲者根据自己的需要，精心构思，用自己的语言来表达出来。这就要求在演讲时要有激情，用真情来感染听众。如果演讲者没有激情，不能与听众产生情感共鸣，那么演讲者所讲的内容就很难被听众接受。因此，演讲者要善于用自己的真情实感打动听众；要能够适时地调动起听众的情感，使他们产生强烈的共鸣；要能够使自己在感情上与听众产生共鸣。

（四）突出中心

一篇即兴演讲，必定有中心思想，有明确的目的，所以我们必须将它明确、突出地表达出来。中心思想是演讲的灵魂，我们必须抓住它、突出它，这样才能收到表达思想感情的效果。主题是一篇即兴演讲的中心思想，演讲者根据这个中心思想确定主要内容，这是演讲的关键。主题不明确或者没有主题就等于失去了方向，就不知道该说什么、该怎么说。所以我们必须把主题明确地写出来，要做到主题鲜明。这是一篇即兴演讲的根本和基础。没有了中心思想，一篇演讲就失去了灵魂，失去了意义和价值。所以我们必须反复思考，反复修改自己的文稿，把它写得具体、明确、鲜明。

（五）富有想象力和表现力

即兴演讲时，演讲者要充分调动自己的想象力和表现力，把自己内心的想法融入演讲之中，使即兴演讲富有表现力和感染力。要从听众的角度考虑问题，有选择地设计自己的语言。多用生动形象、亲切自然的语言和富有幽默感的语句，使听众感到真实可信，从而产生心理共鸣。

---

① 孙汝建. 口语交际理论与技巧 [M]. 北京：中国轻工业出版社 .2007.

第五章 普通话水平测试培训

从人类文明的历史进程上来看，语言本身占据着非常重要的位置。人类交流与人类文明发展信息的记录，都离不开语言作为载体。纵观我国历史，通过语言的发展与进步来不断消除语言之间的隔阂，促进不同地域之间人类的互相交流与交往，对我国各方面的进步都起到了非常重要的作用。也正因此，我国政治、经济、文化的发展，都离不开语言的发展，这其中，通过不断统一全国通用的普通话来促进交流发展是一项非常重要的课题。但是从目前我国语言的发展程度来看，普通话测试与管理中都还存在着一些问题，其测试与培训在系统上还缺乏全面性，并且也缺乏一些理论的引领，因此最终导致了普通话水平测试还需要进一步完善，其培训也需要进一步提升的结果。因此，本章主要致力于研究普通话水平测试的培训，从其发展历程、培训课程的性质与目标、课程主体、内容和模式，以及培训课程的环境与评估等方面，来对普通话水平测试进行探讨，力求进一步研究与发展普通话水平测试课程，以缓解现有的矛盾与问题。

第一节 普通话水平测试培训的历史进程

普通话水平测试对于普通话的发展与普及具有非常重要的意义，其首先是建立在普通话教育实践的不断发展与普及以及普通话水平测试工作得到认可之后不断开展而逐渐发展起来的，这就导致了如果要研究普通话水平测试，第一步就应当对其有一个较为清晰的界定，与此同时还需要不断了解我国普通话发展的历史演进。[①] 从两方面入手才能够充分了解普通话水平测试，并对接下来的研究做好铺垫。

一、普通话水平测试培训课程的概念与界定

《关于开展普通话水平测试工作的决定》是我国国家语言文字工作委员会、国家教

---

① 刘景春 . 汉语普通话口语复句的语调实验研究 [D]. 上海师范大学，2008.

育委员会、广电部于 1994 年共同颁发的一个决定，其标志着国家普通话水平测试的开展实施，我国普通话水平测试培训也随之开展，距今也已经有将近 30 年了。这 30 年来，随着普通话推广工作在全国范围内的不断深入，普通话的教育培训也开展得如火如荼，但与此同时，教育培训的形势也发生了较大的变化，首先是接受培训的对象变得更加普遍化了，最开始需要接受普通话水平测试培训的人群大多集中在特定的语言工作者群体内，例如，主持人、播音员、教师等，但是如今其覆盖范围变得更加广泛了，有文化系统、商业系统、金融系统、交通运输系统等各行各业的人加入了其中，成了普通话语言测试的被培训者，并且其范围还在不断扩大。这样快速和广泛的发展使得普通话测试培训的工作得到了更加全面的发展，但是，我们不难看出目前的普通话测试培训还是大多建立在为了应付通过考试而进行的集训上，这种应试类型的培训本身能够教学的内容是相对较少的，因此也就使得培训的内容不能够适应普通话水平测试工作不断发展的需求，出现了一些短板与差距。因此，结合当前的培训实际情况，应当建立起更加全面的培训理论体系，通过不断健全相关体系，来将普通话水平测试的培训作为一种更加广泛而普遍的教学活动，甚至可以考虑将其纳入课程研究范畴之中，通过这样的方式，我们才能够更好地促进普通话培训理论的建设，同时不断将培训实践向更加科学与规范的方向引领。

迄今为止，关于普通话水平测试培训还没有一个完整明确的定义，学术上、理论上抑或是相关文件或者专家学者，都没有给出准确的定义，也没有明其内涵和外延，至于其特点和意义，更是没有人翔实讨论过。在对于普通话水平测试以及培训的相关文献以及著作当中，作者们大多将重点放在普通话测试培训的地位与作用上，重点研究了普通话的测试与培训这二者之间的关系以及相互作用，为提升普通话培训的教学方法做辅助。例如，《中华人民共和国国家通用语言文字法》在 2000 年颁布，这是首次将普通话培训以法律的形式提出来，其中它提到了对某些特殊行业的人群需要达到普通话的相应等级。例如，播音员、主持人、演员、教师等行业的人，需要进行一些普通话培训，达到相应的等级。同样，在《普通话水平测试若干问题的讨论》当中，提到了"以测促训、以训保测"的思想。因为在这本书中提到，如果只注重测试而不注重培训的话，很可能对普通话的普及只能达到相关的专业或者行业当中，很难做到全民普及；而如果只注重培训不注重测试的话，则会导致普通话水平难以提高，只停留在训练的最初阶段。因此只有将二者平衡地配合起来，才能够将普通话的推广与发展做好。本身就有学者提出，普通话的测试与培训从某种程度上来说，是具有不同的细分目的的，例如，普通话测试的目的在于，通过测试的方式来贯彻新时期的推普方针，将普通话进一步在全社会层面进行普及，同时还需要在普通话较为普及的基础上，再不断提高全社会的普通话水平；而普通话培训的目的则是，让准备普通话测试的应试者们不断通过培训来通过应试，同时还能够通过培训让人们从更加专业的角度了解普通话，并且增强自身的语言规范意识。

因此，普通话测试培训也不仅仅是为通过普通话测试准备的，同时也是一种重要的普通话宣传与推广的方式。在这样的前提下，如果只进行普通话培训而不进行相关的测试的话，就会导致训练的力度难以把控，对学生的学习程度也没有检测标准，这样也就难以将普通话的培训与推广标准化和普及化，最终会导致对普通话的推广与培训方式进入一种形式化表面化的模式下，难以起到实际效果。因此我们需要通过不断调整与反思来处理好普通话测试与培训之间的关系，经过经验总结，笔者发现，我们应当以普通话的培训为主，测试为辅。也就是说，在处理普通话的培训与测试这二者之间的关系的时候，需要将普通话的培训作为主导，将其当作是前提，而普通话测试则当作是培训的一种辅助手段，其是建立在培训的基础之上的。只有将二者摆在这样的地位上，并且在推进过程中不断相互交织与渗透，最终才能促成二者的和谐统一。

笔者通过研究调查，认为可以将普通话的培训按照内容，划分为如下三类：一是将普通话的培训单纯视为测前培训，也就是说，普通话的培训内容是单一的，其主要目的就是让接受培训者通过普通话测试，其培训的内容主要围绕着测试内容展开，主要包含了普通话的基础知识，常识，以及根据普通话能力测试需要的相关专业知识而进行的专门训练。二是将普通话培训分为"测试员培训"和"应试人培训"两种，其中的测试员培训又可以进一步细分为"测试员培养培训"和"继续培训"两种，应试人员培训也可以分为"应试人测前培训"和"应试人测后培训"两种，通过这样的细致划分，能够将普通话的培训根据其接受人员不同对内容进行相应调整，并且也能够提升培训的效力。三是将培训划分为"测前培训、测试员培训和监测员培训"。通过以上三种对普通话测试培训的划分不难看出，已经有非常多的专业人士在对培训进行研究，企图找到最为科学有效用的方式来进行普通话测试培训，以求最大限度地达到其推广与发展的目的。但是也能够从这样的划分中看出，目前在理论界，依然缺乏一个统一的标准去定义普通话测试培训，依然是由各路学者对其提出自己的看法。因此，笔者在本书中提到的"普通话水平测试培训"，指的就是为了达到应试目的而进行的培训，它本身不同于更大范畴的"普通话培训"，其仅仅针对应试，因此也在内容的划分上排除了对"测试员"和"监测员"的培训内容，而仅仅将目标停留在"应试人"上。

随着经济的不断发展，以及互联网的普及，人们之间的交流越来越频繁，这也就导致了对普通话的需求也变得更高了，因此对于普通话水平测试以及培训的关注度也随之变高了。那么如何来定义普通话水平测试培训呢？在对其进行界定之前，我们需要建立以下思想观念，首先，其定义本身并不是永远不变的，它是一个随着发展在不断动态改变的过程。其次，其应当不断随着培训者的需求进行改变，将培训者需求放在首位，因此也应当适当关注与连接社会的发展背景与前景。最后，其定义本身应当可以在某种程度上解决当前普通话水平测试培训当中一直存在的一些问题，能够推动其进一步发展。从这个层面上看，普通话水平测试培训课程的内容大致需要包括以通过普通话水平测试为最终目的，需要帮助接受培训者掌握发音规律、提升普通话水平、运用流利普通话进行表达等内容。因此，在当下的普通话教育当中，一般来说会根据需求开展有组织、有计划的教育活动，并且可以考虑将其纳入课程当中。当然，对于提升普通话水平以及通过普通话测试的目的，虽然培训课程的最终目的是提升普通话水平，但是其还可以将其范围进一步扩大，将其眼光拉长远到提升社会与人类未来语言发展教育上，可以看出普通话测试的培训课程是需要有较强的组织性的，以及需要有一定理论基础，以科学理论作为指导的规范教学活动。

二、普通话水平测试培训课程的意义

虽然随着目前普通话在全国范围内的推广情况逐渐变好，导致社会对普通话的培训需求越发旺盛，对普通话测试培训课程也提出了更高的标准与要求，但是笔者通过走访调查发现，目前许多课程的设定不论从研究还是实践两个层面，都很难达到社会面的统一。理论研究与社会实践都存在着层次与水平参差不齐的情况，尤其在测试培训的研究上，对培训的研究与对测试的研究二者之间出现了较为严重的割裂。大部分的研究都停留在对测试的研究上，例如，应当如何通过测试内容反映出应试者的真实水平等，通过在网络上收集相关论文，会发现相关论文当中，将近四分之三是围绕着培训测试展开的，而培训内容以及课程相关的论文则仅占不足四分之一。因此，不论从理论研究的深度与广度来看，对普通话测试培训课程的研究都远不如对普通话测试的研究。这二者之间的不平衡导致了我国的普通话测试培训长期处在发展的初级阶段，难以向更加专业的方向发展。当然，形成这样的现象必然是有其原因在的，例如，本身在应试大环境下，对于实用主义的追求是不可避免的，这就导致了其对培训的研究关注度比测试本身关注度更低，同时也就导致了二者之间形成割裂，让其发展受到限制。

因此，需要进一步发展普通话测试培训课程，将其纳入学科体系当中，引导其不断向更加科学与规范化的标准培养是具有十分深远的意义的。

首先，从理论意义的层面来说。不断规划和提升普通话测试培训课程能够将其课程的理论体系不断完善。由于目前在全社会层面人们对普通话测试的管理水平大多停留在为了应试而进行的短期或者技巧培训这个层面，因此对培训课程的内容也认为应当是针对测试科目而设置的仅仅针对一个点或者一方面所进行的安排，因此这也就导致了对培训课程的研究缺乏了系统性和完整性。因此，将全面化科学化地研究普通话测试培训课程，将能够从一定程度上避免这类问题的出现，能够对普通话测试予以更加全面和系统的分析，从而将培训的课程设置得更加科学，从而避免一些目前阶段经常会出现的如朗读失误、主题说话无从下手、字量有限等问题。从本质上分析，目前许多培训中很容易出现的问题就是，由于缺乏全面和科学的培训，而仅仅进行单项突击培训，这样的培训结果是很难在应试者心中建立起全面系统的理论体系的，也就很难让他们真正了解到普通话的含义和内容，因此也很难在测试通过之后好好将普通话运用到自己的生活与工作当中去；与此同时，加大对普通话测试培训课程的研究还能够不断推动其理论研究向纵深发展。之前我们已经分析了，在推广普通话的进程当中，培训本身是应当作为基础的，而测试则应当放在辅助的位置，因此培训也就是测试不可或缺的一部分。从推普的现状来看，培训的作用是不容忽视的。因此，对普通话的培训必须具有较为完善的理论体系并不断加以实施。在普通话测试的开展过程中，我们能够从应试者的反馈中不断发现新的问题，并且不断总结经验，下一步我们就应当将这些经验总结运用到普通话培训当中去，不断推动普通话测试培训课程的理论研究，只有这样才能够全面推动普通话水平测试的研究。

从实践意义的层面来说，首先其不断发展普通话测试培训的实践课程能够不断推进普通话测试员队伍的建设。由于目前普通话的水平测试培训工作在实践上并不是非常完善，培训实践工作远不如测试工作发展得具有规模与条理，也正因为此，培训效果难以得到最大程度的发挥，也阻碍了普通话水平测试的发展，这样也就从一定程度上影响了普通话推广工作的推进。[①] 由于理论研究的最终目的是运用于实践当中，因此理论工作是为实践工作的开展提供了方法论上的指导，也正因为如此，需要明确区分测试员与受训人之间的区别，同时也要区分测试员与培训教师之间的区别，避免将二者之间的要求混同，因此通过对普通话测试水平培训课程的理论研究，能够更加科学地将不同角色需要掌握的程度与要求做出区分，让他们能够更好地在自己的岗位上

---

① 肖瑾.谈高职院校普通话口语教学 [J].今日科苑，2007（10）：121.

发挥作用。其次，对普通话测试培训课程的研究能够有效推动文化体制改革，能够进一步响应中央号召推动文化大发展与大繁荣，并且能够进一步推动民族融合，推动全民族语言素质教育的发展。"文化兴国"的发展战略是国家于 2011 年在中国共产党第十七届中央委员会第六次会议中提出的，而语言文字事业在文化的传承与发展繁荣中的作用是不容忽视的，因此对语言文字的发展与推广肩负着非常重要的任务，普通话水平测试培训的理论研究也从某种程度上对文化发展繁荣发挥着重要的作用。

第二节　普通话水平测试培训课程的性质与目标

普通话测试培训课程的目的在于让参加培训的人员能够尽快通过普通话水平测试，其针对性相对较强，内容大多围绕在如何让学生尽快掌握发音规律、普通话水平、用普通话表达等相关内容上。但是就目前的培训实践情况反馈来看，普通话测试培训的主要内容还是将重点放在"表达"与"读"上，而对"听"和"写"的重视度相对来说不够。① 从普通话表达的基础理论上看，这四项技能应当是同时跟进的，缺一不可，因此在普通话水平测试培训课程的设置上，应当具备一定的科学性，需要对现有的课程实践模式进行一定调整，找到更加系统科学的方式进行教学实践。因此我们首先需要做到的就是找到普通话水平测试培训课程设置的性质以及其最终需要达到的教学目标是怎样的。

一、关于普通话水平测试培训课程性质的探讨

通过对目前社会上大部分普通话水平测试培训课程的调查研究，笔者主要发现目前的普通话水平测试培训课程主要具备如下几个性质：

（一）普通话水平测试培训课程具备技能性

首先，由于普通话水平测试一般是以测试应试者的口语水平的方式进行的，因此在培训上一般也将重点放在受训者对普通话的应用熟练度以及说普通话的规范程度。② 并且普通话测试一般除了句子，还会测试单独的汉字与音节，或者是读出多音节词语以及朗读短文等，命题说话只是其中的一部分，这四个考察方面一般被大家统称为"三读一说"。我们不难看出，这四个部分要求受训人的专业技能覆盖的方面较多，包括了

---

① 胡艳 . 培养和激发学生对普通话口语课的兴趣 [J]. 成都大学学报（教育科学版），2007（03）：77+80.

② 康会贞 . 论普通话口语能力的训练 [J]. 漯河职业技术学院学报（综合版），2006（03）：57-58.

发音、词汇、表达能力、语法能力等，还较为细节地考查了应试者在考试时说话所发的声母、韵母、声调等的准确程度，以及在进行语言表达时候的音变、语流、停顿以及流畅度等方面。尤其是其中的"命题说话"环节，在测试的时候一般是给应试者一个自由发挥的话题，让应试者在考试的状态下展现出自己对普通话各项技能的运用程度，其中的专业技能要求较高，包含了从发音到词汇以及语法逻辑等各方面的能力，也是考试的四个板块中最考查应试者各项能力的一项测试。因此，为了通过考试，应试者会在测试前的培训中就做好充分准备，努力提升自己对普通话的应用水平，也正是因为此，普通话的水平测试培训对于测试水平提升是非常有用的，有针对性地对考试内容进行专项训练，让应试者在考试的时候也能够快速进入状态，发挥出自己真实的水平，也是普通话水平测试培训的一项重要技能。

对于技能性非常强的普通话水平测试来说，一般考查的是应试者两方面的内容，一是应试者技能的获得，另一个则是应试者对所获得的技能的运用。前者一般是指应试者在通过测试前的培训获得一定的专项技能与基础知识，以备通过测试，同时这些技能在测试通过后对他们的生活与工作都能够提供巨大帮助；后者则是指将所学技能与能力积极运用，能够用普通话精准表达自己的意思，并且不断克服自己在交流中的障碍，最终将普通话水平测试培训的结果最大化。

（二）普通话水平测试培训课程具备综合性

普通话水平测试培训课程的最终服务目标是受训者的口语交际与运用，因此当他们在日常的口语交际问题中遇到困难的时候，是需要获得一定培训帮助的。为了解决他们的问题，普通话水平测试培训课程需要从更加专业的角度来介入，并且能够真实解决他们所遇到的问题。一般来说，应用语言学本身就是一门交叉学科，其与基础学科不同，本身就带有许多其他学科的特征，并且具有自己独特的教学理论框架以及教学实践方式。应用语言学科不仅包含了语言学的相关知识，还包含了描写语言学、心理语言学、社会语言学等多门学科的内容，通过这些学科的交叉融合，最终形成了应用语言学，用于解决人们在日常交流中所遇到的一些语言类问题。因此，普通话水平测试培训课程也是一门研究掌握普通话口语的课程，同时还在不断研究其如何在日常生活中加以运用。

笔者认为，口语运用能力的提升是一个较为系统的过程，需要从各方面进行综合建构才能够加以实现，因为它需要将人们心中所想准确转换成口语描述出来。因此这中间所要经历的过程可以分为三个部分，即构造、转换和执行。在构造阶段，需要交流者本身能够将自己的意思明确表达出来，而在转换阶段，则要求他能够使用一些语言规则将所想精准表达,到了执行阶段,就是最终将话说出口。在这个过程的实践当中,整个转换过程是非常迅速的,在这一个短暂的时间空隙里,充斥着交流、思维与实践各方面的一系列活动,因此各学科的知识都蕴含在其中。从这里就足以看见其综合性。同时,对于普通话水平测试培训课程来说,其理论基础是语言学,而心理学与教育学也对其产生深远影响,正是因为此,我们能够得出结论,其课程本身的理论基础具备综合性,多门学科都在其中产生了巨大的内在联系。也正因为如此,这些学科的发展都在不断刺激着普通话水平测试培训课程的发展与进步。在多学科的融合之下,我们不难看出普通话水平测试具备的对培养受训者口语表达能力的重任,因此这也并不意味着多学科交叉就是没有逻辑的"大杂烩",反而其具备非常明晰的门类归属,并且也有不同于其基础学科的研究对象,而且经过近年来的不断发展已经积累了较为丰富的实践经验。① 因此,目前的普通话水平测试培训课程已经是一门归属于应用语言科学门类下的以研究普通话口语教学规律为目标的一门特殊领域研究学科,并且在社会层面的实践中,也已经有了许多地区开展了专门的测试基地与测试站。当然,这些基础建设以及学科理论研究也有待进一步发展推进。

(三)普通话水平测试培训课程具备实践性

普通话水平测试本身是一门考试,因此测试者是否通过考试是建立在一定的标准上的,也正因为此,可以将这种测试看作是一种标准参照性考试。它对每一个测试者所掌握的普通话程度以及运用水平的评价都具有一套较为完备的评价体系,这个评价并不建立在考官自身的判断之上。并且,这也不是一项仅针对普通话知识掌握程度的考试,更不是考查测试者的文化水平,也不是仅仅看其口才如何,而是一项更为专业全面的考试,因此,普通话水平测试培训应当更具备专业性,在传授普通话相关知识的基础上,也要掌握一定的方法与培养手段,能够快速提升学生普通话口语表达技能,尽快通过水平测试。

但是众所周知,对语言的掌握能力是很难通过突击做到的,语言都是在日积月累中得到提升的,需要经过漫长的学习与实践积累,因此这就导致了口语交际对一些测试者来说有一定难度,因为它的达成过程是需要从语言输入到内化再到语言输出最终反馈,这样四个环节最终形成一个循环链,形成了一个日常的口语交际。因此在日常训练中,也需要不断重复这样的四个环节,只有通过不断练习才能够有效且快速地提升受训者的语言能力。因此在建立普通话水平测试培训课程体系的时候,要注意学生对于知识与技能的积累,不能够急于求成,企图让学生通过短暂的学习就能够快速达

---

① 戴庆厦,顾阳.现代语言学理论与中国少数民族语言研究 [M].北京:民族出版社 .2003.

到成效，这样的一蹴而就最终会使得学生功亏一篑，只有将目标从低到高建立，学习知识的难度从易到难，从简单到复杂螺旋上升的设置，才能够让学生扎实掌握相关知识，循序渐进得到提升。

综上，普通话测试培训可能主要具备的性质就是技能性、综合性以及实践性，在发展培训的过程中必须牢牢把握住这三点，将普通话水平测试培训课程有条不紊地建立体系并扎实推进，切忌急于求成眼高手低。

二、关于普通话水平测试培训课程目标的探讨

对普通话水平测试培训课程目标的研究贯穿了其课程设置的起点与归宿。因为目标的设立与明确，有利于整个课程框架体系的建立，也有利于在日常的教学过程中，及时根据目标转变教学思路与方法，以求最终能够最大效果地完成目标。正因为如此，对目标的确立是至关重要的，是普通话水平测试培训课程开展的关键一环，能够保证其发展一直保持在正确、科学的道路上。接下来我们将从普通话水平测试培训课程目标的依据与构成来分析。

（一）普通话水平测试培训课程目标设立的依据

一项课程的最终目标设立，首先需要明确其设立的意图，这是其存在的最初原因，也是发展的前提。在课程建立之前，教育者们预想要达到的目的与结果是什么，虽然课程带有一定主观色彩与个人价值观，但不可否认的是，课程目标一般能够在最初引领和确定一门课程的建立，虽然当课程建立之后，其教学目标可能会与最初的价值观有所出入，但是这并不影响在最开始，个人色彩对其设立的重大影响。但是在课程设立与不断完善的过程中，需要看到的是，课程需要面向社会并且服务于一类与课程有着相同需求的人群，在这样的背景下，课程的目标可能会发生一定社会性改变，需要满足社会需求、学科与受教育者个人需求等，因此课程目标的设立是有一定复杂性的。综上，我们可以得出结论，课程目标的设立是建立在各种主观因素以及个人价值观之上的，但是随着其建立与不断发展，其摒弃了一定的保守性，从普通话水平测试培训的教育实践来考察，并进一步对其加以完善。笔者认为，其设立的依据主要来自以下三方面。

第一，课程的设立需要满足当下社会生活的需求。由于教育的目的是培养一批专业的人才，放在更为广阔的角度去看，教育最终也能够对社会进行一定规训，这是马克思主义教育观中较为基础的一个观点。将它类比到普通话水平测试培训课程中，其教学目标同样会受到一定的社会制约，它的产生与发展本身就体现了这个时代对普通

话教育的需求与对人的一定要求。由于人的成长过程是从家庭走向社会，对个人来说就是一个不断社会化的过程，因此，这就需要其在个体发展中不断交织反映着社会的变化。在我国，各个地区对普通话的普及程度不同，个人对普通话的接受程度也有所不同，而正因为此，其教育目的与难度也存在较大差异。由于社会期望的不同，传统教育与语言教学的经验也存在巨大差异，在社会层面对普通话水平测试培训课程进行一个基本的目标定性，就必须要综合考量社会生活的总体需求。① 它需要站在全社会的角度，从我国改革开放的历史这一历史背景下，把握住两个维度，第一是普通话水平测试培训课程的设立首先需要从空间上保证其满足各个地方各个区域的人群来到我国范围内生活工作能够通用对普通话的掌握满足自身对生活的语言需求；第二是从时间角度来说，普通话水平测试培训课程需要能够满足当下社会生活的需求，同时还需要对未来的生活需求有所展望。

第二，知识形成体系最终会发展成为学科，因此人们可以说是通过各个学科来得到最为系统和有架构的知识体系的，而学科知识的不断发展进步就是课程目标设立的一大依据之一。由于学科体系某种程度上所反映的就是其学科的逻辑体系，因此学科的基本概念与原理，抑或是学科的探索方式等，都能够在课程目标中有所体现。当然，二者之间的联系我们需要从两方面进行探讨：一是由于学科自身具备特点，从本学科的特点出发的话，每一门学科都具有自己的教学任务，他们之间是有所不同的，而普通话水平测试培训课程自身就是一门较为独立完整的学科，它本身就具备自己的特性与功能，因此它即应当围绕着自己的目标所展开。与此同时，它的学科架构有许多其他基础学科作为基础，因此导致了它在目标设立过程中需要不断汲取其他学科的发展成果，并将其运用于语言构建之中。二是从学科专家的建议出发，我们可以看出许多专家曾经指出，由于学科专家对于学科的基本概念与逻辑架构，甚至其研究方式与发展趋势都具有较为专业与深入的研究，最终形成了自己较为科学完备的看法，因此在设立课程目标的时候应当参考其看法，将其研究作为课程目标的设立依据。通过这样的方式能够既兼顾学科本身的研究价值又兼顾了其工具价值。

第三，在课程的设立上需要考虑课程接受者本身的需求，这一点是最为基本的。因为这门课程最终的服务对象就是课程的接受者，因此他们的需求是不容忽视的，在普通话水平测试培训课程中，其课程接受者本身在各个年龄段与行业之间都存在较大的个体差异，因此专家认为在课程设置上，应当分为两个步骤：一是要充分了解学生的现状。二是要将了解到的现状与常规模型做比较，得出最终的差距与需求。因为在

① 黄乙玲，姚喜双.普通话水平测试的真实性研究[J].江西师范大学学报（哲学社会科学版），2021，54（02）：134-139.

大部分接受普通话水平测试培训课程的人群当中，他们一般的需求都是为了能够运用普通话进行更好的日常交流，当然也有相当大一部分人是为了工作需求去参加等级考试。这两类就已经对课程的需求产生了分歧，他们一类人是为了提高水平运用于生活，另一类则是为了快速应试。那么他们本身的基础水平又如何，是否对普通话有内在兴趣等，都是最终设置课程需要考虑到的问题。教育本身应当主动，因此需要从外部对学习者有一个明确认知，这样才能将教学成果最大化。

当然，社会、学科与学习者这三者并不是相互割裂的，他们中任何一个因素都不能单独产生巨大影响，只有相互作用才能形成课程目标设置的最终依据。在教学实践中，这三者不同程度的融合也就形成了普通话水平测试培训课程的发展，因此这也就要求了其目标取向的综合性。

（二）普通话水平测试培训课程目标设立的构成

许多人参加普通话水平测试培训课程都是为了快速提升应试成绩，但是当大部分人都通过测试之后，也就从某种程度上推进了普通话的普及与发展，因此国家提出了"以测促训、以训保测"的方法。由于普通话水平测试的基本目标应当是让接受培训者能够在测试中取得良好的成绩，但是这并不是其唯一的目的，就目前来说，根本目的依旧是要提升普通话整体水平，促进推普工作的顺利开展。毕竟测试能够检测到的水平是相对有限的，只有让接受培训者不断处于良好的语言情境中，才能够让其真正掌握如何将普通话运用好。也正因为如此，我们应当将普通话水平测试培训课程的目标放在更为广泛的维度上，将其理解成一个整体，从基本目标与终极目标两方面去理解。

第一，普通话水平测试培训课程的基本目标。由于普通话水平测试培训课程就是为了普通话水平测试而开展的，因此其直接目标与基本目标就是让接受培训者能够又好又快地通过测试，从《普通话水平测试大纲》中我们可以看出，其各项测试最终目的就是需要让接受培训者掌握"读单音节字词、读多音节词语、选择判断、朗读短文以及命题说话"。[①] 由此，在普通话水平测试培训课程的设置当中，需要让学生具备较为标准的普通话能力，这一点才是最为基本的。除此之外，由于测试本身具有一定的特殊性，因此在培训中，课程也会让学生学会一些应试技巧，用于提升考试成绩。这些也满足课程的基本目标。

第二，普通话水平测试培训课程的终极目标。普通话水平测试培训课程的终极目标，一方面是围绕着测试内容来设置以求能够提升测试成绩，另一方面也要求其得到

---

① 王莉莉.普通话水平测试中非语音因素的应对技巧[J].阜阳职业技术学院学报，2020，31（04）：50-52.

的结果能够满足社会需求，需要将学习者个体的发展与社会对人才的需求相结合。开展普通话水平测试本身也是为了推普工作的顺利展开，是为了以考促学，因此这也就要求了培训本身不能紧紧围绕着测试展开，而更应当是为了让学习者普通话运用能力得到提升，这才能够真正体现出"以测促训、以训保测"。因此，从某种程度上来说，普通话水平测试培训课程的目标与任务都是双重的，既要培养学生的语言能力，强调准确与口语表达的流畅性，学以致用地发挥在日常生活与工作中，另一方面还要通过对这门课程的学习，真正做到让自己融入社会，开阔自己的视野，最终达到文化素养的提升。

以此，我们需要不断处理好普通话水平测试培训课程的基本目标与最终目标之间的关系，将二者有机结合起来，最终实现推动推普工作发展的目的。

第三节　普通话水平测试培训课程的主体

普通话水平测试培训课程总的来说还是一门较为新兴的课程，而且注重实践性，因此对于该项课程，应当注重培养的人群并不仅限于应试者，还包含了测试员和组织者等，约等于组成测试的所有人员都在不断探索与发展。也正因为如此，无论是应试者还是组织者与测试员等都需要首先面对自身的普通话能力问题，需要在工作与实践过程中不断提升自身的素养，最终将其运用于服务全社会的语言文字工作中去。虽然《开展普通话水平测试工作的决定》已经颁布了许多年，但是对于普通话水平测试工作而言，依然还存在一些问题需要改进，尤其是其中为了测试而准备的培训工作，主要还是停留在短期的突击性质的培训上，而缺乏进一步实践与能动性更强的工作。因此，分析普通话水平测试培训课程的主体构成，已经成为一个急需解决的理论问题。从课程设置与教学实践的角度来分析，教学主体的构成本身就是必然要明确的命题，在本书中，笔者认为，施训主体与受训主体本身是存在一定的特殊性的，他们的地位有所不同，在课程教学中所起到的作用也是不容忽视的，因此，笔者在对普通话水平测试培训课程的主体进行分析的时候，主要将其分为三个不同类型，分别是施训主体、受训主体和管理主体。

一、对普通话水平测试培训施训主体的研究

对于培训课程的主体来说，其研究的重点首先会放在施训主体上来，因为整个培

训的视角一般都是以施训主体的视角为主的，当视角发生转换的时候，一切都会发生巨大变化，这并不是简单的观念转换。也正因为如此，普通话水平测试培训课程的施训主体中的测试员一般来说包含了人们日常能够理解的"裁判"和"教练"的角色，但是同时测试员本身还包含了"运动员"的角色。因此，需要施训主体能够从主观上明白自己角色的重要性与专业性，需要他们能够具备较强的专业性。虽然笔者在目前的调查中发现，现在较为职业的测试员非常缺乏，很少有专门的测试员队伍能够将普通话水平测试培训工作常态化进行。

对于当前的普通话水平测试研究来说，虽然目前还未发现具有以培训课程为主题的专项研究成果的出现，但是其他方面的研究也多多少少涉及了培训课程相关的内容，其中最为引人注意的就是施训主体，即普通话水平测试员。对这一类人群的理论研究主要分为两个层面。第一，就是对其技术与能力的研究。毕竟对施训主体来说，其专业性是备受关注的，他们必须要达到一定的专业水平，才能够胜任自己的工作，那么研究者就需要对他们的专业性进行研究并设置有一定的标准，只有通过这样的方法才能够确保其工作成果的质量。这方面有许多著名的论文都提到了，例如，在田晋音、文红的《普通话声调测试与训练有关问题初探》一文中，抑或是荆莉的《普通话水平测试与示范普通话教学》一文中，都提到了相关的内容。在这些文章里，提出了关于测试员的训练与教学技能研究相关的内容，他们结合了当下社会的一些培训实际情况，对完善施训主体的专业技能方面提出了许多实用的建议，也为进一步研究奠定了较为良好的基础。但是，对其需要具备的专业性与能力的研究这一问题并不能够完全等同于对施训主体本身的研究，这二者之间是存在一定差异的，由于目前所谓对施训主体的研究，大多都集中在施训主体在测试过程中应当如何进行"测"，应当如何"听"这些问题上，当然，"听"和"测"固然是需要掌握的必备技能，但是除此之外，他们需要具备的能力还远不止如此，例如，他们还需要具备"示范"的能力，以及"纠正"的能力，这些都是需要进一步培训施训主体具备的技能。其二就是对测试员主观因素对测试结果影响的问题的相关研究。这一类研究目前也有一定的基础，它们大多从心理以及思想道德素养等方面对其进行切入，深入探讨了测试员与施训主体的统一性，并且还研究了其心理构成。但是众所周知，每一个个体都具有差异，将理论知识运用到实际的过程中，必然会出现一定偏差，以此也就导致了这些都需要进一步研究探讨，当面对实际情况的时候应当如何去调整与解决。

那么，要如何提升施训者的工作能力，笔者认为应当从以下几方面入手：第一，要求施训者必须严格对待测试与培训过程中的每个环节。由于每一个受训主体的背景都不相同，因此施训者面对的情况具有很大差异，这也就导致了学习的进度与反馈也会出现不同，并且要求施训主体认真对待每一个环节，必须充分了解受训者的情况，并在训练过程中因材施教，只有各项短板都被补齐，最终才能够形成各方面相互促进的良好局面，最终取得效果的最大化。第二，需要根据受训对象的特点来组织专项教学活动。这一点的前提就是因为每一个受训者都存在不同的背景与基础，因此也就导致了教育特殊化存在的必要。与其他的课程一样，教学任务本身还是主要依靠课堂来完成，只不过普通话水平测试培训课程的互动性更强，更需要施训主体能够充分调动受训者的积极性，来积极参与到课堂的各种活动中来，也正因为如此，普通话水平测试培训的课堂相对来说对施训主体的要求更高，更依赖施训主体的专业素养。第三，施训主体需要不断激发受训主体的内在动机。只有激发出了受训主体的内在动机才能够让受训主体的学习具备可持续性，能够引导他们更加主动地探索知识，并且不断克服自己的心理障碍去积极表达与沟通，这对于普通话水平测试培训课程来说是非常重要的。

二、对普通话水平测试培训受训主体的研究

对于普通话水平测试培训课程研究来说，其最终成果都涉及应试者，许多成果的反馈也依赖于应试者能够取得的最终成果，因此，受训主体的研究与反馈对于整个研究来说也是至关重要的。笔者发现，当前对于应试者的研究主要还有一部分集中在心理层面上，相关的文献一般都对应试者进行了较为专业的心理角度的分析，并且提出了相应的对策。同时，还从对应试者培训的意义这个层面进行了一定的阐述，以此来促进应试人员对学习目标的进一步了解与主动推进。由于普通话水平测试培训课程的直接目的就是通过测试，因此研究与掌握受训人员的心理状态对于受训主体与培训课程的发展都是非常有利的，并且只要将响应的对策在课程当中很好地运用，就能够时刻处理好受训人员的心理状态。[①] 同时，我们还需要注意到，由于培训课程主体是存在普遍差异的，因此受训人员本身是十分复杂的群体，因此也就增加了一定的教育难度，因此主动掌握受训主体之间的差异也能够避免由于教学方法过于单一而导致教学效果不好的结果。

在我国近现代教育当中，一直在强调以学生为中心的教育理论，因此教师应当成为学生学习过程当中的协同者而非主导者，这也就要求了教育者与被教育者之间需要

① 王渊志．人工智能技术在普通话水平测试反作弊领域的应用研究 [J].浙江工商职业技术学院学报，2020，19（04）：18-21.

有一种良性的互动。同时，还需要在构建不同的学习模式。对此，由于培训主体课程实践中，普通话水平测试课程的各种主体是实践本身的能动因素，因此，在普通话水平测试中，各类主体的功能与作用的发挥本身就直接影响了教学成果。因此，受训主体是最终成果中非常重要的一部分，也正是因为这样，无论是推普工作还是开展普通话水平测试，受训人员的表现与反馈都是至关重要的一个环节。

在此期间，我们最不能忽视的一点就是受训者的内部实体差异较为明显，而这一点的复杂性导致了其对最终的教育结果产生了巨大影响。因为普通话水平测试培训课程并不是受限于某一个年龄群体之下的，因此也就导致了受训者的年龄可能差距会达到几岁甚至几十岁，而受训者的行业分布也非常广泛，这就导致了他们的社会背景与文化水平基础都有非常大的差距，同时由于历史原因，来自五湖四海的受训者也会导致许多人带有很大的地域差距，最终导致了训练的成果差异。因此这个时候在培训课堂上，就不应当出现统一教学模式、"一锅端"的教学方法，因为这些方法没有针对性，教学模式也过于单一，很难对个人主体达到最好的教学效果，也容易让受训者失去学习的兴趣与信心。

那么如何能够不断发挥受训者的主体地位，让培训课堂的教学效果能够达到最大化呢，笔者认为可以从如下三方面来进行分析。

第一，是需要遵循普通话水平测试培训的基本原则，首先应当做到因人而异、因材施教，需要做到这一点的原因我们在前文已经进行了分析，只有做到因材施教，才能够在受训者背景差别大的情况下，将教育效果做到事半功倍。因此，教师也需要在课前就对学生做一定了解，结合不同的背景调整相应的教学方案，通过这样的方法才能够将学生划分到不同的学习小组，找到符合自己背景的教学方法与进度，最终顺利通过普通话水平测试。其次是要做到精讲多练，实践第一。相较于枯燥乏味的理论分析，重点难点应当被突出强调，只有这样才能够抓住学生的学习兴趣，让他们能够最高效地掌握基础知识，而"多练"则是教育者需要多安排时间让受训者来不断进行实践练习，这是由于普通话水平测试的特殊性，需要受训者能够在考试环境下将内容发挥出来，这一点就离不开平时培训时的实践练习。在培训教学当中，积极开辟第二课堂也是非常重要的，各种练习方式都可以在第二课堂中开展，这不仅可以增强受训者的实践本领，还能够提高他们的学习积极性，营造出更加浓厚的学习氛围。

第二，是需要将教学内容安排得更加科学。因为普通话水平测试培训的教学内容包含较多方面，首先需要让学生们充分了解测试的模式，从程序到内容以及分数比例、达标要求都是需要学生们充分了解的，除此之外还需要施训者讲解一些考试技巧，以及一些心态调整的方式。接下来，则需要开始对专业知识进行讲解，纠正发音、培养语感、加强表达能力、培养逻辑思维能力，以及一定程度的心理辅导，这些都是不可或缺的教学内容。也正因为此，在课程的安排上需要更加科学合理，才能够让教学变得不那么枯燥乏味，受训者也能够接受得更加顺畅。

第三，是需要灵活运用现代教学手段。和其他课程一样，在如今的教学领域，多样化的现代教学方式已经走进课堂，无论是采用多媒体还是自媒体、网络平台等，抑或是安排更多音像参观活动，都是更加现代化更加直观和丰富的教育模式。[①] 普通话水平测试培训课程也一样需要摆脱原有单一的课堂教学模式，将许多新的教学手段引进来，用更加生动活泼的方式让受训者将普通话学习更加直观化。同时，现代化的手段还能够做到让受训者自录自纠，不断培养自己的语感，以达到将所学成果最大化。

三、对普通话水平测试培训管理主体的研究

管理主体是普通话水平测试培训课程主体中的第三部分，这三个部分共同构成了辩证互动的三元结构，形成了一个稳固的主体结构。管理者主体的存在使得管理研究的职能变得更加具有实践性，同时也能够保证普通话水平测试培训课程的开展变得更加顺利。虽然在测试过程中很难看到管理主体的身影，对管理主体的研究也是最少的一部分，但是我们必须承认，管理主体是必然存在的，并且他们的决定性导致了他们对普通话水平测试培训的影响力巨大，是必须要研究的一个主体。当然，从人数上看，管理者主体确实是最少的，并且他们一般都存在于相关的机构与部门，而且很多人并不是专门的管理人员。目前，我国许多普通话测试中心的管理人员都是兼任的，因此如何处理好他们的管理工作与本职工作也是这些管理人员需要解决的一个问题。在市场化不断推进的今天，互联网的发展已经深入到各行各业。因此，管理主体的职能发挥空间是巨大的，我们需要将它与其他各类培训机构一样，努力将各项语言推广工作与普通话水平测试培训课程相接轨，不断规范其培训行为。

针对普通话水平测试而开设的相关培训课程现状来看，机构大多具有一定封闭性，很难遇见完全社会性与市场化的培训机构，因此目前的状况，大部分普通话测试机构的管理依旧依附于各级语委、测试中心等，管理者也大多是这些机构中的工作人员。[②] 正因为如此，容易出现一种现象，就是级别越高的测试中心管理人员的专职可能性越大，而越往基层，则管理人员大多是兼职，这也就导致了经常会出现管理者的工作做得不

① 肖鑫鑫.复杂噪声环境下的普通话测试系统设计[J].信息技术，2020，44（11）：78-82+87.

② 曹旻.数字技术在高校普通话水平测试中的应用研究[J].信息与电脑（理论版），2020，32（21）：1-3.

到位，需要牺牲管理者的工作去处理自己的本职工作的情况，这对普通话水平测试培训课程的发展是非常不利的。由于普通话水平测试培训课程实际上需要承担大量的测试与管理相关工作，这就导致了在管理上存在着一些通病，比如，经费、设施、专业人员的聘用等问题，这都需要管理主题的进一步解决和加强自我监管。

笔者通过不断走访调查发现，管理主体在实践中存在着一些普遍的特质：首先是普通话水平测试培训课程的特质，它一般来说不设置专门的教室或者配备专业的教学器材，课程的设置也相对于其他学科较少，因此稳定性较差。如果一个地区的专业人才较少或者对普通话水平测试本身不够重视，就会导致其培训课程的专业性较差，还是非常依赖专业性的教学队伍。同时他们还不同于其他的培训课程，他们所要达到的最终目的不是一类专业知识的普及，而是一种应试水平的提升，同时它还肩负着民族语言发展的重任。其次，普通话水平测试培训课程的管理主体具有一定的时间特性。而且，普通话水平测试培训课程管理主体在实践的过程中是独立性与依附性并存的。他们具有相对独立的法律依据，也有专门的部门与机构对其进行负责并监督，但是由于它又缺少了特定的教学环境，只能依附于其他的学校或者教学资源，虽然受训者在培训中依然受其监督，但是他们却又有非常明确的教学特性在，他们的管理模式与教学内容也与常规学校有着很大不同。

对此，笔者认为管理主体在管理策略上应当做到如下几点：第一是需要做更多的协调与沟通。由于普通话水平测试队伍已经形成，但是专业性强团结性弱，管理主体需要尽到最大可能地进行沟通交流，让团队能够积极有效地沟通和解决问题，只有这样才能使得每个环节都做到最好，最终达到教学目的。第二是要注重合作式的权力运用。在教育管理过程中，有许多种权力类型，但是最适合普通话水平测试培训课程管理主体的就是合作式，因为课程管理具有一定特殊性，本身的教学推进就处在一个复杂的行政关系网当中，想要发挥出教学的最大成果，就应当作为总牵头人和总领事为所有部门之间的合作都打好沟通合作的基础，这样能够最有效地调动各个环节的工作积极性，推动教育目的的最终达成。这样做也有利于使得普通话水平测试系统变得更加专业，让每个环节的工作人员都不必为了处理人际关系而耗费精力，能够充分避免行政网络的局限性，最大限度地促进各个不同主体之间的合作，最终致力于推普工作。

第四节 普通话水平测试培训课程的内容

普通话水平测试培训课程当中存在着较为复杂丰富的知识体系，因此需要受训者培养出相应的思维方式，从这个角度来看，课程内容对于普通话水平测试培训课程来说至关重要，是该项培训课程是否能够取得最终成功的关键因素。① 因此，接下来笔者将要对普通话水平测试培训课程的内容进行研究。笔者认为，在普通话水平测试培训课程的内容中，首先需要注意的就是教材的编写问题，这是教学课堂内容的基础，其次还需要对教学内容进行研究，最后需要对内容本身的架构进行分析，通过这些方面的调查研究才能够从更为全面的角度上了解普通话水平测试培训课程的内容。

一、当前普通话水平测试培训教材水平

笔者通过调查研究发现，当前流传于市面上的普通话水平测试培训教材种类繁多。简单搜索之后笔者发现有关于普通话水平测试培训的教材已经多达 42 种，根据内容是否具有滞后性进行筛选，笔者最终选择了其中的 20 本进行比对考察。从中发现，其中大部分都对测试本身做了概括性说明，并且对测试的定义、内容、要求、评分标准等都进行了阐述。在这之中的部分书籍还对推普的重要性进行了一定的普及，其中还有 12 本书籍对普通话测试进行了相关的介绍。这些教材内容的一大共同点就是将普通话的语音知识放在了非常重要的地位上，当然由于每本教材的侧重点略有不同，因此他们的编排结构存在一定的差异。

通过对这 20 本教材的研究发现，其中一项重要的特征就是：教材的应试化倾向非常明显。对于普通话水平测试来说，这并不是应试人员通过考试来提升自己的知识文化水平，以及提升自身口才技巧的时候，这是应试人员通过测试来通过普通话评级考试，获得普通话优秀的考评时刻。对于最终的考评结果，首先这是对于应试人日积月累的整体知识体系以及掌握情况的总体评判，其次，这也强调了其掌握内容的重要程度。普通话水平测试培训课程开展的作用之一就是将某些语音的难点进行反复训练，让受训者能够很好地掌握，其二就是能够对测试本身做一个非常全面客观的分析，让应试者能够做到心中有数。但是目前，教材的发展出现了某些有章可循的规律，笔者认为主要体现在以下几方面。

---

① 马艳荣 . 复杂环境下的计算机辅助普通话测试系统设计 [J]. 电子测量技术，2020，43（20）：26-30.

（一）分题型编排

在笔者重点分析的 20 种教材当中，分题型编排的教材已经占了较大比例，也成为新编教材的一大趋势，这样的编排方式优势就是能够在掌握普通话水平测试重点内容的同时，也对测试本身的安排与结构有了更加深刻的认知和了解，在编写上，这种教材一般以测试项目为大纲，将每一个测试项都作为一个章节的教学目标和考查目标，通过这样的方式，将测试结构与测试内容形成了巧妙的结合。

（二）易错字成为重点

在这些教材当中，易错字的编排占了较大一部分内容，这也可以看出教材编排者对易错字的重视程度。这主要是能够从另一种方式上增加应试者的字词积累，同时还将之前的考试经验与易错部分重点标注出，对于准备应试时间较短的人们来说是一个非常好的节省时间提高效率的方式。

（三）朗读指导逐渐偏向应试

从教材的编写中不难看出，许多教材是编排了朗读技术指导的，但是对于朗读的测试指导来说，技术指导并不是核心内容。其首先并没有做到全部标注拼音，其次也没有做到"语音提示"。这对于需要提高朗读水平的应试者来说，是非常不便利的，同时这样的编排方式只能够解决应试者发音准确的问题，并不能解决朗读情感的指导问题。因此，这也是其中的一大弊端。笔者发现，在朗读短文的指导中，教材重视的是扣分标准、是否正确与流利这两方面的指导，但是对是否富有感情，只有简单的书面指导，并不是非常全面。

（四）表达内容较为陈旧

对于"说"这一项的知识，笔者发现教材中的内容显得较为陈旧，不论是在语义的预设或者是语言的预设，语言态度等，所呈现的内容都与当下的社会稍微脱节，很难吸引培训者的学习兴趣，同时，教材编者将表达的重点放在是否能够表达得出来这个问题上，而并没有将重点放在表达内容上，这与培养表达能力的初衷是有所不同的。①

综上所述，教材的编写虽然一直在日新月异地发展，但是还存在一定的问题。这些教材的编写质量首先是取决于编者。他们当中一类是高校语言学学者，另一类则一般是测试专家。前者撰写的教材从内容上看更加注重整个课程体系的完整性与系统性，并力求在此基础上突出教学重点。而后者编写的教材则实用性更强，内容完全针对测试需要掌握的内容以及可能会碰到的问题，更加注重实际效用。

① 王洪，于立玲，马永臻 . 高职医学院校普通话测试站建设的实践与思考 [J]. 中国多媒体与网络教学学报（中旬刊），2020（09）：148-150.

二、当前普通话水平测试培训教学内容水平

通过调查笔者发现，目前的普通话水平测试培训课程受到了大部分受训者的肯定，他们大部分认为自己的普通话水平得到了提高。但是从细分的数据来看，我国的普通话水平测试培训依然任重道远。笔者认为，目前我国的普通话水平测试培训教学首先表现出来的特征就是规定性与自选性并存。从培训课堂中可以发现，目前对于教育内容的设置，能够决定和有影响课程的因素非常多，即便是教学目标相同的不同课程，由不同的教师在不同的时段讲解，也可能最终取得差别非常大的结果。一般来说，为了测试而设置的课程一般都会呈现出两个特点，即压缩式的成长和跨越式的发展。普通话水平测试培训也不例外，但是由于课堂上的变量因素很多，导致了其会出现评价的依据缺乏确定性的结果，同时也会导致各级语言管理部门缺乏明确的教学指令，这就使得整个培训受教师决定的内容非常多，教学普遍呈现出经验化和单一化的现象。

通过对普通话水平测试培训课堂的观察，笔者还发现当前普通话水平测试培训存在的一个问题，就是教学目标的短视化较为明显。教师在上课之前会提前安排教学内容，并且在其中都安排了相应的节点。在许多教师的心中，普通话水平测试培训课程的最终目的就是让受训者尽快通过测试，因此即便是内容不符合受训者的知识背景或者是文化水平，教师也不会进行相应的调整。并且在整个课程的设计框架上，也缺乏更高层面的设计，而将所有的目光都放在通过测试这个目标上。当然，这样的做法是可以理解的，但是我们不得不意识到，"意义"有的时候是大于"功能"的，我们不断推进和发展普通话测试，最终目标是在全社会推广普通话，加强各地区各民族人民之间的交流。因此教师在课程设计上，应当将眼光放得更长远，将格局打开，只有这样，才能够将课程设计得更加有意义。培训课程的设计确实应当具备一定功利性，但是不能一味只追求功利性，这样的做法最终会导致整个行业的发展缓慢。

三、影响普通话水平测试培训课程内容架构的因素

说到普通话水平测试培训课程内容的架构，我们可以从宏观和微观两个角度来进行分析。其一，就是普通话水平测试培训首先是为了通过普通话水平测试而开展的培训，因此这就使得普通话水平测试成了框架的第一个重要组成部分，其二，由于培训属于教学，因此各类教学主体以及课程管理主体也成了影响框架的重要因素。笔者将影响普通话水平测试培训课程架构的因素归结为以下几类。

（一）公共框架的国家意志与普通话本体的规定

从宏观的角度来看，培训课程的内容最初应当是建立在国家意志之上的，需要国家意志来决定其最基本的体系与框架。由于国家意志对普通话培训工作的确定性主要体现在以下三方面：第一是民族统一需要普通话的统一作为基础。民族之间的互相沟通与合作都需要建立在各种语言交流之下，只有普通话的推广与发展才能够不断打破壁垒，让各方之间的联系更加紧密，最终达到民族大融合的目的。第二，历史原因界定了用何种方言作为普通话，我国目前的规定是将北方话作为基础方言，以典范的现代白话文著作为语法规范的现代汉民族共同语。第三，普通话水平测试的一切流程规范都是国家相关机构决定的，这一点也体现出了国家的意志。

而普通话本体的规定决定了测试的内涵与外延，对于普通话语音、词汇和语法这三个静态要素，均是普通话水平测试中非常重要的要素，目前来说，后两者必然是主要的测试内容，因此在普通话水平测试培训的时候，受训者会拿出更多的精力来学习词汇与语法。

（二）施训主体的教师素养与口语理念

在我国许多教育领域，教师的地位都是不容忽视的，我们不得不承认一种说法，"教师是最重要的教学资源之一"，发出这样的感慨并不奇怪，受训者一般会在学习过程中度过一个镜像时期，在这个时期，受训者的学习程度是需要施训者来进行判断的，因此，此时教师的作用是非常大的，从某种程度上来说，受训者能够达到的学习水平以及对学习的投入程度都是来自于施训者本身的教学水平以及教学投入程度。[①] 因此面对这种镜像关系，教师素养对于最终的教学成果是至关重要的。而施训者在教学过程中的口语理念同样影响着课程的推进，口语教学应当如何推进，什么内容是口语教学的重点，这些都在一定程度上对教学框架产生影响。在课程的不断完善与发展过程中，较为突出的几种论调分别是"声调中心论""词汇语法强化论"以及"凸显听力论"，这些论调固然有各自的发展规则与背景，也最终成了不同的施训者的口语理念。[②]

（三）受训主体的基础与动力

学生是课堂教学的主体，因此自由教学现象以来就一直影响对课堂教学产生着巨大的影响。首先课程的内容架构需要先了解受训者的背景，了解他们的母语发音习惯，

---

① 王晓明.基于文化视角的全国汉语普通话测试培训创新探究[J].文化创新比较研究，2020，4（26）：154-156.

② 陶昱霖，孙海娜，王敏.《普通话水平测试用普通话词语表》的修订[J].语言文字应用，2020（03）：41-49.

同时也要了解受训者的家庭文化背景，这两方面都会导致受训者之间的根本差异，也会使得教学者能够从中总结出一些经验。同样，受训者的动力机制也是影响教学框架构建的一大因素，由于不同学生的接受能力与接受多样性之间存在差距，因此导致了他们对于课堂所学内容的体悟与领会深度存在不同，按照动力学理论，接受力更强的受训者应当能够更快地完成教学目标。另一项影响指标则是自我效能的差异性，这虽然是内部控制的点，但是由于其自身的行为能够对最终结果起决定性作用，因此也就导致了自我动力与自我效能在个体间存在差异。以上这些因素都会从某种程度上影响课程的设计与架构，是施训者需要充分考虑到个体之间差异性并且最终对课程做出调整的部分。

（四）管理主体的运营方式

当然，影响课程架构的方式还有基于班级与课程本身的一些现实新因素，例如，班级的组织方式会影响课程的设计，课时安排与经费预算等现实问题也同样对于培训课堂来说至关重要，不同的安排与经费预算都会使得施训者最终设计出完全不同的课程框架。

四、普通话水平测试培训课程内容的分层架构

当前的普通话水平测试培训课程大多开班时间并不会很长，以短期的培训为主，目的就在于突击通过测试，但是面对受训者的背景差异巨大，面临的现实问题也亟待解决。[①] 这二者之间的矛盾就催生出了对培训课程内容分层架构的需求。

如今对教育中较为核心的一个概念——课程观的划分，已经从现代走向了后现代，在当下这个时代，对科学理性的追捧已经进入到了最为鼎盛的时期，所有的现代课程都是相对机械与封闭的，并且是有目的导向的，课程设置的最终目的是经过事先推演和计划以及经验总结得来的，因此这种过分强调课程最终目的达成的情况最终容易导致忽略教学中的"人"。后现代的课程观中，具备鲜明的开放性、对话性和过程性。这三个明显的特征使得后现代化课程观能够随时根据社会现状进行调整，又不断通过与其他学科之间进行交流而不断完善自己的架构，最终形成一个与社会共存的，开放的发展模式。

在这样的课程观影响之下的课程内容分层架构，最能够突出的特征就是强调了课程之间的交互性。普通话水平测试培训课程的教学对象本身就较为复杂多样，因此能

---

① 张中华 . 广西理工院校普通话水平测试管理规范探索 [J]. 当代教育实践与教学研究，2020（11）：95-96.

够总结出来的共性就相对较少，因此这类课堂非常强调交互性。只有在交互性强的课堂中才能够不断完善教学目标并最终达成。分层架构所关注的课程实施对象本身就具备一定的主观能动性，因此需要在围绕教学展开的过程中，对受训主体进行一定的基础培训，还需要对课程内容也进行一定的分层。在教材的分层中需要体现出通用教材的模块集成，还需要体现出地方教材的特质内容，同时还需要分层出行业特质；其次，需要对课堂内容进行分层架构，在培训内容的模块上，需要创造出能够分层架构的教学环境，还需要将培训课堂的内容模块构成进行一定调整，将对教材知识的主体模块进行编排，以知识、能力、接受度作为维度来进行科学分层架构，通过这样的方式来最终形成对课程内容的分层架构。在普通话水平测试培训班的安排上，必然会出现一定的矛盾，但是，在利益划分与主体之间如何找到平衡是需要不断磨合的过程。

第五节　普通话水平测试培训课程的模式

目前，我国的普通话水平测试培训课程教学模式从根本上被划分为两种，一种是根据普通话语音系统并且结合教材编写来实施的教学模式，这种模式一般采取"声母—韵母—音变—朗读—说话"的教学实施模式，另一种则是根据测试的内容模块来安排的教学模式，它的教学制定方式一般采用"第一类题型：声母—韵母—声调，第二类题型:音变"等这样的教学模式。因此这两种教学模式从编排上大多是遵从了教材内容，测试题型或者是施训者的教学习惯等。但是如果单纯地从这样的教学模式中学习，受训者很难感受到趣味性，也很难被施训者根据自身单独的特性而进行因材施教的培养。因此这也不太利于受训者技能的快速提升。因此，作为普通话水平测试培训课程的课程模式设计，笔者将从教学模式的选择以及现存教学模式两方面进行研究讨论。

一、教学模式的选择与其理论基础研究

在我国的普通话水平测试培训课程一般都是以施训者在课堂上作为内容传播的主体，通过讲解测试需要用到的普通话基础知识，以及分析例题与案例为主，辅之以受训者的大量记忆与练习，最终使得受训者在测试中取得好的成绩。这种模式可以概括为以显性教育为主，以隐性教育为辅的模式。这种模式下培训者按照最为传统的教学理念，将教学大纲和完成教学目的作为最终目标，通过较为刻板的方式将知识传播给

学生，它所强调的是对理论知识的掌握，以及如何运用。但是我们知道，普通话水平测试培训内容是相对动态的，它应当让学生更加多地进行交流与练习，最终掌握用普通话进行良好的交际。因此，普通话的教学本身不应当被局限在知识的传播这一个简单的过程中，而应当是充分激发受训者的学习动力，最终转变为主动获取知识并将其良好地运用于日常生活实践的一种模式。因此，这就需要施训者在保证自己的主体地位的同时，还要不断激发受训者的内在动力，最终达到全面提升素养的目的。因此，笔者接下来将从建构主义理论基础开始，分析普通话教学的组织模式。

（一）建构主义的基本内涵

建构主义也可以称作是结构主义，最早可以追溯到 20 世纪 60 年代瑞士学者皮亚杰提出。这项理论认为，周围环境与儿童的作用是相互的，儿童在环境中逐步建构起对外界的认知，并且从中不断促进自我发展。这种理论中就涉及了儿童在环境中的两个基本过程，即"同化"和"顺应"。[①] 前者是将外界的刺激不断整合到自己内化的世界当中来，后者则是整个认知结构在不断地刺激中发生一定改变的过程。通过这两种形式来最终达到个体与环境的平衡与协调。因此这种建构模式可以概括为"平衡—不平衡—新的平衡"，通过这种模式的不断循环最终达到了自身的认知提升。[②] 通过这种建构主义的理解，我们可以得出，个体的学习是需要被放在一定的历史与社会条件之下进行的，这些大的环境可以对个体的学习发展产生较大的促进作用。也因此，建构主义理论的内容非常丰富，但是运用到普通话水平测试培训课程来说，就是需要时刻将学生摆在教学的中心位置，不断刺激受训者对普通话知识的主动探索，积极地对自己的内在认知进行新的建构。

（二）建构主义对普通话水平测试培训课程的启发

将建构主义类比到教学中，其中心的概念就变成了"学"，普通话水平测试培训课程中语言的学习不仅是通过施训者的讲授来获得相关的语言知识，还需要不断通过受训者的自主学习来不断从外界获得刺激，最终达到内在知识体系的革新。[③] 建构主义的教学模式强调的是更多方面的知识来源，结合当下的社会现实，应当在普通话水平测试培训课程中多采用多媒体、网络手段等来融入课堂，让受训者能够获得更多的知识来源，同时也需要不断地从这些知识来源中调整自己的认知结构。此外，受训者的学

① 赵毅，钱为钢.言语交际学 [M].上海：上海三联书店 .2003.
② 严岳峰，刘倩.普通话水平测试"朗读短文"失分因素及教学策略探析 [J].铜陵职业技术学院学报，2020，19（01）：86-88.
③ 张中华，张徽琳，姚毅.非师范类院校普通话水平测试管理模式研究 [J].科教文汇（中旬刊），2020（08）：22-23.

习也不能被测试本身框住，而应当加强对自身学习的自我观察与调节，来提升自己的学习能力。笔者认为可以从知识观、教学观、学生观等角度来探讨构建主义对普通话水平测试培训课程的意义。

第一，知识观。在建构主义当中，知识是人们对客观世界的假说，因此它并不是一成不变的，而是随着人们的认知提升不断发生变革与升华。因此想要受训者真正掌握知识需要在特定情境下进行一定的学习活动。在传统理论当中普遍认为知识是静止不变的，只有学习者在不断对其进行加深印象与理解，但是建构主义却认为知识是动态的，它能够随着个体经验的完善而发生变化。因此从这个角度来说，普通话水平测试培训课程应当以知识为切入点，并且以培养语言能力与普通话素养为最终目的。因此受训者不但需要掌握理论知识还应当掌握一定技能，这两方面的综合提升才能够最终达到知识效果的最大化。

第二，教学观。当将建构主义运用于普通话水平测试培训课程当中时，笔者认为应当充分尊重受训者对知识体系的理解，施训者必须时刻关注受训者的反馈，与他们交流看法，了解他们理解的由来。通过这二者共同的努力探索来不断了解对方的想法。教育本身可以划分为显性教育和隐性教育。在当前社会，显性教育站在主要的位置，它能够明确地表达施训者对于教学的目标与要求，也能够快速达到教学目的，但是隐性教育则更能够引导受训者在教学环境当中逐渐发展自己的内心知识架构，对受训者的身心健康都能够起到较大的作用。我们现阶段的普通话水平测试培训课程也大多是显性教育，但是有学者提出，目前第二语言的学习中隐性教育占有很大优势。因此，在普通话水平测试培训课程中，培训者必须调整自己的站位，将受训者放到教学的中心位置中，努力营造出轻松自由的语言环境，不断鼓励受训者在其中多交流，让受训者保持积极学习的动力和健康的心理状态，这才是不断发挥建构主义在教学中的作用的正确做法。

第三，学习观。建构主义认为学习不再是单调的知识传播，而是需要受训者主动在内心建立起知识架构的过程。因此学习也不是被动接受的过程，而是更加主动积极的知识体系建构的过程。因此在学习过程中，受训者本身的内在架构体系是在不断被推翻与重建的，也正因为如此，学习过程也变得与环境之间发生更多的互动。在普通话水平测试培训课程中，受训者应当主动对自己的学习过程与成果负责，不断调整自己的知识架构，通过对知识的掌控变化来最终达到学习成果。在这一主动架构的过程中，施训者不仅是知识的传授者，更重要的是需要传授给受训者一些学习方法，通过对学习方法与策略的引导让他们能够更好地对自己的知识结构进行调整。

第四，师生角色。首先教师这个角色，它作为施训者，首先应当是知识建构的支持者，它应当能够为受训者不断提供真实的环境刺激，来促使受训者不断调整自己的知识架构，同时还需要对受训者的学习方法与策略进行科学引导。因此，笔者认为，施训者应当掌握如下三个基本技能：首先是分辨判断的能力。由于施训者在普通话教学培训当中应当对知识具有专业性的判断，能够将知识的重点与常见的问题找出来传授给受训者，同时还需要对整体的内容进行把控，这就要求了施训者的专业性与灵敏性；其次是解决问题的能力。在教学的过程中，施训者的一个重要的作用就是能够随时为受训者解决在知识架构过程中碰到的问题。这种问题固然很常见，但是对于受训者来说，找到解决的方法和策略还是有一定难度，需要施训者的帮助；最后是示范能力。在语言培训的课程中，施训者不可避免地需要向受训者做示范，不论是声、韵、调、语流或者是其他例如即兴表达等，都需要施训者来为大家做示范，因此这一项技能也是必不可少的。受训者作为学习过程中的知识架构者与革新者，他们需要不断保持积极的心态去面对学习过程中可能出现的各种问题，并且不断将自己内在的知识体系进行革新，让新旧知识之间不断发生联系。因此笔者认为，受训者也应当保持如下三个技能：首先是能够语音听辨与读写能力，这是提升普通话的必备技能，需要受训者对语音保持比较敏感的状态，同时在听和说两方面能够将这种敏感发挥出来；其次是理解和表达能力，这是语言交际过程中不可缺少的一项技能，这也就要求了受训者在接收到语言之后要有自己的思辨能力，并且能够将自己的能力精准表达出来；最后，就是自主学习的能力，这一项能力从建构主义来说就是受训者获得知识的一项主要技能，因为对于语言培训来说，自主学习的过程就是将普通话与自己原本语言的异同进行比对不断架构新的语言体系的过程，因此这一点对于受训者来说也是至关重要的。

第五，教学方式。不同于传统的要求受训者通过背诵与听写来掌握一门语言的教学方式，建构主义强调的是对语言的理解与运用，因此更加强调在学习过程中的会话、沟通与协作。受训者与施训者应当在教学过程中不断产生碰撞，并在这种思想的交流中加深双方的主人翁意识，并且也让受训者的原有知识体系发生改变。

二、常见的教学模式举例

通过上述对建构主义教学的阐述，笔者接下来将如今教学实践中常见的几种教学模式进行列举。

第一，常规改良模式。这种模式相对来说较为常见，一般课堂上要求统一上课以班级的形式对学生进行管理和教学，但是相比于传统教学模式，其对教学内容做了一定的调整,加强了对语音基本单位在语流当中的训练,以此来提升受训者的普通话水平。它的模式一般包括:①示意表情,这种方式能够将人的情感与情义表达出来,不论是通过面部表情还是声音语调,或者是身体姿态,都能够将人的感情表达出来,因此通过示意表情的学习能够准确地表达个人情感。②声母训练,通过对声母的训练能够让受训者最快速地掌握普通话的发音要领,同时能够鼓励受训者找到自己的语言与普通话之间的区别,不断构建自身的语言系统。③韵母训练。这相对来说较为复杂,因为不同的语言具有不同的表征,但是通过这样的方式让受训者掌握好韵母发声,能够让受训者构建出自己的韵母系统。④声调训练。这一训练在传统教学中经常被忽视,但是这其实是普通话教学中非常重要的环节。⑤语句语段练习,通过这样的联系能够避免许多静态化词汇的学习被忽略,也能够进一步促进受训者语言表达的流畅性。⑥音变训练。这种训练在受训者进行语言交流的时候非常常见,要求受训者能够在发音准确的基础上顺畅表达。⑦朗读技巧与篇章练习。这本身就是测试的主要内容,因此受训者需要重视对这个模块的练习,在一段材料的朗读当中,其中的语调、语气、停顿、语速、重读等都是需要不断练习的。⑧脱稿说话。这一部分要求受训者能够做到在发音标准的基础上自然流畅地表达,以求能够达到脱稿即兴发挥的程度。⑨日常语言交际。语言的最终目的就是在日常用于交际,因此从这个角度来看,受训者最终需要将所学用于日常交际当中去,并能够在放松的环境下将自己普通话所学运用其中。⑩针对性字词练习。这是最终基于测试的目标回归到最初目的,将其中的重点难点拿出来重新进行巩固和加深理解。综上,改良模式的教学知识对教学内容做了一部分调整,但是在整体教学模式上是没有做出重大改变的。

第二,层级分类模式。这种模式下,对班级的人数做了一定规定,一般大约在40人,并且在课程开始之前要对受训者的基础进行摸底,并且根据受训者的摸底结果进行分层,对于每一不同层级之间的教学模式与教学目标都有所不同。这种做法首先能够保证一定的差异化教学,让每个层级的人都能够得到最适合的教育。它的分层原理就是根据受训者的不同基础进行分级。而分层教学的目标就是让具体对象在分层之后拥有更多共性,能够找到最合适的教学方式,将教学目标最大化。而教学目标的分层内容一般就是对于基础较好的受训者要求纠正部分发音,并且重点考查情景对话以及将所学运用到日常交际中去;而对于中级基础的受训者来说,则需要将教学变得更加流畅,不但要纠正语音,还要让受训者通过模仿来找到语感,并且培养他们朗读说话的能力;对于基础受教的群体,则需要将重点放在基础教学上,从语音开始讲解,纠正语音以及听辨模仿成为课堂学习中非常重要的一部分。

第三，合作互助模式。在合作互助模式当中，互助小组一般只有2到6个人之间，并且每一个互助小组的成员都肩负着一定的教学任务，在于施训者之间的互动也具有一定的主动性。在课程安排上相较于前两种教学模式具有一定创新性，并且能够将受训者的主体地位放在更加主动的位置上，这种教学模式下，受训者会更加主动地进行知识构建，并且锻炼其思维能力以及处理人际关系的能力，最终培养出受训者更为综合的能力。① 采取这种教学模式是需要将学习的内容进一步情景化、具体化的，需要根据内容来选择一定的角色扮演。当然，这样的课堂有利于学习氛围的培养，也能够让教学形式与内容都变得更加灵活，但是这种教学模式的弊端就是只能存在于小班教学的模式下，不能以大课的形式出现。

第四，条块分割模式。这种模式与传统的教学模式彻底不同，它力求与解决所有学习者学习普通话中碰到的一些共性问题，通过不断解决问题来提升他们的语言整体素质，最终做到全面发展。因此，在这种方式下，需要将受训者按照地域进行划分，因为来自不同地域的受训者存在的基本问题是不一样的。按照地域划分之后再找到各自所属的方言片区，再根据不同方言片区的特点来进行具体的教学内容安排与布置。我国目前共有七个方言片区，因此在针对不同方言片区的语言特点，首先对受训者进行摸排分班，将每个班级的问题都先统一起来，再进行系统的解决。当然，这样的教学方式能够最快速地将由于地域所造成的问题进行解决，让不同地域的受训者都能够尽快建构其新的普通话体系，但是这也对当下社会的复杂性缺乏了一定认知，在当下的社会背景下，每个人的成长环境都有所不同，最终造成的成果也是不尽相同的，单一按照地域划分来进行普通话教学，很难解决每个受训者所面临的更加具体的问题和矛盾，因此虽然其解决问题方便快速，但是所造成的结果也并不是非常圆满。

第五，内涵拓展模式。这种模式是将普通话教学作为基础，将其教学目的进一步拓展延伸最终形成的一种教学模式。在这类课堂上，受训者不仅要学习普通话水平测试中需要准备的内容，还需要学习一些其他的拓展技能，例如，播音主持能力、演讲口才技能等。② 并且在这类的教学课堂上，活动安排也非常丰富多彩，例如，会组织一些辩论赛、演讲、导游活动等拓展，通过各种方式将语言培训的结果延伸出去，力求在日常生活中发挥最大的效用。这类教学对于突击准备应试的受训者来说并不是非常适用，它更适合更加长期培训，为自己的普通话进行长期培养，力求在生活或者职业中发挥作用的相关人员参与。

① 韩明睿.浅析高校普通话测试信息化管理[J].才智，2020（06）：181.
② 周华，姚喜双.普通话水平测试学术发展史研究[J].语言文字应用，2020（01）：144.

第六节　普通话水平测试培训课程的环境与评估

环境对人的影响是非常大的，它对于人的行为方式以及思想方式的影响从古至今都被人们所重视。因此在探讨普通话水平测试培训课程时，我们不得不将课程开展的环境单独进行探讨和研究，力求通过对环境进行一定改造来将普通话水平测试培训课程的效果达到价值最大化，最终起到二者相互完善的效果。接下来我们将从对普通话水平测试培训课程的环境影响因素、普通话水平测试培训课程环境现状的调查以及解决当前普通话水平测试培训课程环境问题的对策三方面来进行相关探讨。

一、影响普通话水平测试培训课程的环境因素

对于普通话水平测试培训课程造成影响的环境因素主要分为内部因素和外部因素。其中，内部因素主要由硬环境与软环境两方面构成。其中，硬环境就是指学校中容易对学生产生实际影响的一些客观要素，包括学校的自然环境、课程设置、办公设备等一切能够被看见和感知到的环境；而软环境则是指在学校中客观存在，被教育者掌控并且能够潜移默化对学生身心发展产生影响的一些环境因素。例如，校风校纪、教师风格、教师的价值观、道德素养等。

而外部环境的构成要素主要是指社会环境与家庭环境两方面。社会环境对教学的影响是毋庸置疑的，当下社会的政治因素、经济因素等都会成为影响教学的重要因子，它们可能会创造出新的词汇，或者是改变人们的表达习惯等，这些都会对普通话水平测试培训课程产生影响。同时，一些法律因素、文化因素以及技术革新的因素，都会对普通话水平测试培训课程产生影响，例如，国家法律的颁布强调了对普通话的重视，那么就会有更多行业对普通话的掌握提出要求，也就进一步促进了普通话水平测试培训行业的发展，而随着全球化文化沟通的不断发展，人们对于交流的需求在不断变大，这就导致了人们对于语言的掌握需求因而在变大。而技术层面的不断革新，让教学者在技术层面有了更多的辅助工具，也让教学活动变得更加丰富，学生也能够在教学活动中感受到技术革新所带来的便利；而家庭环境对于人的影响本身就是巨大的，它是人们情感上的一个重要支撑，正因为如此，家庭环境对于人们的成长环境以及三观的培养都是非常重要的。而普通话水平测试培训课程也不可避免地受到其影响。

二、普通话水平测试培训课程环境的现状

环境对于人的影响是具有两面性的，它在带来一些积极影响的同时也会带来一些消极的影响。施训者应当时刻注意环境的负面影响，并能够及时将一些负面影响排解掉。笔者通过研究调查对当下的普通话水平测试培训课程的现状做了一定分析，结果如下。

首先在教学的空间上，目前的普通话水平测试培训课程大多还是以班级为单位进行集中授课，而班级的规模一般在 30 至 50 人之间，同时在课程安排上也较为相似，大多数理论学习都安排在上午，而实践活动以及课外活动则大多安排在下午。

在环境设施上，多媒体教室已经在大部分普通话水平测试培训课程上普及，而教学物质方面，现代化技术也在不断走进课堂当中，大多数教师都在积极适应各类多媒体以及网络设备，力求用更加先进的工具进行更好的教学；而在教学资料方面，目前市面上的教学资料非常丰富，有针对各种方面的普通话教学培训资料可供选择。

在情感环境与人际关系上，施训者与受训者一直处在一个相互磨合的阶段，力求能够将二者推向和谐发展的境地。[①] 由于大部分受训者来培训普通话都是为了通过测试，抑或是迫于学业和就业压力而来准备应试，真正由于热爱普通话来进行培训的人仅占一半，因此这就需要受训者对于施训者的技能要求较高，情感需求上需要施训者给予更多的鼓励。而受训者本身被要求积极主动性高这一点，做到的人数则比较少。从目前来看大部分受训者都能够与施训者之间保持较为平等的师生关系，能够很好地共同解决面对的问题，但是有一个突出问题就是二者之间的主动沟通交流较少。

三、改进策略

在开展普通话水平测试培训课程的进程当中，由于受到各种因素的影响，导致其系统的建立还存在一定的问题，笔者认为可以从如下几方面进行改进。

（一）转变课程目标

大部分受训者来参加普通话水平测试培训课程都是为了通过测试拿到证书，当然这一点是无可厚非的，但是如果将通过测试作为课程的单一目标，就会导致教学工作难以进一步发展推进。只有将其目标变得更加宏观，将参加培训的目标定在提升普通话水平上，才能够很好地守住初心，将教学成果做到最大化。

---

① 李娟.普通话水平测试中字词训练的方法研究[J].汉字文化，2019（24）：40-41.

（二）改变课程内容

当下的普通话水平测试培训课程，教学内容主要偏重于测试内容，将测试内容当作课程的主要内容进行课程设置，但是这样的做法并不利于受训者对普通话基础的建构，基础打不牢，最终在运用的时候就容易出现问题。这就是许多应试者反映，在教学过后，所有的知识都全部忘记了，自己普通话水平又回到了原样，这就是由于在教学内容的设置上存在不合理，导致受训者所学只能应付考试，却不能够很好地运用到日常的交际实践当中去。因此我们认为，应当在普通话水平测试培训课程当中将注重于测试题的重点转移到注重让受训者打好普通话基础，将做好普通话知识构建作为教学的主要内容，只有这样才能让受训者真正地有所学。

（三）创新教学模式

当下的教学模式大多还停留在施训者的讲授与示范模式，通过教材、PPT 以及录音来展示正确的发音等，这样的课程中受训者是被动的知识接受者，这样的课堂过于死板缺乏活力，难以激发受训者的学习兴趣，学习目标也难以达到。

对此，我们应当对教学模式进行一定创新，加大交流在课堂中的占比，并且不断优化施训者与受训者之间的交流模式，促进二者之间的交流，并且转变教学重点，将受训者放在首要位置，将施训者当作是受训者知识体系建构的辅助人员。在教学过程中，针对不同受训者之间的背景与基础不同，施训者做到因材施教，通过层级分类、常规改良以及合作互助、条块分割、内涵拓展等方式，来真正解决受训者在构建新的知识体系的时候的困难，进一步完善教学模式，达到教学成果的最大化。

第六章 教师口语

第一节 教师口语要求与特征

一、教师职业口语

（一）教师职业口语的含义

职业口语是指在特定的教育活动中，教师所使用的语言。教师职业口语的研究对于教育活动具有重要意义，但是关于职业口语的概念，却鲜有论述。目前，学界对"教师职业口语"的概念界定还存在着一些不确定因素。这会影响到研究的开展。本书在梳理相关研究成果的基础上，结合实际情况，提出"教师职业口语"的概念，并从理论、内容、方法三方面进行了详细论述。同时提出了关于教师职业口语研究的"三段论"。并以此为基础探讨了"教师职业口语"研究在教育活动中应用的几点建议。

1. 概念界定

在教师的职业活动中，教师和学生的交流是最频繁的，但是因为这一活动本身具有复杂性，使得对于职业口语的研究很难对这一活动进行细致的界定。同时，对于"教师职业口语"这一概念也没有一个具体的说法。有研究者认为"教师职业口语"是指：在教育活动中，教师运用语言进行表达、交流思想感情等所使用的口语。比如，"职业口语""职业语言""学校语言"等。不同的研究者对于这一概念有不同的理解，但是都可以看作是对某一类教师在某一教育活动中使用的口语进行研究。

2. 理论基础

通过对文献的梳理，我们发现目前国内外对"教师职业口语"的概念界定都没有完全一致。但是，这些定义存在着以下共同的特征：一是研究对象多为教育活动中教师所使用的语言，因此属于教育语言。二是研究视角多为"教师口语"，而对"职业口语"则鲜有涉及。三是研究方法多采用实证研究。基于此，本书认为"教师职业口语"

的概念界定应遵循以下几个理论：语言与教育相结合的理论，社会语言学和语用学相结合的理论，语用学和认知语言学相结合的理论。在此基础上，本书将"教师职业口语"定义为"在一定情境下，教师所使用的语言"，并从理论依据、概念内涵和研究视角三方面进行了论述。

3. 内容体系

通过对文献的梳理，我们还发现，国内外对于教师职业口语的研究主要有以下几方面：教师职业口语在课堂教学中的应用、教师职业口语与其他方面的语言知识联系、教师职业口语与教育政策和其他学科教学中语言知识的联系。这些研究主要是在课堂教学环境下对教师职业口语进行探讨，没有涉及其他方面。笔者认为，这不利于我们更好地研究教师职业口语的内容体系。因为，我们有必要把教师职业口语研究进一步拓展到其他领域中去。这样，我们就可以将这些研究内容联系起来进行全面探索。

4. 方法与技术

教师职业口语的研究方法主要包括三类，一类是语言学方法，如语言学中的语用学方法、分析语言学的语音学方法、话语分析理论和话语分析技术等。另外一类是实证研究法，主要包括社会调查、观察和实验法。第三类是质的研究，也就是质性研究方法，如质化研究。[①] 这三类方法在教师职业口语研究中都有运用，但在具体运用中各有侧重。研究者需要根据自身情况及研究内容选择合适的方法与技术。

（二）教师职业口语的构成要素

教师职业口语是指教师在教学活动中，通过有声语言和形体动作所表达的、并为师生所接收的信息和情感。教师职业口语是一个有机的整体，它由语音、词汇、语法、语气、语调等几个要素构成，每个要素都有其独特的功能，相互间也都有密切的联系。这些要素相互联系并共同作用，构成了教师职业口语特有的和谐美感。

1. 语音

语音是有声语言中最重要的因素，也是构成教师职业口语的首要要素。语音是指发出的声音，它是人体发出的最基本的声音，也是人们表达思想感情、传递信息、交流思想时所要使用的最基本手段。教师职业口语中由于其特有的职业要求，在发音上必须做到准确、清晰、流畅，以便于向学生传达信息。如在词语较多或较长时要注意声调和停顿；在连词成句时要注意语句连贯；句子不能过短；将词组和短语放在一起时要注意它们之间的衔接关系等。因此，教师职业口语中的语音要求准确自然、清晰

---

① 雷虹. 戏剧项目式教学在幼儿教师职业口语训练中的应用 [J]. 太原城市职业技术学院学报，2023（02）：175-178.

流畅和谐。这就要求教师在说话时不仅吐字清楚，还要把字音读得短促有力，听起来富有节奏感。

2. 词汇

词汇是组成语言的最小单位，它的基本功能是表达思想、交流信息。词语一般有两个基本特征：一是可理解性，即必须符合语法和句法的要求。二是有意义性，即词语本身必须有明确的意义。教师职业口语的词汇丰富，涉及知识领域广。比如，教学活动中最常见的"讲解"一词，既指教师讲授知识、分析问题、解答疑问时使用到的语言，又指教学过程中学生或老师回答问题时所用到的语言。这里既包含着教师传授知识、培养学生学习能力所必须掌握的词汇量，也包含着教师通过师生交流所应掌握、了解和使用的词汇量。此外，还有一些表示情感、态度等意思或意义非常深刻、微妙之意。

3. 语气、语调

教师职业口语的语气和语调在很大程度上受其职业的制约。语气是有声语言表达思想感情的手段，语调则是感情在声音上的体现。教师在课堂中进行口语交际时，一般都使用陈述语气。由于教学对象主要是学生，因此，教师对他们进行口头交流时要以陈述为主。这既可以使学生很快地明白所讲内容、所要表达的意思，又可使学生产生信任感，消除紧张感，从而集中精力于课堂的学习和讨论之中。一般来说，语气以陈述为主，语调则以提问、请求等形式出现。

4. 感情因素

感情是影响教学效果的重要因素，良好的感情不仅能唤起学生的兴趣，激发学生学习动机，而且可以增强教学效果。教师在进行课堂教学时，要时刻注意自己的感情是否得当，能否感染学生。如对那些不感兴趣或者不听话的同学就应多用商量的口吻和他们说话；对那些已感兴趣和听话认真的同学则应少用命令的口气和他们说话。要注意这些语言运用中应该有分寸。教师职业口语是一门科学。它运用有声语言，丰富、深刻而又准确地传递信息，进行思想交流，展示自己，感染别人。这种艺术是教师对教育事业热爱与追求产生的最高境界。

（三）教师教学的态势语

教师的态势语是教师的语言和非语言表达的总称，是传递信息、交流情感的特殊形式。它是教师用眼睛看，用嘴巴讲，用动作表情来传达意思，传递情感。我们教师要有"目中有人""心有所感""目有所指"的意识。教师态势语主要包括：眼神、微笑（真诚）、目光（平等）、手势（丰富）等。眼睛是心灵的窗户，眼睛可以传递很多信息，从眼神中可以看到一个人的性格，人品和修养；从微笑中可以看到一个人良好的精神风貌；从目光中可以看到一个人是否有丰富知识储备以及是否具有强烈的求知欲，等等。我们在平时教学中要善于观察学生，发现学生不同行为表现背后可能存在不同的心理状态与学习问题。我们要善于用眼睛去捕捉并用眼神去激励学生，积极回应学生问题。

（四）教师口语语病探源

口语语病，指的是在表达过程中出现的语言障碍和毛病。口语语病之所以叫"语病"，是因为教师的思维在语言表达方面受到了某种障碍。[①]造成这种障碍的原因是多方面的。首先，教师本身对语言运用能力不强，缺乏必要的语言修养。其次，教师平时过于注重语法、逻辑知识的学习与训练，忽视了语言运用能力的培养与训练。最后，由于教育观念落后、陈旧、狭隘、封闭以及缺乏创新精神等因素影响了教师群体思维方式和表达方式的更新与改善。此外，教师个人修养欠佳也是一个重要原因。一方面，教师要面对众多学生，如果说话缺乏艺术和技巧的话，就会给学生以"言之无物"或"大呼小叫"之感。另一方面教师本身又是一个多欲之人，如果经常把自己置于不该有的欲望之中，也会给学生带来不好的影响。可见老师在说话方面必须讲究技巧和策略。

二、教师口语的要求

（一）教师口语的规范性

教师口语的规范性是指教师在语言表达时，在符合学校和学生实际的前提下，语言表述应合乎规范。我们知道，中小学教学中往往会出现一些使用不当的语言现象。如有的教师对学生说"这题不是你做""你是猪脑子吗""笨得像个大萝卜"，等等。这类语言显然会损害学生的自尊心。教师要想在口语表达中达到一定的规范性要求，首先要注意以下几点：其一，不说庸俗或令人尴尬的话。我们经常看到有些老师在课堂上讲一些荤段子、下流段子等，这不但不能激发学生学习的兴趣，反而会使师生之间产生尴尬、抵触心理。其二，避免使用方言口语。我们知道，各地方言千差万别，使用方言口语往往会导致发音不准或音调混乱等现象发生。例如，在讲解《伟大中之渺小》这篇课文时我用"伟大"这个词说了好几遍，学生就会以为我在故意搞笑或根本听不懂；再如，讲授《隐形的翅膀》这篇课文时为了强调"翅膀"这个词用了几遍"飞翔"这个词，等等。

俗话说："说者无心，听者有意。"说话者如果有意无意地反复说一句话或者有意重

---

① 朱婧媛.盘活·说清·演好：中国故事的趣味化表达与融合呈现——以《幼儿教师口语》课堂的教学实践为例 [J].鄂州大学学报，2023，30（01）：59-61.

复某个句子或词语等情况都会影响教师语言表达的规范性和教学效果。因此在教学过程中教师要注意使用普通话交流，更不能在教学中信口开河、口无遮拦或口头禅遍地都是。

（二）教师口语的科学性

教师口语的科学性是指教师的口语表达应符合教育教学规律，符合学生心理特点，反映教育教学规律和学生身心发展规律。其目的在于让学生在轻松、愉悦和谐的气氛中理解知识，提高能力。科学性是对教师口语表达的基本要求。科学性和艺术性是密切联系在一起的，都是为了达到美的境界。

一般来说，口语表达应具有正确、鲜明、生动、有条理的特点。科学要求教师在口语表达中，要注意语言材料的选用，做到恰如其分，恰到好处。语言材料要具有鲜明性，是指对思想内容所反映出来的质和量都有明确的规定。教师运用恰当的语言材料进行教学，才能使教学内容具有感召力和说服力，从而实现最佳教育效果。语言材料要准确、简洁、易懂、形象和生动。语汇要丰富而有新意；词语选择上要恰当；句式灵活运用简洁明快；修辞手法要生动形象。

（三）教师口语的明晰性

教师口语的明晰性主要表现在教学过程中，通过教师的教和学生的学，达到思想、情感、行为等方面的交流。对学生而言，教师口语的明晰，既是一种教学手段、教学策略，又是一种激励方式。教师通过口语传递思想、情感和行为，以增强学生对知识的理解和掌握，从而达到教育目的。在课堂教学中，教师要注意加强口语表达能力的训练和培养。除了语言表达能力以外，还应该注意教师口语的明晰性。例如，讲课时要说重点和难点、解释概念时要准确、严密……所以说在教学过程中通过语言来达到思想、情感和行为等方面的交流是必要且重要的。

（四）教学用语的生动性

教学用语的生动性是指在课堂教学过程中所使用的语言既不是枯燥呆板、机械老套，也不是矫揉造作、华而不实，而是妙趣横生、新鲜活泼、通俗质朴。①用语形象直观，富于表现。②用语深入浅出，具有可接受性。③用语生动活泼，具有幽默感。

教学用语是教师对学生进行语言教育的重要手段，是教师向学生传授知识的媒介，也是学生学习的重要工具。[①] 教学用语分为两大类：一类是教学过程中常用的专业用语，另一类是师生之间、生生之间进行交流时使用的口语化语言。前一种用语便于师生交

① 黄群娇.OBE 理念下高师院校"教师口语"课程教学策略研究 [J]. 广西民族师范学院学报，2022，39（06）：116-122.

流，后一种用语便于生生沟通。教师在课堂上经常要运用多种语言与学生进行交流，尤其是要和学生使用口语化语言。由于教学内容和要求的不同，以及师生性格、年龄、性别、职业等方面的差异，教师在课堂上运用口语化语言时要根据实际情况采取相应措施。

1. 准确使用专业术语

教学用语中，专业术语使用不当是造成课堂枯燥的重要原因。因此，教师要通过多种途径，使自己的语言准确、规范。一是要加强学习，增强文化底蕴。教师只有对专业术语有深刻的认识，才能正确地使用这一语言。二是要加强平时积累。教师应该把教学中遇到的问题和一些专业术语进行归纳整理，随时记录下来，形成自己的知识体系、经验体会和认识上的升华。三是通过各种途径主动获取相关信息，了解其他专业术语的使用范围及基本要求等知识。

2. 利用比喻增强语言的生动性

在课堂上教师可以利用比喻增强语言的生动性，使教学内容变得通俗易懂，也让学生更容易接受。如在讲到"压缩饼干"一词时，教师可以这样说："压缩饼干不是像方便面那样干吃下去的，而是把它做成一块块长方形的面包形状再吃下去。老师给你一块压缩饼干，你可以拿它当早餐。"这样就能把这个词和"压缩饼干"联系起来了，让学生感到既熟悉又陌生。学生通过这个比喻不但学到了新知识，而且还理解了"压缩饼干"这个词的意思。

3. 善用幽默化解语言矛盾

幽默是一种特殊的语言，具有调节课堂气氛，缓和学生情绪的作用。运用幽默可以使学生感到亲切，从而对学习产生浓厚兴趣。在课堂上教师提出问题时，如果学生回答不上来时，可以用幽默的方式引导他们思考；当学生回答错误时，也可以用幽默的方式让学生明白自己所犯错误；当学生回答问题后还不理解时，也可以用幽默的方式让他们明白自己没有听懂。如果教师在课堂上运用了幽默的语言，不仅会使教学气氛活跃起来，还能加深理解。

4. 在交流中适时运用手势语

教师在教学中要和学生进行交流，而学生的年龄特点决定了他们在交流过程中经常会出现一些身体语言的动作，如点头、微笑、眼神等。这些手势语能使教师与学生之间的交流更加生动，具有激发学生兴趣、活跃课堂气氛、调动学生学习积极性等作用。

5. 结束语与提问相结合

结尾语是课堂上常用的用语，它能起到画龙点睛的作用，学生也很喜欢听，但用得不好会让整堂课变得乏味。教师可结合教学内容进行提问。例如，"下面我们学习第三单元"；"如果我们遇到这位同学，我们应该怎样问？"；或者是，"现在请同学们自己进行自学、探究，然后小组合作交流一下"；还可以利用课堂时间给学生创造动手机会，让他们把所学的知识运用到实践中去。

（五）教学用语的启发性

启发性，是指教师语言的内容能引起学生的兴趣，启发他们积极思考，使学生获得正确的结论，并且使学生举一反三。在教学中，教师在语言中运用的启发式教学语言要能够达到启发学生思维的目的。而运用这种启发性语言时，就需要教师具有较强的驾驭能力和深刻的理解能力。教师的教学用语是教师在课堂上与学生交流沟通的语言，是表达思想和情感的工具。教学用语能帮助教师更好地完成教学任务，达到预期的教学目的。但是，有些老师在运用教学用语时，就会出现问题。如语言生硬、重复；内容空泛、枯燥；不注意用语的特点和要求等。导致这些问题产生的原因是多方面的，但其中有一个重要原因就是教师在运用教学用语时，没有注意到启发性原则。启发性原则要求教师在教学中要善于发现和捕捉学生学习过程中出现的各种问题和障碍，并通过引导性语言及时地给予指导，促使学生尽快解决问题、克服障碍，达到预期目的。

1. 注意语言的科学性

科学的语言，能帮助学生对所学知识理解透彻。同时，教师要让学生理解透彻，必须将理论与实际结合起来，运用恰当的语言指导学生分析问题，解决问题。因此，教师要特别注意用科学的语言来指导自己的教学用语。

在一节语文课中，有这样一段话："只有通过长期读书、积累与思考，才能对书中所讲的内容进行消化吸收和融会贯通。"这段话主要说明了读、写、背三者之间的关系：只有通过长期读书积累语言材料，才能对语言内容进行消化吸收；而经过长期阅读和积累材料后所形成的知识与能力才是自己运用到课堂中去的基础。因此教师在课堂中应该有意识地运用这段话来指导学生读书、积累与思考。

2. 善于发现学生学习中的障碍

"障碍"一词是启发性原则的具体体现。在教学中，教师要善于发现学生在学习过程中的障碍，并根据实际情况采取措施帮助学生解决问题。通过引导，激发起学生解决问题的欲望。

3. 对学生提出问题要及时解决

学生的认识往往是从实践到认识，再到理论，然后又回到实践，这是一个循环往复的过程，在这个过程中，学生可能会遇到这样或那样的问题，对此教师要耐心地启发学生用自己的知识来解决。[①] 如果教师不及时解决学生提出的问题，则会使学生失去思考分析问题的机会。因此教师在教学中要注意对学生提问进行分析，并通过恰当的语言把正确答案告诉他们，这样才能提高学生解决问题的能力。

4.多用引导性语言

教师在教学中，应多用一些引导性语言，来帮助学生解决问题，克服障碍。例如，在讲述"圆"这个概念时，我让学生说一说日常生活中哪些东西是圆的，哪些不是圆的。我这样启发学生："你会发现生活中有很多圆形的东西，比如，车轮、球、冰激凌、皮球……"然后再让学生把他们的生活经验迁移到"圆"这个概念上来。这样既巩固了有关圆形的知识，又使教学内容进一步得到了拓展。

总之，启发性原则要求教师在运用教学用语时要从不同侧面抓住学生思维活动中存在的问题和障碍，并通过引导性语言及时给予指导和帮助。只有这样才能真正发挥教学用语对促进学习效果提高的积极作用。

三、教师口语的基本特征

（一）口语语体与书面语体的结合

从语体的角度分析，汉语语言既有书面语体又有口语语体。在日常生活中，人们主要使用口语语言，也用书面语言进行交际。这种结合与融合不仅可以体现出交际双方的平等地位，而且可以增强表达效果、提高交际效率。这种结合与融合可以在两方面实现：一是二者在语法、句法、语义等方面的有机融合，二是两者在不同的场合使用时，体现出不同的特点。

1.语义的结合

语义的结合主要表现在词语搭配上，尤其是近义词的运用。例如，"在这世界上，谁不是一边受伤、一边学会坚强？"（鲁迅《祝福》）这句话中的"受伤"和"学会坚强"都用了近义词"坚强"来做搭配。前者是在说谁受伤后能变得更坚强，后者则是在说谁能学会坚强。再如，"像你这样的人，只有等着被杀才知道是不是应该活下去。"（《一只马蜂》）这句话中的"你"和"他（她）"都用了比喻义。前者比喻那些对社会、对事业毫无追求的人，后者则比喻那些不珍惜生命的人。从二者语义的结合上看，都运用了形象的比喻来说明问题。

---

① 朱婧媛，董书研.从开放到放开：当播音与主持艺术走进课堂——以《幼儿教师口语》课程为例[J].佳木斯职业学院学报，2022，38（12）：82-84.

2. 语法的融合

"有口语语体"和"书面语语体",其中口语与书面的融合最为普遍。在口语中,人们常以简单的语句,直接表述自己的思想情感,但有时又要借助一定的书面词语来表达。因此,口语与书面语的融合主要表现在以下方面:汉语语序本身就具有多种类型,口语与书面语体有一个共同之处即都是句子结构。这就造成了在口语表达中常常出现句式转换、衔接变化等现象,而这些现象又被恰当地运用于书面语表达中。

3. 修辞上的融合

所谓"修辞上的融合",就是把古汉语中的修辞手法、表达方式在现代汉语书面语中使用,这也是口语与书面语最常见的一种融合方式。另外,还有很多语言都用了这种融合方式。

4. 语用方面的融合

"用"是现代汉语书面语的重要特征之一,"用"指的是能够体现出书面语与口语语体相融合的特点。例如,①今天我们开展"讲文明树新风"活动,就是要倡导大家讲文明话,做文明人,不说脏话、粗话,不随地吐痰、乱扔杂物。②我们一定要吸取经验教训,好好学习古人,明辨是非善恶美丑。这两例中的"用"都是指结合口语语体特点对古汉语进行改写。

(二)单向表述语言与双向交流语言的结合

教师口语中单向表述语言与双向交流语言的结合是指教师在课堂上,既用单一的言语向学生传达自己的思想和意图,又通过自身的口头语或体态语等,向学生传递自己的情感、态度和行为规范。[①] 这种结合既是对教师口语表达艺术的新探索,也是对教师语言进行艺术性加工的一种尝试。"听"是人接收外界信息所必备的基本条件,也是实现教学目标所必须具备的前提条件。在课堂上,教师通过对学生话语反应或非话语反应进行判断而采取相应教学措施时,往往会出现语言单向表述、单纯传递信息等现象,这不利于教学目标的实现和课堂效率的提高。而在师生之间、学生之间都存在着一种"需要"或"欲望"以及"情感",这就决定了在课堂上应同时运用双向交流语言和单向表述语言来促进师生情感交流,保证教学任务能够顺利完成。因此在课堂上教师应尽量避免单向表述语言而代之以双向交流语言。如果教师不注意运用双向交流语言和单向表述语言相结合的说话艺术则会降低课堂效率。

---

① 郑炎灵子. 高校课堂交流感提升途径之探索——以"教师口语"为例 [J]. 福建教育学院学报,2022,23(10):119-121.

（三）预设语言与应变语言的结合

在教育教学过程中，教师应该运用预设语言和应变语言相结合的方式来帮助学生解决问题，这也是一种有效的教学方式。[①] 但是很多教师并不了解预设语言和应变语言的结合方式，只是使用一种方法去教育学生，效果并不理想。为了能够更好地促进教学质量，教师需要结合课堂实际情况，使两种技巧能够相互融合。

1. 预设语言和应变语言在运用时要合理衔接

预设语言和应变语言的合理衔接，能够让教师在面对突发事件时，保持冷静和理性，也能够更好地解决问题。预设语言和应变语言的合理衔接是指在教师出现了意外状况的时候，能够利用预设的语言来解决问题，使学生内心不会产生恐慌。同时，教师也可以利用应变语言来帮助学生化解尴尬气氛。在很多情况下，如果教师能够有效运用预设语言让自己冷静下来去处理问题，就可以避免其他学生做出过激的行为。所以，在面对意外状况时，教师需要利用预设语言和应变语言相结合的方式去处理问题。

2. 要明确预设语言和应变语言的适用范围

在运用预设语言时，教师要在学生的思维还没有完全进入状态的时候，让学生知道自己的思考方向，并且能够及时地纠正错误。预设语言可以让学生在理解教师语言的同时，对知识点有一个更好的了解，从而提高课堂学习效率。但是预设语言也会产生一些弊端，如不能及时发现学生情绪上的变化。因此在使用预设语言时，教师应该注意这一点。

应变语言可以使教师更好地了解学生在学习过程中存在的问题或困难，从而帮助他们解决问题。同时应变语言也可以使课堂气氛变得更加活跃，提高课堂效率。因此教师应该正确把握两种技巧之间的关系。灵活运用这两种技巧，帮助他们更好地完成教学任务。而且还可以促进学生更好地学习和成长。

3. 预设语言和应变语言要在教育过程中灵活运用

预设语言和应变语言的有效结合能够更好地帮助学生解决问题，但是在实际教学过程中，很多教师并没有将预设语言和应变语言合理地运用在课堂教学中，这就需要教师在教育过程中不断加强预设语言和应变语言的有效结合。

4. 预设语言和应变语言要在教学过程中相互补充

在教学过程中，预设语言和应变语言的使用是一个循序渐进的过程，教师在实际教学过程中需要不断去摸索，使预设语言和应变语言能够相互融合。为了使预设和应变相互融合，教师需要先做好准备工作，在平时加强对学生的训练与培养。同时当教

① 张子泉. 普通话教程 [M]. 北京：清华大学出版社 .2005.

师发现预设和应变相互融合之后应该及时表扬，增强学生对教师的信任。

教师在教学过程中要科学地运用预设语言和应变语言，这是一种非常有效的教学方式，能够帮助教师更好地进行课堂教学，提高学生学习兴趣，让学生主动学习。但是教师在运用预设语言和应变语言时还需要掌握一定的技巧，这样才能够使学生在课堂上更积极地参与进来，充分发挥教师的引导作用。

四、教师口语艺术

（一）科学性与艺术性的统一

教师口语是教师在课堂上与学生进行交流的主要语言形式，它的特点是口语性强。由于教师口语具有鲜明的指向性、高度的概括性，因此它也有它明显的科学性。但是，在运用这种语言时，我们还应该注意一些艺术性问题。

"教学有法，教无定法"。语言表达方法因人而异，各不相同。有的喜欢使用"排比""对偶"等修辞手法；有的喜欢使用生动活泼、幽默风趣等语言艺术；有的喜欢用俏皮话、幽默故事等来活跃课堂气氛；还有的习惯于运用幽默和讽刺的修辞手法，在教学中，如果一味地追求使用新句式，就会使课堂气氛沉闷或过于严肃而失去风趣；如果一味追求使用谐趣诙谐、机智幽默的句子，就会使课堂气氛过度活跃而脱离教学内容。教师口语在具体运用时需要借助于一些技巧才能充分地发挥出它的作用。例如，创设情境、联系生活、及时纠正错误等方法都是语言技巧应用于教学实践中的具体体现。但是课堂上要巧妙地运用这些技巧来引导学生主动去探索知识海洋中的奥秘才是关键所在。

（二）教育性与审美性的统一

教师口语是教师的一种特殊语言，它的特点是生动形象，通俗易懂，富有感染力。教学语言的教育性与审美性统一在教师口语中表现为：

1. 有针对性

学生是教学过程的主体，他们在学习过程中必然会遇到各种困难和问题，而教师必须及时有效地予以指导。这就要求教师口语的教育性与审美性相结合。

2. 形象生动

通俗易懂并不意味着平淡无味，而要有一定的感情色彩和幽默感。幽默风趣能吸引学生、感染学生；严肃、正经能令学生敬畏和尊重。

3. 条理清晰

要条理清晰就要求教师口语简明扼要、重点突出、语句通顺、通俗易懂，同时还要有一定的文学修养和逻辑能力；生动活泼，富有情趣，富于幽默感并能给人以美的享受；简洁明快并富有诗意也是很重要的要求。

4. 平易通俗

这是要求教师口语必须做到既深入浅出又通俗易懂，因为只有通俗易懂才能为学生所理解和掌握；平易通俗还要求教师口语中避免使用生僻词、粗话和带有浓厚方言色彩的词句。总之，在教学过程中所使用的语言既要具有教育性又要有审美性，二者缺一不可并且是辩证统一的关系。

（三）声音、情感与艺术的统一

教师口语的特点是：声音、情感与艺术的统一，同时，也是语言"艺术化"的表现。教师口语可以通过语调、语气等手段来"艺术化"，使得它具有强烈的表现力和感染力。

1. 声音

教学口语的声音是语言和交际双方用来交流思想感情、表达意愿的一种工具。教学口语作为教师向学生传递信息的工具，就必须具有较强的感染力。

2. 情感

教师教学口语中渗透着浓厚的情感色彩，这种情感是在教学中表达出来的一种思想感情，是教师在向学生传递信息时所倾注的一种心理状态。

3. 艺术

教学口语作为一种艺术形式，本身就蕴含着教育内容和思想感情。因此，教师在教学过程中，要有意识地、有目的地进行教育内容与感情的有机结合，做到声、情、意协调统一。

第二节　教师教学口语技能

一、教师具备优质教学口语的必要性

教学口语是教师与学生进行沟通、交流、传授知识的重要方式。在课堂教学中，教师使用的教学口语就是指教师的口头语言，它能充分反映出教师的个性，也能体现出教师的素质，更能表达出师生之间的感情，从而提高教学质量。[①] 因此，一名优秀的

---

① 王会成.基于教师整体发展的教师口语课程优化——评《教师口语修养》[J].中国教育学刊，2022（06）：131.

老师不仅要有渊博的知识，还必须具备良好的教学口语。

（一）明确教学口语的意义

教学口语是教师的"第二语言"，它对学生的影响是潜移默化的，对学生各方面能力的培养有着非常重要的作用。教师教学口语运用得好，可以使学生在轻松、愉快的气氛中获得知识；教师教学口语运用得不好，不但不能帮助学生掌握知识，而且会造成课堂混乱。因此，教师在课堂教学中要注重教学口语的运用。要想使课堂充满生机与活力，就必须用好每一句教学口语；要想使课堂成为一个"有生命"的课堂，就必须学会说好每一堂课。

（二）掌握教学口语的基本技能

教师的教学口语基本技能主要包括：语音技能，即发音准确、清楚，吐字清晰；词汇技能，即恰当使用词汇，在课堂上使所学内容清晰而明确地表达出来；语法结构技能，即能把复杂的句子表达清楚，还能把句子之间的逻辑关系表达清楚；语调、语速技能，即抑扬顿挫，让学生听得舒服。

当然这些口语表达技巧都是为了让学生听清楚、听明白而设计的。但教师也应该掌握一些口语表达技巧，以保证课堂教学的顺利进行。首先，要清楚地知道什么时候说什么话，其次还要考虑到如何表达才能使学生能够理解。教师可以在课堂上运用一些说话技巧来吸引学生的注意力，激发他们的学习兴趣。

（三）进行教学口语训练，提高自身素质

教师除了要具备良好的教学口语，还要具有良好的仪表和风度，一个好老师的形象会给学生带来更多的遐想，这也是一种无声的语言，更是一种无形的力量。教师可以通过演讲、辩论等活动，提升自己的教学口语素质。例如，可以在每周组织一次演讲比赛，选出优秀演讲者参加县级或者市级演讲比赛，提高教师口语表达能力。

教师除了要有良好的教学口语之外，还要提高自身素质。通过不断地学习和实践来丰富自己。在学习中不断充实自己、完善自己。并且不断向学生传授新知识，使学生对知识有更深刻的认识。在实践中发现问题、解决问题。

（四）在实践中不断提高自己的教学口语水平

在教学实践中，教师必须要经常进行教学口语训练，注重在语言表达、语音语调、节奏变化等方面加以锤炼和提高。对于发音不准确、语调不清楚的，要及时纠正；对于说话词不达意、语句结构混乱的，要有意识地进行思维训练和语言组织训练，提高

语言的逻辑性；对于吐字不清晰、语音不准的，要严格要求自己，提高发音准确性。[①]这是一个长期反复的过程。当然，在教学中遇到突发事件时，教师也应及时运用教学口语予以化解。例如，在课堂上突然来了一个学生提问，这时教师应对其进行解释说明；又如，发现学生的回答与教师不同时，也要及时加以引导和纠正。

二、教师教学口语的特点

教师教学口语的特点是指教师在课堂教学中使用口语的特点，主要体现在：第一，教师教学口语中使用的口语多是语体上与书面语相对应的、具有文本性的语言。第二，教师教学口语具有鲜明而集中的传授性。第三，教师教学口语具有形象性、逻辑性和概括性等特点。形象性指它反映事物特征，表现事物属性。逻辑性指它有明确而周密的表达方式和规律。概括性指它有较强的概括力，能较准确地表达所要传达的信息和内容。

（一）语言简洁，便于理解

教学口语要求简洁、清楚，这是教师教学口语的基本特点。教学语言一定要简洁明了，不能啰唆重复，浪费时间，也不能使人不得要领。要让学生听得清楚，听得明白，不是一件容易的事。课堂上，教师有时要使用一些复句和复杂的修辞手法，如果学生听不明白教师所使用的语言，就无法理解所讲的内容。因此，教师在课堂上要尽量使用一些短句子和口语词，并努力使它们通俗易懂、便于理解。此外还要善于用形象的比喻来帮助学生理解抽象的知识。

（二）生动形象，富有感染力

教学口语与其他口头语言一样，同样具有形象性。教师的教学口语要做到形象性，关键是要通过恰当的表达方式、形象的比喻和生动的艺术描绘等手段来表现事物的特征、属性和本质。同时，还要通过情感的渲染和艺术的感染来增强语言形象感，使其生动形象地传达出教学内容中的思想情感，从而给学生以深刻而难忘的印象。

（三）口语化程度高

教师教学口语是为学生而设计的，目的是让学生理解和掌握知识，在表达上多用口语，尽量使用短句，力求说得明白、具体、准确。但不能因此而忽视规范的书面语。否则，教师教学口语就成了学生听不懂的"外语"了。

---

① 朱婧媛 . 童谣在幼儿教师口语课程中的应用 [J]. 佳木斯职业学院学报，2022，38（05）：133-135.

（四）富有启发性

启发性是指教师在教学活动中，通过自己的语言，激发学生思考，引起学生学习兴趣，从而积极地参与到教学中来。启发性是课堂教学的内在要求，也是教师在课堂上培养学生能力、发展学生智力的重要手段。因此，在课堂教学中要以启发为目的，把提问作为主要方法，并努力提高提问水平。教师通过提问帮助学生理解教材中的难点和重点，分析知识间的内在联系，巩固新学的知识。提问必须做到有针对性、启发性和目的性。同时，要使学生带着问题进入课堂学习和思考，教师要善于引导学生自觉地思考，启发学生通过自己的观察和实践去发现问题、解决问题。

（五）表达方式灵活多变

教师教学语言表达方式灵活多变，它有口头语言，也有书面语言；有生活口语，也有文学艺术语言；有新闻口语，也有方言土语；有抑扬顿挫，也有平实通俗。它可以用来传达思想感情，进行教育教学，还可用作宣传鼓动。如教师的口头语言，既可以通过提问启发学生思考，又可以通过教师的动作、神态、表情等表现出来。教师的教学语言除了口头语言之外，还可以用书面文字表述。教师可以将口语转化为书面语言后进行发表或传达。如用口头形式叙述事情或表明立场，用书面形式记下自己的观点或感想，用书面语言表达与学生相关的材料或事件等。

三、教师教学口语技能

教师口语技能是教师语言表达能力的重要组成部分。它是指教师在教学过程中，运用语言形式有效地完成教学任务，使学生获得知识、掌握技能的能力。它包括四方面的内容：一是发音技能，即掌握准确的语音，并使语音清晰、圆润和谐。二是语调技能，即善于控制并调节音量、语速、语气和节奏等。三是语言技巧，即在语言表达上运用准确、生动的词语，恰当的语序和词语搭配，合理组织语言，使用语气与语调。四是形体动作技能。其包括手势的运用与姿势的变化。而这些方面都离不开教师语言技能。因此，作为一名教师必须具有良好的口语技能和语言表达能力，才能在课堂上发挥自己应有的作用。

（一）发音

发音是指语音的发音器官（舌头、牙床、口腔等）和呼吸器官（肺部、气管）的活动。发音器官和呼吸器官的动作变化，是通过一定的发声方法来完成的。发出正确、清晰的语音，既要靠呼吸控制，也要靠发声控制。它主要包括以下几方面。

1. 元音

元音是语音发音系统中最基本、最重要的部分。它由音素组成，每个音素都有自己独立的发音方法和发声机能。

2. 辅音

辅音是指发音时气流不能通过口腔而仅能通过口腔上部分音素组成音束的部分，又称元音的附音。辅音主要有以下几种：①喉塞音：塞擦音，双唇塞声带不振动，发音时声带不振动。②辅音（清／浊）：清浊双唇塞声带振动，半元音化前清浊交替的元音化后为清浊交替的双唇塞声带不振动。③边颤音：清／浊，边声部有颤音尾，边发音时声带不振动，声带颤动。④舌尖前音辅音：舌尖前音元音化前清浊交替，舌尖后音元音化后为清浊异读。⑤舌根声母：舌尖上声／牙床摩擦声／舌根声母。

3. 鼻音

鼻音和鼻塞音指发音时气流受阻不能通过鼻腔，而由口腔上部分音素来完成的语音。

发音时气流受阻，但是不通过鼻腔。一是轻声。轻声是指在语言中为了强调某一特定内容而用轻读或弱读来加以强调的音节。轻声是汉语普通话中没有鼻韵尾，只有一个舌尖前音或舌尖后音的一种特殊语调，是汉语普通话中的一个特殊音素。它常常用来区别某些语汇或词组。二是儿化。儿化是指在某些音节中用喉头和口腔的动作来代替某些音节中的鼻音而产生一种特殊声音的现象。儿化音是指汉语普通话中不带有鼻声母或不具有舌面音和舌尖前音，而是利用唇齿舌唇等口腔器官来发音的语音，也叫轻唇音和唇声字。儿化是汉语普通话中有两个以上发音部位相同（发音方法相同）或气流通过时所产生的以舌后部分为主、气流通过时形成以舌前部分为主的声调变化，其中以舌尖后音和舌线后音声母最为常见（为儿化音）。三是变调。变调是指在同一语音系统中有两种以上不同的音节组成时，其中一种或几种音节被另外一种或几种音节所代替而产生新的语音语调变化的现象。变调可分为同变调和异变调两类。四是变声字。变声字是指汉语普通话中带有鼻韵母或不带有鼻韵母，气流通过时具有声调变化的特殊语音形式，也叫变声字、异读字、读异音字。

声调是语音的不同声区和调域，它是语言的特殊形式。正确地掌握声调，有助于正确表达语言，表达思想感情。在语音上，声调是一种特殊的记号。一方面是语气。语气是说话时的语气态度。它包括说话人的语调和情绪、情感的变化。另一方面是语流与停顿。语流是指发音时发出的声音，经过口腔、鼻腔和喉腔等部位后，在声音传播过程中发生中断，而形成一个完整、连贯的语音单位，这个语音单位叫作语流停顿，它也叫音程，语流停顿包括音程、音变、连读、语调四种形式。[①]在语音中，语流停顿最长、变化最多、连贯性最强的部分是音程与音节之间的停顿和语调的起伏变化（语流停顿）。在发音过程中，当句子中有连续的音节时，前后音节之间总是有一定长度（或一定程度上）的停顿时间来连接各自的音节部分，并使它们构成一个完整、连贯的语音单位。这种停顿和间断所占时间称为语气词（如"啊""吗"等）。语调是指说话人根据自己的需要而对语句内容、语言前后关系变化和停顿时间长短所做的综合处理。

鼻韵母是指汉语普通话中除平舌音和翘舌音之外的所有辅音，是普通话发音中最常用的音素。它包括鼻韵尾 b、p、m 三种，其中以 b 和 p 两种发音效果较好。鼻韵尾是指声母经过气流通过口腔时，在口腔里形成的一个短促的尾音，也叫鼻音尾。它是由舌面后部的软腭和鼻腔共同作用而形成的，与声母或韵腹关系不大。由于鼻韵尾的出现使普通话的平翘舌音有了区别。

喉音指发音时气流通过声带振动发出的声音，声带不振动。喉音又分为高、中、低音三种：低音喉音（喉头内收，声门不完全开放）；中音喉音——声带不完全开放；高音喉音——声带完全开放。

气音包括清/浊、强/弱、升/降等，是在发音过程中，气流从口腔内向外而发出的声音，通常它带有明显的气流声，又称为"气流声"。

（二）语调

在教学口语中，语调是语言的基本要素之一。它是指音节或句子在长短、高低、缓急、轻重等方面的变化，它往往比语音更具感染力和影响力。教师的语调可以表达思想感情，可以说明道理，可以吸引学生的注意力，还可以调节课堂气氛。一个教师如果语调生动、抑扬顿挫、变化多样，那么他的课堂就会活跃，就会吸引学生的注意力；反之，如果语调平淡乏味、缺乏变化，就会使学生昏昏欲睡。因此，教师必须掌握好语调的变化。①抑扬顿挫。"抑扬顿挫"是指语言朗读中有节奏和韵律感。它包括重读、停顿等。重读时，往往用在句子的开头和结尾；轻读时，往往用在句子中间；弱读时，往往用在句子中间和最后。其作用是可以引起学生的注意。它包括重音和停连等。它是朗读中最主要的技巧之一。重音与停顿往往需要根据内容的轻重来确定。其作用是可以突出重点和加深印象。停连也称连接或停顿。②高低起伏。"高低起伏"是指朗读时的起伏变化（高低变化），它是一种语气和语调上的变化。其作用在于可以表达思想感情，引起学生的注意，增强表达效果等。其作用是可以突出重点、加深印象，也可

① 夏丽珍，谢茶花.课程思政视角下井冈山精神助力师范生人文素养提升实践——以《教师口语》课程为例[J].中国多媒体与网络教学学报（中旬刊），2022（04）：143-146.

以引起学生注意，但不能太大或太小，也不能太快或太慢。③快慢相间。"快慢相间"是指朗读时语速和语调上的变化。它主要起着强调作用，调节气氛和情绪作用等。其作用在于可以使朗读更有吸引力、感染力和说服力以及更加生动形象等。④轻重急缓。"轻重急缓"是指朗读时语气和语调上的变化（轻缓变化）。它主要起着加强语气、加深印象、引起注意等作用；也可以使朗读更生动有趣，给人以深刻印象等。⑤强弱起伏。"强弱起伏"是指朗读时的起伏变化（强弱起伏）。它主要起着加强语气和加深印象的作用；也可以使朗读更生动形象等（强弱起伏）。

（三）语序与搭配

语序，就是为了表达同一个意思而将不同的词语或句子，按照一定的顺序排列组合在一起，形成一个整体。合理的语序能够让人感到语言富有韵律美、条理美和节奏美。搭配是指在一定的语言环境中，语言所能表达的意义是有一定限制的，即词性有搭配余地。

一般来说，语序与搭配要注意以下两点。

第一，教师在教学过程中，对同一事物，由于表达意义不同，可以采用不同的语序和词语搭配。根据表达不同意义所使用语序和搭配不同的特点，教师在教学过程中应根据具体情况灵活地使用。教师在教学过程中要根据教学的需要和课文内容的需要，灵活运用语序和词语搭配方法，使自己的语言富有节奏感和韵律美。

第二，语序是指为了表达同一意思，把不同的词语或句子组合在一起，形成一个整体。语序不恰当，就会使语言混乱。例如，"我在一声不响的教室里走出了门。""我在教室里一声不响地走出了门。"这两句话，都是说"我出来了"，但它们的语序完全不同。如果我们将这两句话连起来读一读，就会发现其中的差别：一个说"我出来了"，另一个说"我在教室里一声不响地出来了"。这就是语序不当的结果。教学中，如果教师能灵活掌握语序，把这些不同的句子组合在一起，就会使整个表达完整、准确，具有美感和节奏感。

教师教学口语也是一种有一定组织形式的交际语言。因此，教师要不断学习教学口语技能，提高教学口语质量。教学口语技能可以从语音、语调、语速、节奏等几方面训练和提高自己的水平。

（四）组织语言

教师的教学语言是一种有声语言，它是教师在课堂中对学生进行教育和引导时使用的，它是教师同学生进行信息交流的主要方式，也是引导学生理解、掌握教学内容的有效手段。① 因此，教师要正确地组织语言，以保证课堂教学的顺利进行。一般来说，教师在课堂上组织语言需注意以下几点。

1. 组织语言的技巧和方法

这些技巧和方法主要包括：①组织语言要有明确的目的性和针对性。②组织语言要有条理性，条理清晰。③组织语言要准确、生动、具体、形象。④组织语言要注意语音、语调的和谐。这些都是为了更好地完成教学任务而采取的必要手段。

2. 教师在课堂教学中有意识地运用多种教学模式和方法

例如，教师在进行讲解时，要善于运用多种方式使讲解形象生动，富有启发性；教师在讲解难点时，要善于采用启发式提问和问答式提问；教师在讲述一些知识点时，要善于运用比较、举例、比喻、拟人等多种方式使知识易于理解，等等。

3. 在课堂教学中恰当地运用幻灯或教具

通过幻灯与教具的使用，使学生的注意力集中到对问题的思考上去。

4. 注意口语表达的规范性

这是因为教师的语言水平会直接影响到学生对教学内容的理解程度。教师的语言是规范的、科学的，才能对学生起到潜移默化的作用。要做到这一点，首先应该严格要求自己。尤其是作为一名年轻教师，更要注意在平时教学中努力提高自己的语言水平。除了要掌握好普通话，还要掌握好本地区方言中与普通话不同的一些特殊的语音现象，并在教学实践中逐渐积累经验，逐步提高自己的口语表达能力。例如，在平时讲普通话时要注意语音语调的正确运用；要注意运用合适的词语、词组、句子去表达教学内容；不要随意使用口头禅、口头语或方言土语等。此外，还要注意语言表达上的口语化，尽量避免出现书面语言中那些比较刻板、呆板和生硬的语言。如果教师经常使用一些书面语或一些过于华丽和不规范的语言，学生就会产生一种"读书无用论"。

5. 口语表达要力求简练、生动，逻辑性强

在口语表达方面，教师应该做到：①语言简练、生动。精练的语言可以抓住重点，突出强调；生动的语言可以吸引学生的注意力，激发学习兴趣。②有条理，逻辑性强。教师要给学生留下一个整体的印象，要使学生对你所讲授的内容有一个整体了解，就必须做到条理清楚、逻辑性强。所谓条理就是指教师在课堂教学中所采用的逻辑顺序，即每一个环节都要有它所处的位置，各部分之间是什么关系等。逻辑性强体现在两方面：第一是前后衔接自然流畅，过渡自然；第二是层次分明，重点突出。③语调、节奏抑扬顿挫。

---

① 张建生.语文教师语言艺术养成研究——评《教师口语艺术》[J].语文建设，2022（03）：85.

　　课堂教学中，教师除了运用口语外，还经常用一些体态语言来辅助语言的表达，这也是课堂教学中不可忽视的重要环节。所谓语调即是指声音高低长短变化和速度快慢等形式。它既包括音高（音调）也包括音长（调式）和音强（音强）等因素。语调变化的规律：首先要根据教学内容和学生实际情况决定语调的高低；其次是根据语调变化规律进行变化。教师在课堂教学中要掌握好这两个规律。节奏是指教师在课堂教学中用声快慢所达到的一种和谐状态，它体现了一个教师讲课艺术水平的高低和基本功的好坏。课堂教学节奏又分为两种：第一种是节奏感强、起伏幅度大、音量高低变化幅度较大的节奏感；第二种是节奏感较弱、音量变化幅度较小的节奏感（这是在实际教学中提出并要求教师注意研究和运用的）。节奏与韵律不同，前者属于时间概念，后者属于空间概念。

　　6. 口语表达要符合学生的年龄特点

　　这主要表现在语音的标准、语速、节奏以及表情等方面。首先，教师的教学口语应做到准确，符合学生的年龄特点，并注意使用语言的速度。根据教学内容选择语速，根据不同的学生选择语速，根据学生年龄特点选择语速。在速度上，一般情况下是中速最好；在节奏上，一般情况下是中、慢、快交替出现为宜；在表情上，由于课堂时间有限，教师应当尽量使自己的面部表情做到轻松、愉快、亲切。

　　其次，还要注意教师教学口语的语言运用要富有艺术性。教师的教学口语具有教育功能、交际功能和调控功能。因此在进行教学口语的设计与运用时应充分考虑这几种功能之间的相互关系和协调关系。例如，①幽默与讽刺的合理结合。教师可以用幽默语言来达到讽刺效果，使学生产生笑声。②幽默语言与严肃语言相结合。教师在进行课堂教学时，应当注意幽默语言与严肃语言相结合。这样既能达到较好的教学效果，又不会引起学生反感。最后，要注意口语表达的教学效果。口语表达的教学效果，既是教学目的的一方面，又是检验教学效果的一个重要标准。因此，在课堂上，教师既要善于运用语言将学生引入知识的海洋，又要善于使学生在轻松愉快的气氛中掌握知识。但口语表达方式同样有其局限性。教师口语表达方式一般指教师在课堂上为了表达意思、叙述事实、解说概念、回答问题时所使用的语言形式，如提示语、说明语等。但是，在现实生活中，许多教师有时为了生动活泼地反映课堂情况，而使用一些不太规范的语言进行表达。如有些教师习惯于用一些口头语来引起学生的注意；有些教师习惯于使用"然后"等口头禅来过渡；有些教师习惯于在课堂上用一些带有明显口头禅色彩的口头语来进行教学。这些不规范的语言不仅影响教学效果，而且会影响学生对教师的印象。因此，为了保证口语表达方式的规范和教学效果的良好，教师在课堂上应注意以下几点：一是要努力学习，提高自己的口语表达能力，并把口语表达能力同教学能力结合起来。二是要在实践中逐步完善自己的口语表达方式。三是要在使用规范语言的同时积极地创造出生动活泼、富有个性色彩的口语表达方式。四是要注意教学过程中与其他艺术形式配合运用。

（五）使用手势

手势是指教师在教学过程中运用手势，包括做手势、表达手势。做手势是指教师通过手的动作来传达信息、表达情感的一种方式。教师通过手势来表达自己的思想感情，是通过动作和表情两方面完成的。教师在课堂上要多使用手势，但要注意掌握好时机和分寸。如果运用得不好，就会影响教学效果。例如，在讲授"有""无"概念时，为了让学生准确理解"有"和"无"的区别，可以运用一些手指来帮助学生记忆；当学生回答问题时，可以运用一些夸张的动作来引起学生的注意；在讲到某些事物时，可以用手在桌上轻轻地敲两下。在上课前可以进行简单的动作演练，提高上课时教师的口语表达能力；当学生回答问题错误时，可以用双手抱拳来提示错误之处；在进行多媒体教学时，也可运用一些简单的手势来帮助学生理解幻灯片上展示的内容。

1. 课堂上教师要适度运用手势

一般情况下，手势应用的时间越长，效果越明显。但是也不是说所有的手势都可以一直不停地运用下去。手势的运用要随着内容的变化而变化。如果课堂上出现了错误，教师要及时做出适当的调整。如当学生回答问题时，教师可以用一些夸张的手势来吸引学生的注意力；当学生回答问题正确时，教师可以用一些轻松活泼的手势来表示赞扬；当学生回答错误时，可以用一些冷静严肃的手势来批评他（她）；在进行多媒体教学时，也可运用一些简单的手势来帮助学生理解幻灯片上展示的内容；在进行教学实践时，教师也可运用一些简单、明确、规范的手势来规范自己的课堂教学行为。同时，教师要注意使用手势的场合和时间，当自己和学生在一起时，应该尽量少用一些手势；当教师在教室里讲课、板书、解答学生提问时，可以多用一些手势；当自己讲得口干舌燥时，也可适当使用一些简单流畅的手势。

2. 手势要适度，尽量减少不必要的手势动作，使整个课堂充满活力

教师在课堂上要学会运用适度的手势，做到举重若轻、收放自如。例如，教师在讲授课文时，可适当地做些手势，增强课堂的趣味性，调动学生学习的积极性，但动作幅度不能过大，否则会影响课堂节奏。在讲课过程中教师做的一些手势容易分散学生的注意力，也容易让学生感到厌烦，所以在讲课过程中要注意少做手势。① 如教师讲

---

① 关晓菲，陈志刚．师范类院校教师口语课程的建设路径 [J]．文学教育（下），2022（01）：167-

到一些重要问题时可适当地做些手势。同时也要注意与其他方式结合起来运用，做到事半功倍。

教师的教学口语技能是教师必备的技能之一。在新课程改革的今天，作为一名人民教师，一定要掌握好这门技能。如果掌握不好，就不能很好地胜任自己的工作。当然我们说教学口语技能不是一成不变的，也不是一下子就能学到什么就会什么。它是随着学习的内容和教师自身素质等不同因素的影响而不断变化发展的。因此我们需要在平时的学习中多听多看多练，在工作中不断完善提高自己的教学口语技能，在新课改大潮中站稳脚跟成为一名合格、优秀的人民教师。

（六）动作

教师在课堂上的手势可以帮助学生更好地理解课文，也可以帮助学生掌握语法和词汇。有研究表明，教师运用手势、面部表情和身体姿势能引起学生的兴趣和注意力。手势使我们更清楚地看到教室里的情况，并使我们清楚地看到学生的行为。因此，手势能有效地吸引学生的注意力，集中他们的注意力在课堂上。那么，当一个老师要讲一节课时，他应该怎样做呢？首先应该熟悉讲课内容，做到心中有数；然后要调节自己的情绪、眼神、微笑等，给学生一个轻松愉快的氛围；接着应该注意自己的手势是否正确、是否得体。做到这几点后再开始讲课，这样才能吸引学生注意力、集中学生注意力。

第三节　教师教育口语技能

一、教师教育口语的特点

教师教育口语的特点，是教师教育口语在教育教学过程中，通过与学生交流，实现语言目的的一种方式。[①] 这种方式具有直接、具体、形象、生动的特点。这种特点是在教师的语言与学生进行交流中自然形成的，而不是刻意训练出来的。

教师教育口语具有直观性、生动性、形象性，在与学生进行交流中，能把复杂的教育知识问题简单化，把深奥的道理形象化和具体化。它既是教师教育教学活动所使用的基本语言工具，又是实现教育目的不可缺少的辅助手段。它在教师语言表达过程

169.

① 王沁妍. 教师提问类型对初中英语课堂中学生口语输出的影响——以"一师一优课"为例 [J]. 西部素质教育，2022，8（01）：184-186.

中占有重要地位。

教师教育口语具有直观性、生动性、形象性，在教学过程中使用这些特点，能使教师语言表达变得生动形象，使学生接受理解知识变得更容易、更迅速。

（一）直观性

直观性是教师教育口语的第一特点。语言的直观性，是指教师的语言能将所要表达的内容形象地再现出来，使学生在头脑中形成鲜明的表象，从而便于理解和记忆。教学语言要通过对事物具体、生动的描绘，把抽象、晦涩难懂的概念、原理、法则等表达出来，使学生从感知到理解和记忆。

在教学过程中，教师经常利用各种教学语言形式帮助学生理解教学内容。例如，教师在进行语文教学时，通过对课文内容的叙述和说明，使学生理解文章中一些抽象概念和复杂句子，如"这就是雷锋叔叔为什么那样做""他们在战场上表现出英勇善战的精神"。这时如果教师只是简单地叙述，学生就会难以理解这些抽象概念和复杂句子所蕴含的意思。如果教师能结合具体语言描述，加上必要的解释或分析，就能使学生较好地理解课文所要表达的意思。这样对课文内容也就能有更深刻的理解。

教师教育口语还要根据教学内容及学生学习程度的不同而采用不同的表达方式。例如，对于低年级学生来说，对抽象概念和复杂句子不宜用语言描述，而应利用直观形象来帮助他们理解知识；对高年级学生来说，语言描述往往比较抽象。因此在教学中教师应根据学生不同情况和要求，采用直观性语言形式来帮助他们理解抽象概念和复杂句子；对学习较差者则可用生动形象的描述来帮助他们理解简单句子。这样用不同特点或不同要求的语言来帮助学生理解和记忆知识。

（二）形象性

在教师语言中，运用形象性这一特点，可以使学生获得生动的感性知识，丰富学生的感觉器官。比如，①我们对许多事物之所以认识模糊，是因为它们有太多的未知面。人们认识事物的过程不是一条直线，而是在各种未知因素之间相互作用、相互影响中展开的。②教育工作中有许多难题是我们难以预料和解决不了的，只有大胆探索实践才能取得成果。③在教学过程中要把抽象的道理具体化、形象化，才能让学生更容易理解；将复杂枯燥的事情讲得生动有趣，才能吸引学生积极地参与教学活动。

（三）具体性

具体性就是把抽象的知识形象化、具体化，把深奥的道理简单化和具体化。教师教育口语在语言表达中，运用形象直观、具体可感的语言形式，能将抽象知识变得具体可感，使学生在轻松愉快的情绪状态下接受教师的教育，收到较好的教育效果。如《大狮子和小狮子》这篇课文中有这样一段话:"大狮子说:'你要是敢跟我比一比,看谁大,谁厉害!'小狮子说:'我一定能打败你!'"这段话形象生动地把大狮子和小狮子比喻成两种动物,学生理解起来自然就容易多了。这段话语言形象具体、幽默风趣、通俗易懂,学生在愉快轻松的状态下接受了课文内容。在语言表达中运用形象化、具体化语言形式时,要注意以下几点:一是教师教育口语的语言要精练准确,不要啰唆重复。二是不要把一些没有什么意义的词语和句子使用到教育教学中去。三是不能把一些专业术语直接用到教育教学中去;四是要尽量避免使用口语词。这样做可以让学生在轻松愉快的状态下接受教师的教育内容。

(四)启发性

启发性是指教师教育口语在与学生进行交流时,所讲的内容不仅要有明确的目的性,而且要能启发学生对所讲内容产生兴趣和积极思考,并能启发学生认真理解所讲的内容。[①]教师教育口语启发性特点,能帮助学生克服不良情绪和错误思想,使学生能正确理解和看待所学知识。

(五)系统性

教师教育口语的系统性,是指教师教育口语所涉及的范围较广,内容复杂,它贯穿于整个教育过程。因为语言是人类思维的重要工具,它是人类文化发展的成果之一,而且是由教育思想所决定的,因此在语言内容上就有一定的系统性。从教学过程来看,教师教育口语涉及课堂教学和课外活动两方面。在课堂教学中,教师主要是通过语言来指导学生学习知识、掌握技能。在课外活动中,教师教育口语是指导学生进行社会实践的重要工具。因此在这个过程中,教师教育口语必须体现系统性和目的性。从教学方式来看,教师教育口语还涉及学生获得知识、掌握技能的方式方法问题。

(六)教育性

教师的语言既是知识的传播工具,又是情感的表达工具。教师教育口语能用形象具体的语言来影响学生,使学生受到潜移默化的熏陶。它以其直接、生动、形象的特点,吸引着学生注意力,激发学生学习兴趣,唤起学生的情感共鸣。教师语言是传授知识和发展智力的工具,同时也是培养和教育学生的重要手段。教师语言既有科学性、思想性和艺术性,又有教育性。科学性和思想性是统一的,在教学过程中,既要符合科学精神,又要符合教学规律;既要有一定艺术修养,又要有道德修养。

---

① 董书研.学前教育专业"幼儿教师口语表达"课程思政教学改革探索——以"幼儿教师口语表达"模块为例 [J].佳木斯大学社会科学学报,2021,39(06):242-245.

二、常用教育口语基本技能训练

教育口语是教师必备的基本技能，它贯穿于教育活动的全过程，涉及教学活动的各方面，是教师教学、课堂教学和人际沟通的桥梁。教师掌握一定的教育口语技能，可以提高自身的素质和教学水平。通过训练提高教师教育口语水平，在备课、上课、课后辅导和课堂教学中运用语言与学生交流思想，使学生明白并掌握所学知识，并能够运用这些知识去分析问题和解决问题，提高学生学习效率；也可以在各种教研活动中运用语言表达自己的意见、观点和想法。通过训练培养学生语言表达能力、组织能力和协调能力，提高他们参与社会生活的能力。

（一）备课

备课是教师进行教育教学活动的第一步，它决定着整个教学活动的成败。在备课时，首先要进行思想教育，以求学生理解所学内容并能掌握。其次要明确本课的教学目标及重难点，然后根据这两方面来设计课堂教学方案。

首先要根据课文内容及学生的实际情况进行具体分析。因为小学生学习能力存在差异，所以在备课时要考虑到不同学生学习能力和程度的不同，要根据不同的学习内容来设计教学方案，这样才能保证学生能够有充分的时间去理解知识和掌握知识。

由于小学生的年龄特点及心理发展水平有一定区别，所以在备课时要注意从学生实际出发来设计教学方案。如低年级小学生容易好动，注意力不容易集中，所以在备课时要考虑到他们活泼好动的特点，以求使学生保持相对稳定的注意力。所以教师可以采用边说边示范的方法，以增强学生对课文内容的理解；或者采用提问式，由学生根据课文内容回答问题。

由于小学生存在着个体差异性等特点，因此在备课时还要根据课堂实际情况来考虑采用哪些教学手段来完成教学任务。如在进行低年级识字教学时可以采用趣味游戏法；在进行阅读教学时可以采用问题探究法；在进行低年级口语训练时可以采用表演法等。

要考虑到学生年龄小，没有成熟的是非辨别能力；知识水平不高，理解能力差；接受知识快等特点。因此在备课时要考虑到学生的接受能力和接受程度来选择恰当的教学方法来完成课堂教学任务。

在备课过程中要注意教育口语的运用与教师自身素质、教学水平相结合。要做到这一点首先教师在备课时要有良好的态度和精神状态、丰富的知识和渊博的学识、娴熟掌握各种现代教育技术设备；其次教师还要具备高度的责任心、正确对待工作和正确处理师生关系;最后教师还要具备一定的组织能力、语言表达能力、课堂控制能力等。以上几点缺一不可,只有这样才能保证课堂教学质量,提高学生学习效率。

备课时可以采用如下方法:①"讲读法"。就是教师根据课文内容进行讲解,包括对生字新词进行解释、造句、描写等。②"提问法"。就是让学生围绕某个问题来进行讨论交流,鼓励学生踊跃发言;就是通过朗读来理解课文内容、领悟课文中所蕴含的情感和表达的思想感情。③"演示法"就是教师利用教具或模型进行演示来辅助教学,如在讲《小猴子下山》这篇课文时可以用多媒体演示小猴子下山玩耍和回来吃饭的场景。④"练习法"就是让学生自己练习所学过的内容或者教师进行练习并对学生进行指导,如在学《搭石》这篇课文时可以让学生自己尝试搭石或搭一个简易房子并说出自己初步设计方案等。⑤"讨论法",就是让学生在课堂上进行讨论交流。

（二）上课

上课是教学活动的中心环节,是学生学习知识的主要渠道,教师上好课的关键在于怎样运用语言和学生进行思想交流,达到有效教学。备课中要研究如何从教材上来激发学生兴趣;怎样使学生真正听懂并能掌握所学知识;如何与学生进行交流、互动和沟通,达到师生互动;怎样控制课堂纪律,调动学生学习的积极性。在上课中要做到:①用准确、流利的语言表达教学内容。②引导学生围绕重点、难点展开讨论,积极参与课堂教学。③与学生互动交流时语言要简洁明了,生动活泼,富于启发性。④运用肢体语言调动学生情绪。⑤语言表达要有层次性、条理性。要考虑到不同层次的学生听懂所需时间的长短和难易程度。

1.语言表达

语言准确。在备课时,要明确教材的重点、难点,要正确处理教材,并把它用准确、恰当的语言表达出来,让学生一听就能知道所讲的是什么内容。教师在课堂上讲授时,要注意使用准确、规范的语言。

声音洪亮。教师在上课时声音要响亮,有激情和感染力。这样才能引起学生的注意和兴趣,才能使学生聚精会神地听下去。

富有逻辑。教师上课语言要有逻辑性、连贯性、流畅性和准确性,说话要合乎逻辑,这样才能使学生听懂并掌握知识内容。

条理清楚。在备课时就必须厘清思路,设计好教学过程中的每个环节和步骤。上课时要用规范的语言来组织教学活动,做到条理清楚,重点突出。

2.组织教学

组织教学是指教师根据教学目标,通过各种教学活动把学生引导到既定的学习任务中去，完成既定的学习任务。教师应做到：①组织教学时，要做到统一教材、统一要求和学生的角色。②组织教学时要做到：不准打断学生发言，不准讽刺挖苦学生，不准随意插嘴，不准中途随便下课，不准惩罚学生，不准指责学生。③组织教学时要做到"六个要"，即要有明确的目的要求，要有具体的教学任务和学习目标，要有科学的组织方法，要有科学的评价方法，要有严肃认真的工作态度和良好的教风。④组织教学时还要注意做到"三个结合"。

3. 回答问题

教师在教学过程中，当学生回答问题时，教师要善于抓住时机，根据课堂教学需要，组织学生展开讨论。如在练习新课时，教师可以提问一些较难的问题让学生讨论。也可以组织小组讨论，使学生在讨论中相互启发、补充。有的时候，学生回答问题时会出现错误，教师要注意纠正错误的回答。①要面向全体。②要准确理解学生的回答。③要注意回答问题的语气、语调的变化。④要善于利用体态语言。教师提问时用体态语言引导学生思考，有时可以用手势提示同学们思考的方向；有时可以用面部表情暗示同学们思考问题的方向；有时还可以用眼神向同学们传达出自己对问题的理解和认识；有时可以用目光向同学们表示自己对问题的理解。⑤要鼓励学生大胆发言。要关注那些发言积极、思路清晰、表达正确、层次清楚、情感真实并富有幽默感的学生。

（三）辅导

辅导是教师帮助学生理解自己所讲的内容，以促进他们的发展。辅导又分为课堂辅导和课后辅导。课堂辅导是教师在上课、讨论、小组活动、集体活动等各种教学活动中，为帮助学生理解和掌握所学内容而进行的一种指导。课后辅导是教师在下课之后，为帮助学生及时复习所学内容，巩固所学知识，提高学习效率而进行的一种帮助。由于教师上课的内容和方式不同，课后辅导也可以分为多种形式。一般而言，教师可采用个别谈话、学生报告、课堂讨论等形式帮助学生理解所学内容，教师也可以利用各种活动形式与学生进行交流。常用教育口语基本技能训练应从教学实际出发，采用各种不同的方式进行。要注意以下几方面。

第一，要有明确的目的。常用教育口语基本技能训练是为了使学生更好地掌握所学知识和提高学生运用语言的能力，帮助他们获得良好的语言表达能力和协调合作能力。

第二，要根据学生不同的情况进行指导，不可千篇一律。有些教师为了调动学生学习积极性，增强训练效果，往往在训练时将讲解过的内容重复一遍。这会使学生产生疲劳感或厌倦心理，从而影响训练效果。为了提高学生学习效果，要针对学生不同情况进行指导，教师要注意引导、启发式教学，切忌简单重复。

第三，要灵活运用多种教学方法帮助学生理解和掌握所学知识、提高学习效率：一是让学生听清楚教师所讲的内容，如果一句话需要多次重复才能使学生听清楚，则可采用慢速播放录像、反复播放或使用幻灯片的方法让学生听清教师所讲的内容；如果教师只用一句话就能说清楚时，可采用"我说你听"或"请你再说一遍"等方式来帮助学生理解所学内容。①二是让学生仔细倾听并认真思考教师的讲解，如先让几个同学进行发言讨论，然后再组织全班同学进行讨论，这样就可以让学生仔细倾听别人所讲内容并认真思考老师的讲解。或者让两个同学进行对话讨论法、问答法或角色扮演法等来帮助教学。这样可以使课堂教学更生动活泼和更有效地进行。三是采用多种形式引导和鼓励，教师对回答问题或发言积极主动的同学可以采用奖励物品、口头表扬等多种形式加以鼓励和引导。对于发言积极主动又较好的同学应给予口头或书面表扬，并在全班范围内表扬他们；对于发言较好又较快的同学要及时提出表扬并给予奖励；对于发言不积极主动又较慢的同学要给予批评。鼓励和表扬学生要根据不同学生、不同情况采取相应措施，切不可一刀切。

第四，教师也可通过自己平时的积累和学习来提高教育口语水平。教师要经常读书看报、参加教育理论研究活动和学术交流活动、阅读报纸杂志等提高自己的文化素养和专业知识水平；还可以经常观看电视新闻节目和收听广播节目等来了解社会发展动态及时事政治等。学习也是教师提高教育口语水平的重要途径之一。

第五，辅导内容要贴近学生生活实际。教师平时在备课和授课中要多考虑怎样才能使学生容易理解所学知识、提高学习效率以及掌握学习方法等方面的问题。在课后辅导中，教师可以根据自己所讲授内容的特点结合学生生活实际情况进行辅导。

第六，辅导要体现层次性。教师在辅导过程中要考虑到不同层次的学生，如对初学教育口语者，可对他们进行简单的问答或提问；对于那些在课堂上能够积极主动回答问题并表现出色的同学可以提出表扬；对于那些认真倾听、回答问题较好而不主动者则要指出他们存在的不足之处并适当进行表扬、鼓励和引导。还可采用一些小游戏如听录音、看幻灯片、讲故事等方式来帮助他们理解和记忆所学知识，培养他们主动学习的兴趣和良好习惯；对于那些在课堂上不愿回答问题或表现一般的同学，教师可以指出他们存在的不足之处并适当进行表扬和鼓励，激发他们主动学习和参与课堂活动的热情。

---

① 戴兢兢.幼儿教师职业口语素养的现状研究——基于江苏省的调查[J].教育观察，2021，10（40）：84-86+110.

（四）沟通

沟通，就是要将自己的意见、想法与他人交流，使大家都明白。在教师工作中，要与学生进行有效沟通，以提高学生的学习效率。有效沟通包括两方面：一是师生之间的沟通，二是学生与教师之间的沟通。师生之间的沟通：师生关系在教学中是非常重要的，良好的师生关系有助于教师教学效果和教学质量的提高。在现代教育环境中，师生关系出现了一些新的特点。随着教学改革、素质教育等对教师提出新的要求，教师与学生交流越来越频繁，有的教师一天要和几十名甚至上百名学生进行交流。在这种情况下，教师与学生交流得越多，对教师而言是越有利。但同时我们也应当看到，学生在学习过程中存在着不同程度和层次的差异。因为这些差异，学生很容易对教师产生意见和不满情绪。如果教师与他们交流不及时或缺乏有效沟通，就会影响教学效果。这就要求教师及时调整自己的教学方式和方法；同时，要掌握有效沟通的技巧和方法。学生与教师之间的沟通：包括学生对教师教学活动的反馈情况；学生在学习过程中遇到困难和挫折时向教师求助；学生与教师之间存在不同意见或看法时，向老师提出……沟通是师生间交往中非常重要的环节，也是师生互动中不可缺少的重要方式。

1. 在日常教学工作中，教师要与学生进行有效沟通

教师在日常教学工作中与学生进行有效沟通，一是要善于倾听。倾听是沟通的前提，而有效的沟通则是成功沟通的保证。教师只有善于倾听，才能了解学生在课堂上所关注的内容。在与学生进行交流时，教师要保持目光接触和微笑，以尊重和鼓励的态度对待学生，不要随意打断他们的话。如果对学生回答的内容不感兴趣，或认为没有价值而打断他们时，一定要用简单易懂的语言对其回答内容进行解释或补充，以促使学生积极参与教学活动。二是要注意控制说话时间。教师与学生进行交流时，所使用的语言应尽量通俗易懂、准确明了。因为教师是课堂教学中活动的指挥者、组织者和领导者，要对课堂教学中的情况有一定掌握，对所传授内容有一定了解。这样才能根据不同情况采用不同的交流方式和方法。三是要学会运用非语言信息来进行交流。非语言信息包括眼神、面部表情、手势、体态语等。教师在课堂教学中可以通过眼神、面部表情、手势等方式向学生传递自己的情感和信息，并能唤起学生情感上的共鸣，从而有效地影响学生。

在课堂教学中，教师要与学生进行有效沟通还需要掌握一定技巧和方法：学会使用不同语言表达方式；根据不同对象调整说话语气；根据沟通目的和对象灵活运用说话方式；运用适当体态语辅助表达等。在与学生沟通中，要注意以下几方面：①在与学生沟通前，要了解学生的性格、年龄、文化程度和职业，弄清哪些问题该提，哪些

问题不该提，做到有的放矢。尤其是要了解不同层次的学生在想什么、需要什么。根据学生的个性特点，教师可有针对性地采取不同的沟通方式。②在与学生沟通时，要注意自己的形象和风度，使学生感到亲切、自然。因为人与人之间的沟通是通过形象和风度来实现的。人们常说："人靠衣装""相由心生"。有的人看起来很严肃，但这并不影响他与别人的沟通，只有形象好、气质佳、风度潇洒、举止大方，才能给别人留下一个好印象。③要尊重学生，在与学生交流时注意语言规范和说话艺术，做到既不伤自尊又能达到沟通目的。与学生交流时不能盛气凌人、颐指气使，也不能对学生的行为视而不见、听而不闻。在交流中，要做到：说话客气、有理、有节；态度自然、亲切；不拐弯抹角；少用"你""我"之类的词语；不要轻易打断学生的话，给学生讲话的机会。④在与学生沟通时要注意与学生保持适当的距离。因为过近容易使自己产生权威感和压迫感；过远则显得疏远、冷淡。

2. 沟通时要注意方式和态度

沟通的方式：要讲究礼貌。教师与学生交流时，要态度亲切自然，尊重学生，给他们以充分的尊重。教师要尊重学生的人格，因为人格尊严是任何金钱和权力都不能买到的。

沟通的态度：要注意倾听。教师与学生交流时，要善于倾听学生所说的话。在沟通过程中，教师不能有打断别人的习惯，不能把自己想说的话先说出来。

沟通时要注意说话的语气和语调，不能生硬地讲话，要用和蔼、热情、亲切的语言和语气与学生交流。沟通时应注意对方语言表达所需要的体态语。身体动作往往能够反映出一个人对说话对象的态度。

教师与学生进行沟通时，要根据学生性格特点和所处环境，采用不同的沟通方式和方法。性格内向、比较胆怯、心理素质差、注意力不集中等类型学生较为敏感，应尽量采取直截了当方式进行交流；性格外向、比较自信、表达能力较强等类型学生较为活泼，应采用灵活多样方式进行交流。

（五）会议发言

学校教职工大会和全体教师会是教育口语训练的好场所。每次大会，领导都要讲话，对学校的发展和教师提出殷切希望。教师也都要发言，畅谈自己的工作体会和打算。这种会议能给人一种启发和鼓舞作用，它不仅有助于传达领导的讲话精神，而且有利于提高教师的语言表达能力。所以我们应特别重视在这种会议上发言，认真学习和领会领导的讲话精神，把它转化为自己的思想，转化为自己对工作的指导，转化为自己语言表达上的训练。我们在工作中发现，有些教师善于讲出深刻的见解，言简意赅地表达出自己所要说的话。他们讲课不仅使学生听得聚精会神、津津有味，而且也给人以深刻印象和启发。因此我们在教学中应注意提高教师口头表达能力，多给他们讲一些深入浅出、生动活泼、引人入胜的讲课艺术，使他们从成功中体会到鼓舞和激励。

在日常生活中与人交谈时也要注意培养自己良好的教育口语素养。在日常生活中与人交谈时应该做到：①对谈话主题要有所准备或设想。如果事前对谈话内容缺乏了解和设想，讲话时就会感到茫然，有时会词不达意、语无伦次或表达混乱而引起对方不快。②对对方要有礼貌和尊重。教师与学生谈话时不要讽刺挖苦，也不要盛气凌人。否则，即使谈话内容再好也不会使对方感到愉快或受到启发。③交谈中要有耐心、热情和良好态度。在交谈中如果教师自己有情绪上不愉快或精神上有什么问题时要克制自己、缓和气氛。④要多听少说，讲自己熟悉的情况、经历和感受，不讲和主题无关的话；少讲不了解情况不明或内容空洞的话；少讲与当前工作无关的话；少讲无关紧要、有名无实和道听途说的话；多讲能够帮助别人提高知识或开阔眼界或增长见识或有所启发的话；多讲有利于团结合作或鼓舞士气或增进感情的话等。

（六）组织活动

教育口语训练既要根据教学内容的要求进行，又要与教育教学的实际情况相结合，对学生的训练，要多采用一些趣味性强、参与性强、符合学生年龄特点的活动形式。[①]对教师的训练，要有计划地采用一些有组织有目的的活动形式。在教师教育口语基本技能训练中，有时会出现一些比较笼统、原则和抽象、理论化的要求。这些要求要通过课堂教学或教研活动逐步落实，具体操作时才能有所体现。在这一过程中，教师要对训练内容有一个了解和把握，对活动形式有一个选择和设计；同时，也要结合教学内容进行必要的理论阐述、具体指导；还要注意考虑学生的年龄特点、思维水平等因素对活动形式的影响。在组织活动时，要注重这些原则和方法。

1. 掌握学生的心理状态，选择教学内容

了解学生，首先要从了解学生的心理状态开始。心理状态是指人的精神活动和心理活动的过程、结果和性质。作为教师，我们必须充分了解学生的心理状态，包括他们对教材、教学方法的认识和理解，以及对他们将要参加学习活动的态度等。这样就能确定一个基本目标和方向，然后才能去选择与之相适应的教材内容和教学方法。其次，要考虑学生的知识水平。在一个年级里，同一年龄阶段学生的知识水平是不同的。每个年级都有许多基础不同但发展水平接近的学生，这是我们进行教学时首先要考虑到的因素。所以，在选定教材时，要注意到每个年级、每个学段学生已经达到什么水平、

---

① 宋欣桥.普通话水平测试员实用手册[M].北京：商务印书馆.2004.

有什么不同,如果这一点没有考虑好,就会使所选内容与他们现在能力水平不相适应。[①]例如,现在小学五、六年级学生的阅读理解能力是这样,而五年级下学期学生虽然已经有了一些阅读理解能力和基础知识,但他们已经过了初步阅读理解阶段,在写作能力方面还比较薄弱。所以我们在选用教学内容时就应该注意到他们目前尚达不到这一点。这样选择和设计教材内容时才能符合教学目标要求。最后,要考虑学生的性格特点、思维水平等因素。

2. 组织活动形式,设计教学环节

教师在进行教育口语训练时,应注意根据教学内容的特点来选择活动形式,要使活动具有科学性、启发性、趣味性和目的性。教师在设计教学环节时,应充分考虑学生的年龄特点和认知规律,使每个环节都有不同的侧重点。教师在选择活动形式时要充分考虑学生的兴趣,要使每个活动都能吸引学生的注意力。在设计教学环节时要注意处理好教学内容与活动形式之间的关系,使两者相辅相成,相得益彰。活动形式要随着教学内容和学生年龄特点的变化。因此,教师在选择活动形式时,要尽可能考虑到不同年龄段学生的认知特点和身心发展规律。要充分考虑到学生学习活动的年龄特点。

3. 遵循活动的原则和方法

一是注重训练目的。进行教育口语基本技能训练,要把提高学生的语言表达能力作为主要目标,根据教学内容的要求确定训练目的,同时也要考虑到教师自身语言表达的需要。在教师教育口语基本技能训练中,除了课堂教学,还有很多形式多样的活动形式。如谈话、讨论、演讲等,这些活动虽然也要有一定的组织程序和规则要求,但在设计和安排上,要尽量考虑到活动形式的多样性。

二是注重学生参与程度。教育口语训练应该是师生共同参与的过程。因此,在设计和组织活动时要注意体现学生对活动的参与程度、对教师语言表达方式的接受程度等。在组织活动时,要关注学生能否在训练中获得收益。在教师教育口语基本技能训练中,由于要考虑到学生年龄、智力、社会文化背景等因素对活动形式的影响,很容易忽视训练效果问题。所以,要注意改进和完善训练形式,提高训练效果。

三是注重与其他教学活动相结合。教育口语基本技能训练既包括对学生进行教学规范、要求的培养与训练,也包括对教师进行职业规范、要求的培养与训练。因此,在设计和组织教育口语基本技能训练时要注意与其他教学活动相结合:即在进行教学内容讲授时要注重运用教育口语基本技能。

① 陈晓燕.高职院校学前教育专业教师口语技能的培养研究[J].内江科技,2021,42(07):136-137.

（七）展示成果

其一，训练中要及时总结经验，发现不足，及时纠正，逐步完善。在训练过程中，可以随时总结经验或问题。及时纠正是提高的关键。

其二，要注意展示成果的时机与场合，在讨论问题时进行教育口语训练；在汇报工作时也要进行教育口语训练。尤其是汇报工作时要准备充分、重点突出；汇报工作前要认真组织准备；汇报时要注意与听众积极互动，注意表达方式；汇报后要认真听取听众的反馈意见。展示成果的时机与场合可以在准备过程中确定。

其三，要注意展示成果的方式与技巧，可以运用适当的语言描述或讲述，也可运用图表、照片等直观形象的方式。如我用一张图片来介绍"读书的意义"。

其四，在训练中可以选择适合自己的教材进行训练。如教学《再见了，亲人》一课时，我把教材分为"亲情"和"离别"两大部分来教学。由于教材编排得非常好，所以在训练时选择了"亲情"这一部分来训练。我先讲述了亲人离别时的心情以及离别后亲人对我们的思念之情，然后引导学生重点读课文中有感情变化的句子，使学生深刻体会"亲情"这一部分的情感变化。

结　语

在当今这个信息高速发展的时代，随着传播手段的日益现代化，在社会的各个领域中，口语交际能力变得越来越重要。一个人的口语表达能力，常常被当作是考查个人综合能力的重要指标。如今，口语对学生的未来发展也起到了关键的影响作用，善于交流，具备较强口语交际能力将是新时代人才获得成功的重要条件。因此，要重视普通话口语训练与教学，针对学生普通话口语情况开展系统的教学实践活动，并且大力提升教师口语水平，充分发挥教师在学生口语交际能力培养中的作用，通过普通话口语训练与教学来提高学生的交际能力，帮助学生修复自信心，拥有独到见解，谈吐文雅。

本书只是一个探索与尝试的过程，还存在着一些不足之处，在普通话口语训练与教学过程中，从多个角度加强普通话口语训练仍有待研究。另外，普通话口语测试也需要进一步完善。总之，普通话口语训练与教学属于一项复杂的系统工程，并不是一朝一夕就可以完成的，教师应该从实际情况出发来探索行之有效的普通话口语教学方式，为学生提供一个良好的学习氛围，最为重要的是调动学生参与的积极性与热情，充分挖掘学生口语潜能，让学生学会交际、善于交际，真正地展现出学生的个性。

参考文献

[1] 王倩.西藏自治区藏族学生普通话教学研究——以淮南职业技术学院学生为例 [J].淮南职业技术学院学报，2023，23（01）：122-124.

[2] 龚玲玲，赵梓汛，罗志鹏，杜伟亮，朱雄森.乡村文化振兴背景下农村少年儿童普通话教学问题研究——以韶关市花坪镇学校为例 [J].数据，2023（02）：179-181.

[3] 孔伟琳.基于语言调查的高校普通话课程教学探索 [J].数据，2023（02）：182-185.

[4] 赵恒.新时代普通话教学路径研究——评《普通话教学新路》[J].语文建设，2022（23）：81.

[5] 陈静媛.高职院校学生普通话水平提升策略研究 [J].西北成人教育学院学报，2022（06）：30-35.

[6] 徐丽颖.课程思政视域下普通话教学改革思考 [J].国家通用语言文字教学与研究，2022（10）：65-67.

[7] 王燕铭.新课标背景下小学生普通话教学策略研究 [J].科学咨询（科技·管理），2022（09）：243-245.

[8] 卢珊.基于工学结合的高职普通话教学实施策略探析 [J].品位·经典，2022（11）：144-147.

[9] 李春苗.经典文化融入高职普通话教学的探索 [J].科教导刊，2022（12）：73-75.

[10] 李静.中职普通话教学存在的问题与措施 [J].数据，2022（02）：122-124.

[11] 李加伟，黄欢.普通话口语课程语音规范化教学探索——以高职院校为例 [J].产业与科技论坛，2021，20（15）：141-142.

[12] 李生慧.高职高专学生普通话口语交际能力培养探析 [J].江西电力职业技术学院学报，2021，34（07）：129-130.

[13] 张翠玲.基于移动学习的班内分组教学模式探索与实践——以普通话口语课程为例 [J].大学教育，2021（03）：152-154.

[14] 胥迅.普通话教学与农村大学生人文素养培育——评《普通话口语表达》[J].热带作物学报，2020，41（10）：2158.

[15] 万光明.课程思政背景下"普通话口语与训练"课程教学改革探究 [J].视听，2020（09）：244-245.

[16] 陈静.基于人文素质培养视角下高职普通话口语教学建构 [J].太原城市职业技术学院学报，2020（08）：67-69.

[17] 张汉仙，董娇.浅谈东南亚留学生普通话口语实训课程改革——以滇西科技师范学院为例 [J].汉字文化，2020（14）：48-49.

[18] 杨萍，陈南苏，冷福庆，李霞.《普通话口语表达》课程思政教学设计探索 [J].产业与科技论坛，2020，19（14）：141-142.

[19] 余宣蓉.高校普通话口语教学现状及对策研究 [J].教育现代化，2020，7（54）：94-97.

[20] 周文伟.高校普通话口语课堂上的文化传承与创新 [J].文化创新比较研究，2020，4（12）：102-103.

[21] 李加伟.普通话口语教学现状与课堂教学策略 [J].产业与科技论坛，2020，19（08）：138-139.

[22] 徐晶凝.普通话口语中语气助词"呀"与"啊"的功能分离 [J].华文教学与研究，2020（01）：14-23.

[23] 王启，靳迪.普通话水平测试反拨效应对高校普通话教学的影响 [J].开封文化艺术职业学院学报，2020，40（03）：103-104.

[24] 张明娟.高职汉语口语教学理论与实践方法研究——评《普通话口语训练教程》[J].语文建设，2019（13）：2.

[25] 李馨.民族地区高师普通话口语习得之探究 [J].黔南民族师范学院学报，2019，39（S1）：26-29.

[26] 万光明，刘燕.师范类专业口语能力、素质相结合的教学模式探索——以普通话口语与训练课程为例 [J].遵义师范学院学报，2019，21（02）：126-128.

[27] 陈柯言.文化传承与创新视域下高校普通话口语课堂建构 [J].安阳工学院学报，2018，17（05）：113-115.

[28] 熊婕.浅谈湖北方言区普通话口语课程中的词汇规范教学 [J].湖北第二师范学院学报，2018，35（07）：1-4.

[29] 董军. 高校普通话口语教学的创新策略探讨 [J]. 宿州教育学院学报，2018，21（03）：107-108+142.

[30] 徐晶凝. 普通话口语中"啊、呀、哪、哇"的分布 [J]. 语言文字应用，2018（02）：62-71.

[31] 曾宪林. 普通话口语的美学标准 [J]. 赣南师范大学学报，2018，39（02）：65-69.

[32] 蔡培. 高专普通话口语教学现状及策略 [J]. 汉字文化，2018（02）：48-49.

[33] 胡晓丽. 中职学校学生普通话口语表达中存在的问题分析及对策探讨 [J]. 当代教育实践与教学研究，2017（11）：217.

[34] 高顺洁. 普通话口语课程教学改革探索 [J]. 纳税，2017（26）：180.

[35] 磨月华. 边境民族地区高校普通话口语教学模式的构建 [J]. 当代教育实践与教学研究，2017（08）：66+133.

[36] 刘月华. 普通话口语训练课程的教学感悟 [J]. 秘书，2017（04）：14-16.

[37] 王跃平. 试析普通话口语能力的构成 [J]. 山东师范大学学报（人文社会科学版），2016，61（06）：132-140.

[38] 宋振梅. 普通话口语教学的语感培养分析 [J]. 中小企业管理与科技（上旬刊），2016（07）：117-118.

[39] 刘传清，戴子卉. 基于普通话测试的大学生普通话口语表达流畅度研究 [J]. 三峡论坛（三峡文学·理论版），2015（06）：64-67.

[40] 吴用. 藏族地区普通话口语教学改革思路探索 [J]. 青海师范大学学报（哲学社会科学版），2015，37（04）：152-156.

[41] 刘丽静. 以普通话水平测试促进中小学普通话口语教学 [J]. 经济与社会发展，2015，13（03）：186-189.

[42] 杨博. 浅析大学生普通话口语教学形式的创新 [J]. 河南教育（高教），2015（06）：64-65.

[43] 金璇，赵卫华. 边疆少数民族普通话口语发音学习的系统构建研究 [J]. 鸡西大学学报，2014，14（10）：144-146.

[44] 赵敏. 少数民族地区高校非师范类普通话口语教学模式的构建 [J]. 教育教学论坛，2014（21）：122-123.

[45] 黄翠鸾. 普通话口语技能提升的策略与方法研究——以高职旅游管理专业学生

为研究对象 [J]. 中小企业管理与科技（上旬刊），2014（03）：289-291.

[46] 白源源. 构建合理的普通话口语教学模式新方案 [J]. 文学教育（中），2013（09）：142.

[47] 孙云帆，齐美玲. 边境少数民族普通话口语发音学习的系统构建研究 [J]. 哈尔滨师范大学社会科学学报，2013，4（05）：100-102.

[48] 马亮，程陈，任海军，王文青，周辉. 基于 HMM 和 ANN 汉语普通话口语测评系统的实现 [J]. 科技视界，2013（20）：48-49.

[49] 肖路，张文萍. 上海市中职生普通话口语运用现状的调查分析与对策研究 [J]. 语言文字应用，2012（S1）：24-31.

[50] 侯黛玉. 高职院校普通话口语教学的理论与实践探析 [J]. 才智，2012（12）：195.

[51] 黄翠鸾. 高职旅游管理专业普通话口语技能教学改革 [J]. 科技视界，2012（10）：11-13.

[52] 丁亭. 浅谈职校普通话口语教学中的三个"结合" [J]. 大众文艺，2011（17）：213.

[53] 侯银梅. 关于提高大学生普通话口语技能的思考 [J]. 商丘职业技术学院学报，2011，10（03）：81-82.

[54] 刘力，黄路. 高校学生普通话口语表达中存在的问题及对策探讨 [J]. 宜春学院学报，2011，33（05）：39-41.

[55] 任志萍. 四川方言区师范生普通话口语交际能力调查与分析 [J]. 教育评论，2011（02）：105-108.

[56] 杨毅. 谈普通话口语教学的创新——五步教学法 [J]. 辽宁高职学报，2011，13（04）：38-39+96.

[57] 田洪娟. 中职学生提高普通话口语表达能力途径初探 [J]. 现代教育，2011（04）：40-41.

[58] 范玉娟. 高校旅游专业普通话口语教学研究 [J]. 旅游纵览（行业版），2011（08）：54-55.

[59] 宋益群，周玉波. 改进普通话口语教学 增强高职生口语沟通能力 [J]. 中国成人教育，2011（06）：121-122.

[60] 李惠然. 普通话口语教学中语感的培养 [J]. 职业技术，2011（02）：51-52.

[61] 邹斌 . 普通话口语训练与文秘专业人文素质的培养 [J]. 扬州职业大学学报，2010，14（03）：56-59.

[62] 熊婕 . 高师院校普通话口语类课程的教学现状及对策研究 [J]. 湖北第二师范学院学报，2010，27（07）：111-114.

[63] 陈伟丽 . 新时期导游专业普通话口语教学的探索 [J]. 教育理论与实践，2010，30（18）：54-55.

[64] 刘培培 . 浅谈播音主持专业普通话口语表达教学中的朗读与朗诵 [J]. 新闻界，2010（01）：172-173.

[65] 隋雯 . 突破语音教学瓶颈　提升普通话口语美感 [J]. 广西教育学院学报，2009（04）：71-74.

[66] 王小红 . 高职院校普通话口语教学探析 [J]. 河南教育（高校版），2009（08）：50-51.

[67] 周红苓 . 从普通话水平测试论高校普通话口语教学模式 [J]. 重庆三峡学院学报，2009，25（02）：134-136.

[68] 齐红飞 . 就大学生如何提高普通话口语表达能力的思考 [J]. 大众文艺（理论），2009（02）：49.

[69] 韦蝶青 . 普通话口语教学与书面语、知识教学的辩证关系 [J]. 九江职业技术学院学报，2009（01）：53-54.

[70] 胡华 . 论普通话口语形式的结构因素 [J]. 新余高专学报，2008（05）：83-85.

[71] 闵毅 . 普通话口语发展趋势 [J]. 中华文化论坛，2008（S1）：271-272.

[72] 张志霞 . 中职学生普通话口语训练的科学性探讨 [J]. 河南农业，2008（10）：24+28.

[73] 许令 . 对高职普通话口语教材建设的思考 [J]. 职业教育研究，2008（05）：19-20.

[74] 王淑一 . 论高职普通话口语教学的人文性 [J]. 职业时空，2007（24）：69-70.

[75] 王淑一 . 论高职普通话口语教学的人文性 [J]. 职业时空，2007（23）：89-90.

[76] 康丽云，刘在苓 . 注重非语言因素训练　提高普通话口语教学实效 [J]. 宜春学院学报，2007（05）：130-132.

[77] 汤幼梅 . 师范生普通话口语训练的实践与探索 [J]. 韶关学院学报，2007（08）：141-143.

[78] 肖瑾 . 谈高职院校普通话口语教学 [J]. 今日科苑，2007(10)：121.

[79] 胡艳 . 培养和激发学生对普通话口语课的兴趣 [J]. 成都大学学报(教育科学版)，2007(03)：77+80.

[80] 康会贞 . 论普通话口语能力的训练 [J]. 漯河职业技术学院学报（综合版)，2006(03)：57-58.

[81] 向甜瑶 . 语音评测技术对提高中职学生普通话口语能力的应用研究 [D]. 云南师范大学，2022.

[82] 李黄萍（LEE WONG PING）. 基于学习差异的大学普通话教学研究 [D]. 华中师范大学，2019.

[83] 刘璐辰 . 港式中文及其对香港大学生普通话口语交际的影响 [D]. 陕西师范大学，2017.

[84] 曾晓英 . 滇西边境口岸地区普通话普及度抽样调查 [D]. 云南师范大学，2016.

[85] 李婷 . 台湾国语与大陆普通话口语中程度副词使用情况对比分析 [D]. 暨南大学，2015.

[86] 段亚琳 . 中职学校普通话教学中口语表达能力的培养 [D]. 河北师范大学，2014.

[87] 孙云帆 . 基于汉语普通话口语发音特点的多媒体学习系统的设计与实现研究 [D]. 云南师范大学，2014.

[88] 申毓梅 . 中职旅游专业学生普通话行业实践能力培养研究 [D]. 四川师范大学，2013.

[89] 杨颖 . 普通话水平测试培训课程研究 [D]. 湖南师范大学，2013.

[90] 刘景春 . 汉语普通话口语复句的语调实验研究 [D]. 上海师范大学，2008.

[91] 戴庆夏，顾阳 . 现代语言学理论与中国少数民族语言研究 [M]. 北京：民族出版社 .2003.

[92] 李秀然 . 普通话口语训练教程 [M]. 北京：中国传媒大学出版社 .2012.

[93] 胡茂胜 . 职业普通话教程 [M]. 济南：山东人民出版社 .2008.

[94] 孙汝建 . 口语交际理论与技巧 [M]. 北京：中国轻工业出版社 .2007.

[95] 赵毅，钱为钢 . 言语交际学 [M]. 上海：上海三联书店 .2003.

[96] 张子泉 . 普通话教程 [M]. 北京：清华大学出版社 .2005.

[97] 宋欣桥 . 普通话水平测试员实用手册 [M]. 北京：商务印书馆 .2004.

[98] 陈原 . 语言和人 [M]. 北京：商务印书馆 .2003.

[99] 胡德海 . 教育学原理 [M]. 兰州：甘肃教育出版社 .1998.

[100] 钟启泉，张华 . 课程与教学论 [M]. 广州：广东高等教育出版社 .1999.